高等院校通用系列教材

沟 通 与 写 作

主　编　毛　娟　李欣航　方　茜

副主编　刘　可　李　茜　胡　耀

　　　　郭格婷　黄忱忱

WUHAN UNIVERSITY PRESS

武汉大学出版社

图书在版编目(CIP)数据

沟通与写作/ 毛娟,李欣航,方茜主编 . -- 武汉 : 武汉大学出版社, 2025.6. -- 高等院校通用系列教材. -- ISBN 978-7-307-25067-3

Ⅰ. C912.11;H152.3

中国国家版本馆 CIP 数据核字第 20250NK721 号

责任编辑:喻 叶   责任校对:杨 欢   版式设计:马 佳

出版发行:**武汉大学出版社** (430072 武昌 珞珈山)

(电子邮箱:cbs22@whu.edu.cn 网址:www.wdp.com.cn)

印刷:武汉中远印务有限公司

开本:787×1092 1/16 印张:19 字数:433 千字 插页:1

版次:2025 年 6 月第 1 版 2025 年 6 月第 1 次印刷

ISBN 978-7-307-25067-3 定价:48.00 元

前　　言

面对创新驱动发展的时代浪潮，着力于培育批判性思维与实践能力的素质课程已然成为撬动高校教学改革的关键支点。此举既承载着破解"重知识灌输、轻素质养成"传统困境的使命，更肩负着为国家创新生态输送"能质疑、善思考、敢实践"的拔尖人才的时代重任。

"沟通与写作"课程作为通识教育的核心课程，系统整合批判性思维、逻辑思辨、创新思维与精准表达，成为贯通专业学习与综合素养的枢纽。本教材课程组在总结多年教学实践的基础上，不断优化教学内容，改革教学方法，紧跟时代变迁，强调本校特色，在教学中广泛收集师生的建议。以培养新时代创新人才为目的，编写一本面向高校的开拓性、创新型的新形态教材。

目前市场上教材种类繁多，或是侧重于沟通，或是强调写作，且缺乏思维培养和训练的部分。本教材依托于课程改革和实践编写，从本校教学实际出发，立足"思维认知 —价值规范 — 实践应用"的育人逻辑，通过系统化训练帮助学习者构建科学认知框架，培养批判型和创新型思维品质，提升沟通效能，掌握应用文写作规范，最终实现从知识接受者到社会建设者的能力跃迁。基于这一理念，本教材设计了三个模块：

一、思维训练模块，构建科学认知框架，培育批判创新思维

在人工智能与全球竞争的时代背景下，批判性思维已成为高等教育培养创新型人才的基石。批判性思维训练部分以马克思主义"批判与革命"的辩证思维为理论根基，通过"概念构建—价值校准—提问驱动—论证锻造—评估迭代"五大进阶模块的规训，助力学习者在认知维度、能力维度和价值维度实现思维的系统性跃升，完成从"知识接受者"到"问题解决者"的角色转换，从而培养出具有中国特色的批判型思维品质。在创新思维训练的部分，通过解析创新概念的沿革，提炼其"新颖性、价值性、风险性"三维特质，系统梳理创新类型。通过"头脑风暴法""六项思考帽"等工具训练，引导学生突破惯性思维，掌握"跨界融合—逆向突破—迭代优化"的创新路径。

二、沟通训练模块，从信息传递到价值共创，锻造数字化时代的社交竞争力

本教材突破传统沟通教材的知识框架，构建"认知—实践—参与"的三维训练体系。在认知层面，系统解析人际沟通的互动性、动态性、目的性特征，揭示其信息传递、情感交流、关系维护、问题解决四大功能，梳理影响人际沟通的各种要素，提供倾听、表达、化解矛盾冲突的策略和方法；在实践应用层面，采用"理论阐释—案例分析—技能训练"三维教学模式，通过精选职场沟通、网络社交等典型场景案例，搭建从认知理解到行为转化的学习闭环。本教材创新性地整合媒介素养教育模块，系统解析信息生产传播机制与网

络伦理规范，着重培养学生在多元化传播环境中的信息研判能力与责任意识，旨在通过知识架构与实践能力的协同发展，全面提升当代大学生的沟通素养与职业竞争力。在参与层面，通过针对性活动设计培养学生批判性解读、创造性解决问题以及协作共享三大核心能力。

三、应用文写作模块，夯实职业发展的文字功底，架设学术与职场的桥梁

本教材以"为用而作"为核心理念，构建"理论认知—规范训练—创新应用"的能力培养链条。系统阐释应用文的实用性、规范性、真实性等五大特征，强化格式规范与语言表达训练。结合"个人简历优化""学术论文规范"等实战训练，帮助学生掌握"准确、简明、规范、平实"的应用文语言特点。与思维训练部分的"AI生成论文数据造假"情境模拟相互照应，培养学生在智能时代下的信息甄别能力与学术伦理意识。四川师范大学教务处和文学院学生工作办公室提供了具有针对性和代表性的优秀案例，还原"项目申报书撰写""毕业论文写作"的真实场景，培养学术与职业场景下的写作能力，在此表示感谢。

本教材深度整合四川师范大学文学院二十余年教材研发积淀，创新性构建"知识奠基—思维激活—能力迁移"三位一体的内容架构体系。在章节设计上突破传统知识单向传输模式，基础理论模块采用"思维概念图谱"的呈现方式，确保学科核心知识的系统性；课堂研讨环节融入项目式学习理念，精选真实语料案例创设思辨情境，着重培养问题解决与批判分析能力；实践训练体系采用阶梯式任务群，涵盖从网络媒体沟通到实践应用写作的多种文体转换训练；拓展链接板块则创造性引入"超文本教学资源"，通过二维码关联经典范例、专题视频及框架示例，形成开放式的动态知识网络。这种结构化设计源于川师文学院省级一流线上课程"沟通与写作"的核心经验，使本教材具有以下鲜明的特点：

（1）深化课程思政建设，提升文化自信与价值认同。将马克思主义方法论与中华优秀传统文化深度融合，培育既有文化自信又具理性思辨的现代公民素养。在案例分析、调研报告等模块中融入社会主义核心价值观教育，使学生在掌握沟通策略的同时，理解如何用中国话语讲好中国故事，实现价值引领与能力培养的有机统一。

（2）构建"思维力—沟通力—写作力"的三维能力图谱，实现从认知到实践的完整能力闭环。通过思维培养、新语境下的人际与网络沟通、学术论文、应用文书等多元化文本训练，打破学科壁垒，培养学生在人工智能时代必备的信息整合能力与跨界表达能力。

（3）应对智能技术冲击的教育变革，直面AI技术冲击。设置"智能时代的信息素养""数字化沟通策略"等前沿内容，融合媒介素养教育模块，培养学生在多元化传播环境中的信息研判能力与责任担当。融入新时代教学理念，配有课程视频，让学生实现"线上+线下"同步学习。

（4）构建基于真实情境的案例教学，强化教学场景化。通过案例教学、情境模拟、项目实践等多元化手段，助力大学生实现从"应试思维"到"应用思维"、从"被动表达"到"主动沟通"、从"格式写作"到"创意表达"的跨越式成长。

站在"两个一百年"奋斗目标的历史交汇点，当大学生真正掌握了批判性思维的方法论、高效沟通的金钥匙、应用文写作的基本功，就能在信息化的时代保持理性判断，在多

元对话中凝聚价值共识，在社会实践中实现知识转化。这既是大学生发展核心素养的内在要求，更是时代赋予青年的历史使命。在编写过程中，我们秉持着严谨的态度，深入研究学生的认知特点，精心编排每一个章节、每一个知识点。从理论的深度剖析，到实践案例的生动展示，从前沿知识的引入，到具体案例的选取，都经过了反复的打磨与斟酌。但由于写作时间较为紧张，编写团队能力亦有局限，这本教材或许存在一些不足与错漏。请使用本教材的读者不吝赐教，以便修正。

编　者

2025 年 3 月

目　　录

板块一　思　维　训　练

板块二　沟　通　训　练

板块一
思维训练

第一章 批判性思维训练

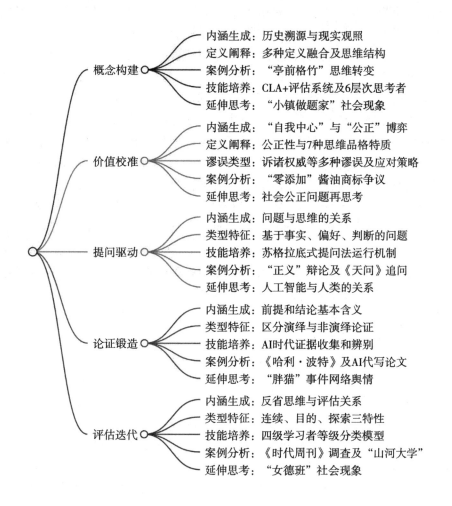

概念构建
- 内涵生成：历史溯源与现实观照
- 定义阐释：多种定义融合及思维结构
- 案例分析："亭前格竹"思维转变
- 技能培养：CLA+评估系统及6层次思考者
- 延伸思考："小镇做题家"社会现象

价值校准
- 内涵生成："自我中心"与"公正"博弈
- 定义阐释：公正性与7种思维品格特质
- 谬误类型：诉诸权威等多种谬误及应对策略
- 案例分析："零添加"酱油商标争议
- 延伸思考：社会公正问题再思考

提问驱动
- 内涵生成：问题与思维的关系
- 类型特征：基于事实、偏好、判断的问题
- 技能培养：苏格拉底式提问法运行机制
- 案例分析："正义"辩论及《天问》追问
- 延伸思考：人工智能与人类的关系

论证锻造
- 内涵生成：前提和结论基本含义
- 类型特征：区分演绎与非演绎论证
- 技能培养：AI时代证据收集和辨别
- 案例分析：《哈利·波特》及AI代写论文
- 延伸思考："胖猫"事件网络舆情

评估迭代
- 内涵生成：反省思维与评估关系
- 类型特征：连续、目的、探索三特性
- 技能培养：四级学习者等级分类模型
- 案例分析：《时代周刊》调查及"山河大学"
- 延伸思考："女德班"社会现象

在人类文明迈向智能化的今天，"批判性思维"已成为全球高等教育公认的核心素养。马克思曾指出："新思潮的优点就恰恰在于我们不想教条式地预料未来，而只是希望在批判旧世界中发现新世界。"① 这种革命性的思维方式，不仅塑造了社会主义理论体系的科学品格，更为当代青年学子指明了思维革命的方向。本单元立足党的二十大"实施科教兴国战略，强化现代化建设人才支撑"的战略部署，通过系统化的思维训练，帮助学习者构

---

① 中共中央马克思恩格斯列宁斯大林著作编译局编译：《马克思恩格斯全集》第 1 卷，人民出版社 1956 年版，第 416 页。

建科学认知框架，培养具有中国特色的批判型思维品质。

本训练单元以"思维认知—价值规范—方法工具—实践应用"为逻辑主线，设置五大进阶模块：

首先是概念构建。该部分以马克思主义"批判与革命"的辩证思维为理论根基，揭示批判性思维作为"思维的思维"的本质。通过对比罗伯特·恩尼斯"理性反省"、理查德·保罗"思维优化"与布鲁克·摩尔"断言评估"等定义，提炼出批判性思维的九要素结构（目的、问题、观点等）。特别引入《礼记·中庸》的中国传统智慧，展现中西思维范式在批判性维度的深度契合。而王阳明"亭前格竹"的实践案例，则生动诠释了批判性思维从认知冲突到范式转换的跃迁过程，为学习者理解思维革命提供具象参照。

其次是价值校准。该部分重点解析"自我中心"与"公正思维"的博弈关系，发掘批判性思维品质的伦理维度。通过理查德·保罗的"思维公正性"理论，从思维谦虚、勇气、换位、正直、坚毅、信心和自主七个维度，构建起批判性思维的道德坐标系。深入剖析了诉诸权威、情感操纵、稻草人谬误等常见逻辑谬误的认知陷阱，通过食品行业"零添加"商标争议等案例，揭示思维谬误如何从认知偏差演变为社会问题。面对信息大爆炸，培养公正思维对解决社会发展不平衡引发的认知鸿沟具有重要启示意义。

再次是提问驱动。该部分主要探讨批判性思维的启动机制，通过厘清柏拉图、哥白尼、牛顿等案例中的相似性特征，商酌提问在推动学科发展与文明演进中所发挥的基石作用。就提问的快速启动法而言，可分为事实性、偏好性及判断性问题三类。基于对苏格拉底式提问法的介入，可将该方法分解为澄清问题、检验假设、理性论证、拓展思路、评估结果以及回归问题六个环节。进而，从《理想国》中关于"正义"的辩论，至屈原在《天问》中提出的172个问题，从不同文明在思维模式上的共性规律得到验证。

然后是论证锻造。该部分聚焦批判性思维表达的核心载体，通过《哈利·波特》中举证缺陷的文学案例，引发对论证本质的深度思考。系统区分演绎论证与非演绎论证，结合"黄老师博学论"等生活化案例，训练学生识别"前提真实性—逻辑有效性"的双重检验标准。信息时代下，证据的甄别尤为重要，需关注其可信性、一致性、充分性与客观性。通过《流浪地球2》影评分析的实战训练，以及设计"AI生成论文数据造假"情境模拟，引导学习者在信息洪流中构建理性判断力，应对复杂社会议题。

最后是评估迭代。该部分以恩尼斯提出的"合理反省思维"为核心，结合杜威关于反省思维连续性、目的性与探索性的三大特征，阐述了评估在批判性思维中的框架作用。通过《时代周刊》教师终身制调查与"山河大学"网络虚构事件两个典型案例，训练从思维质量诊断到思维品质提升的元认知能力。从理查德·保罗的四级学习者分类模型出发，强调将批判性思维内化为学习能力的重要性，从而进一步延伸至商业、科研、医疗等实践领域，论证批判性思维的评估对决策优化与社会发展的推动作用。

通过本单元的系统训练，学习者将实现三重思维领域的突破：从认知维度看，将建立起涵盖思维要素、质量标准、方法工具的知识图谱；从能力维度看，将形成从问题发现、逻辑论证到反思提升的完整思维链条；从价值维度看，将培育既有文化自信又能理性思辨的现代公民素养。这种思维能力的跃迁，不仅对应《中国学生发展核心素养》中的"科学精神""实践创新"要求，更将为建设社会主义现代化强国输送具有批判性战略思维能力的时代新人。让我们共同开启这场思维的革命，真正践行"在批判旧世界中发现新世界"的马克思主义方法论，为中华民族的伟大复兴锻造思想利器。

第一节　概念——批判性思维的内涵

马克思在《资本论》第二版跋中强调："辩证法不崇拜任何东西，按其本质来说，它是批判的和革命的。"① 这种批判性特质贯穿于马克思主义理论体系始终。而在《关于费尔巴哈的提纲》中提出的"哲学家们只是用不同的方式解释世界，问题在于改变世界"② 的著名论断，实质上揭示了批判性思维的实践品格。可以说，马克思主义思想的精髓之一就是批判性思维。如果我们将"沟通"与"写作"的本质都视为一种思维，那么批判性思维则是一种思维的思维。

纵观"批判性思维"在高等教育中的发展史，德国洪堡大学早在 19 世纪就确立了"教学与研究相统一"的办学理念，强调培养学生独立思考和质疑权威的能力。从 20 世纪 80 年代以来，不仅是美国、英国、加拿大、澳大利亚等发达国家，还有以委内瑞拉为代表的发展中国家，均把"批判性思维"确立为高等教育的核心目标之一。及至 20 世纪末，联合国教科文组织在巴黎举办的"世界高等教育大会"上，"培养批评性和独立的态度"更是被开门见山地置于《面向二十一世纪高等教育宣言：观念与行动》第一条"教育与培训的使命"之中。而在近年来基础教育领域的具体实践里，作为加拿大教育的领军省份，不列颠哥伦比亚省自 2015 年起推进以发展学生核心素养为宗旨的课程改革提供了一个典型案例。该改革特别将批判性思维定位为培养卓越公民的关键能力，通过"认知—实践—理解"（Know-Do-Understand，KDU）的三维课程模式，将这种高阶思维能力有机融入 K12 全学段课程体系。其实施路径不仅注重在素养框架中系统界定批判性思维的能力维度，而且强调通过 KDU 模式实现理论认知向实践应用的转化，还借助多元化评价体系确保能力培养成效。这种将批判性思维贯穿课内外育人全过程的整体性设计，为全球基础教育领域的思维型课程建设提供了可资借鉴的范本。由此可见，批判性思维是国际上公认的高阶思维能力之一，也是从基础教育到高等教育的重要目标之一。

党的二十大报告中把"教育、科技和人才"三者联系在一起加以论述、部署，且有关教育的论述出现在经济之后，排在各项战略任务的第二位，这体现了党和国家对教育与人才的重视程度达到了新的高度。进一步讲，要培养"现代化建设人才"，就需要在"立德树人"的根本要求下，将批判性思维作为高等教育中培养学生核心素质的重要抓手。实际上，随着中国高等教育事业的迅猛发展，高校的批判性思维课程也早被提上了议事日程。

---

① 中共中央马克思恩格斯列宁斯大林著作编译局编译：《马克思恩格斯文集》第五卷，人民出版社 2009 年版，第 22 页。

② 中共中央马克思恩格斯列宁斯大林著作编译局编译：《马克思恩格斯文集》第一卷，人民出版社 2009 年版，第 502 页。

2017 年中国工程院院士李培根在华中科技大学"创新教育与批判性思维研究中心"成立大会的讲话中就曾探讨过批判性思维与教育的问题，他说："对于教材，也需要我们用批判性思维思考其改革。中国的教材都强调知识的完整性、系统性，我在美国念书的时候，学过一门课，那门课包含了国内大概五门课的知识，当时我很吃惊。大家想，一门课包含了那么多，里面的内容肯定很浅。但我还是意识到它的优点，它涵盖的范围比较大，虽然很多内容讲得不深，但突出了知识的节点、问题节点及其联系，其实这个很重要。我们原来的看起来强调知识完整性、系统性的教材，讲得太细，很容易使我们沉浸于细节之中。最后学完了，这些知识看起来很系统、很完整，反而成了碎片知识。强调节点及其相互之间联系的时候，看起来很浅，反而比较容易系统地把握。"[1] 由清华大学经济管理学院副教授姜朋讲授的"批判性思维与道德推理"课程，于 2020 年入选首批国家级一流本科课程，2022 年入选清华大学课程思政示范课、清华大学标杆课程，2024 年入选北京高校"优质本科课程"，该课程是经管学院面向本科生开设的 3 学分必修通识课程，旨在通过批判性思维训练提升学生的道德推理能力，通过道德推理锻炼学生的批判性思维能力，进而帮助学生实现对自己的价值塑造。[2] 可以说，这些对批判性思维的教育反思或实践，为全球化背景下的高校批判性思维培养提供了中国道路和中国经验。

近代史上，很多学者都对批判性思维的具体内涵作了定义。比如，非形式逻辑与批判性思维协会（AILACT）前任主席、国际公认的批判性思维权威、被尊为美国批判性思维运动的开拓者罗伯特·恩尼斯教授曾在《批判性思维：反思与展望》一文中，对批判性思维作了简明扼要的定义，即批判性思维是"针对相信什么或做什么的决定而进行的合理的反省思维。"[3] 又如批判性思维方面公认的世界级权威、批判性思维中心和批判性思维基金会创始人、美国"批判性思维国家高层理事会"主席理查德·保罗先生在《批判性思维工具》一书中，则重新界定了批判性思维的概念内涵："批判性思维是一种对思维方式进行思考的艺术，该艺术能够优化我们的思维方式。而它包括三个紧密联系、互相影响的阶段：分析思维方式阶段、评估思维方式阶段和提高思维方式阶段。"[4] 再如被誉为最受美国大学生欢迎的思维训练教科书的《批判性思维：带你走出思维的误区》中，其作者布鲁克·诺埃尔·摩尔与理查德·帕克则称："批判性思维就是指审慎地运用推理去断定一个断言是否为真。值得注意的是，批判性思维往往不是指断言的真假本身，而是指对我们面临的断言进行评估。也可以说批判性思维的主旨是关于思维的思维——当我们考量某个

---

[1] 李培根：《批判性思维与我们——在华中科技大学"创新教育与批判性思维研究中心"成立大会上的讲话》，载《高等工程教育研究》2018 年第 1 期，第 15 页。

[2] 相关资料参见清华大学经济管理学院官网（https://www.sem.tsinghua.edu.cn/info/1022/36190.htm）。

[3] ［美］罗伯特·恩尼斯著：《批判性思维：反思与展望》，［加］仲海霞译，载《工业和信息化教育》2014 年第 3 期，第 18 页。

[4] ［美］理查德·保罗、［美］琳达·埃尔德著：《批判性思维工具》，侯玉波等译，机械工业出版社 2013 年版，第 1 页。

主意好不好的时候，我们就在进行批判性思维。"① 将这些定义综合，想必我们对于批判性思维已经有了初步的认识，虽然目前学界还没有统一的说法，但实质上讲，批判性思维是一种按照公正标准去提出恰当问题并作出合理论证，进而自我评估的思维方式和能力。

《批判性思维通识课：正确思考的方法》一书对批判性思维内部暗含的相互交织的线索进行了揭示，包括：第一条，思维线索，即所有的思考过程都包含问题、结论、前提、未表达前提等核心要素；第二条，论证线索，即将论证深入推进到解构论证和建构论证、分析论证和评论论证层面，同时关注论证的语言要求和逻辑要求；第三条，前提线索，即客观真实（包含知识）在思维运作中是以前提、未表达前提的样态呈现的，深刻揭示了客观真实的作用、类型、筛选和识别，以及前提和未表达前提的凝练和总结；第四条，问题线索，即从问题的角度将批判性思维运作的过程分解为提出问题、分析问题和解决问题三个环节。② 进一步分析，批判性思维的结构应该包括：（1）确立目的：明确主体的基本目的，即主体希望通过这次思考达成的最终目标是什么。（2）发掘问题：确定主体想要回答的核心问题，由此形成主体整个思维过程的起点。（3）凝练观点：针对这个问题，提炼出主体自身的观点，并思索支撑这一观点的理由。（4）尝试假设：理清楚需要论证的假设，这亦是构建论证的必要前提。（5）依托概念：明确解决问题所需的最基本概念，这是建立整个分析框架的基石。（6）检索信息：确定在回答问题时，所需的数据、事实或经验，这些均是支撑论证的关键材料。（7）启用论证：在回答或解决问题的过程中，进行合理的推理和判断，这是连接观点与结论之间的桥梁。（8）判定结论：基于以上的分析，得出最终的推论和结论。（9）重新评估：通过质疑假设、追溯证据来源、审视逻辑链条等方式，再次检验批判的全过程。简而言之，批判性思维由以下九个基础要素构成：目的、问题、观点、假设、概念、信息、论证、结论及评估。

有趣的是，上述批判性思维的结构可以用《礼记·中庸》中的一句话去高度概括："博学之，审问之，慎思之，明辨之，笃行之。"③ 具体而言，一是博学，这意味着主体需要拥有丰厚的知识储备，能够广泛汲取各种思想的优点和长处；二是审问，即主体要对学习对象进行细致的观察和深入的思考，敢于持续不断的追问；三是慎思，强调主体在思考过程中要谨慎小心，通过严密的论证以期能够获得创新且有价值的结论；四是明辨，它要求基于前几个阶段的基础，主体进一步作出认真且细致的辨析，从而得出明确而可靠的结论；五是笃行，即将深思熟虑的结果付诸实践，达到"知行合一"的境界，并且在实践过程中重新检验思维过程。显然，这不但讲清楚了学习的真谛，而且也蕴含了批判性思维的系统建构。

---

① ［美］布鲁克·诺埃尔·摩尔、［美］理查德·帕克著：《批判性思维：带你走出思维的误区》，朱素梅译，机械工业出版社 2012 年版，第 3 页。

② 田洪鋆著：《批判性思维通识课：正确思考的方法》，清华大学出版社 2024 年版，第 103 ~ 184 页。

③ （汉）郑玄注，（唐）孔颖达正义，吕友仁整理：《礼记正义》，上海古籍出版社 2008 年版，第 2022 页。

　　比如，王阳明在嘉靖二年癸未（1523年）于归越讲学期间，曾详细总结了"亭前格竹"的经历，这恰是对《中庸》篇中批判性思维结构的生动践行：

　　先生曰："众人只说格物要依晦翁，何曾把他的说去用？我着实曾用来。初年与钱友同论做圣贤要格天下之物，如今安得这等大的力量？因指亭前竹子，令去格看。钱子早夜去穷格竹子的道理，竭其心思，至于三日，便致劳神成疾。当初说他这是精力不足，某因自去穷格，早夜不得其理。到七日，亦以劳思致疾。遂相与叹圣贤是做不得的，无他大力量去格物了。及在夷中三年，颇见得此意思乃知天下之物本无可格者。其格物之功，只在身心上做。决然以圣人为人人可到，便自有担当了。这里意思，却要说与诸公知道。"①

　　可见，王阳明不仅在"亭前格竹"期间展现出对实践朱熹格物学说的坚持，从深层次来看，更是其追求"做圣贤"这一道德理想的鲜明体现。然而，经过连续七日的格竹努力，他并未感到这种方法对实现自己初衷的帮助。因此，我们可以认为这一尝试最终是以失败告终。然而，也正是基于这一次的失败，王阳明开始对朱熹的格物学说产生质疑，从而促使他重新调整自己的思考方向。最终，在格竹失败的16年后，他揭开了阳明哲学革命的序幕，也就是他人生旅程中的另一个重要精神转折点——"龙场悟道"。可以说，从"亭前格竹"到"龙场悟道"这一过程，不仅标志着王阳明思想上的重大转变，同时也展现了他在探索道德理想和实践路径上不懈的批判性思考。

　　从2000年开始，美国教育援助委员会（Council for Aid to Education，CAE）牵头研发了"CLA"（Collegiate Learning Assessment），其目的在于对大学生的学习成果进行系统评估。时隔13年后，该委员会进一步推出了全面升级的"大学生学习评价"，即CLA+。这一先进的评估工具是由CAE与美国心理学家共同制定的，通过引导参与者在线完成任务并回答一系列精心设计的选择题，来评价学生的高阶思维能力。CLA+通过考察学生在解决实际问题时的表现，来衡量他们的批判性思维技能。该评估体系，不仅为学校提供了深入洞察学生学习路径与知识掌握的机会，还能持续追踪学生的成长轨迹与进步幅度。在这一评估项目中，详细罗列了很多批判性思维的重要技能，比如：

　　学生是否善于判断信息是否恰当？是否善于区分理性的断言与情感的断言？是否善于区别事实与观点？是否善于识别证据的不足？是否善于洞察他人论证的陷阱和漏洞？是否善于独立分析数据或信息？是否善于识别论证中的逻辑错误？是否善于发现信息和其来源之间的联系？是否善于处理矛盾的、不充分的、模糊的信息？是否善于基于数据而不是观点建立令人信服的论证？是否善于选择支持力强的数据？是否善于避免得出言过其实的结论？是否善于识别证据的漏洞并建议收集其他信息？是否善于知道问题往往没有明确答案或唯一解决办法？是否善于提出替代方案并在决策时予以考虑？是否善于采取行动时考虑所有利益相关的主体？是否善于清楚地表述论证及其语境？是否善于精确地运用论据为论

---

　　① （汉）王守仁撰，吴光等编校：《王阳明全集》，上海古籍出版社2011年版，第136页。

证辩护？是否善于符合逻辑地组织复杂的论证？是否善于展开论证时避免无关因素？是否善于有序地呈现增强说服力的证据？①

基于此，我们也应该掌握更多的批判性思维技能去完善自己的思维模型，就像美国学者理查德·保罗根据能否有意识地控制和完善自己的思维，将思考者分为以下六个层次，分别是：鲁莽的思考者、质疑的思考者、初始的思考者、练习中的思考者、高级的思考者，以及完善的思考者。显然，通过本课程的学习，也是要求我们努力提升自己思维的层次，进而成为真正具有批判性思维的思考者。

◎ **本节思考：**

"小镇做题家"这一群体性称谓特指通过高强度应试训练考入名校的县域青年。他们的成长轨迹往往受限于原生家庭条件——由于缺乏社会资源支撑与素质教育熏陶，读书做题成为突破阶层桎梏的唯一通道。这些自诩"三无青年"（无背景、无资源、无特长）的学子对自身定位充满矛盾：既以突破应试教育体系实现阶层跃升为荣，又在面对"科学家""艺术家"等传统精英称谓时产生身份焦虑。当这一原本用于自我解嘲的标签被异化为外界嘲讽工具时，其象征意义发生了根本性偏移。部分观察者指出，十年前媒体尚在为寒门子弟的教育困境发声，如今舆论场却充斥着对这一群体综合素质的苛责。

请运用批判性思维谈谈你对该社会现象的理解？

📖 **拓展阅读**

"小镇做题家"亦不平凡
李春燕

近日，"小镇做题家"成为网络热词，更成为无数人自嘲的"梗"，在网络上引起了轩然大波。"小镇做题家"最早被形容为一个人出生在小城市，通过自己的努力学习而考入名校的青年学子。他们通常是嘲讽一些两耳不闻窗外事，一心只读圣贤书的成绩优异的农家学子，但这无异于是一种不正确的说法，是一种极度缺乏眼界的说法。在我国，大部分的人都出生在小城市，可以做的只能是通过不断刷题来提高自己的成绩，用自己的努力去赢得别人的尊重。这正是我国提倡的"好好学习，天天向上"的殷切期望，也是每一位青年人茁壮成长的一种向上精神，可以说"小镇做题家"绝对不是一种自嘲。它更像是大多数青年人的一种信念，一种对"知识改变命运"的肯定，是当今社会每一个渴望改变命运的"平凡人"的代名词。

每一个追求梦想的人都该被鼓舞而不是被嘲讽，不是所有的星星都喜欢挂在夜空，不是所有的河流都流向大海，对于"成功"这个词语，在 21 世纪以来的中国从来没有"定

① ［美］布鲁克·诺埃尔·摩尔、［美］理查德·帕克著：《批判性思维：带你走出思维的误区》，朱素梅译，机械工业出版社 2012 年版，第 3~4 页。

义"，而身为"小镇做题家"的青年人更不能被定义。就像中国科学院黄国平博士的毕业论文致谢中所说的"我走了很远的路，吃了很多的苦，才将这份博士论文送到你的面前，二十二载求学路，一路风雨泥泞，许多不容易。如梦一场，仿佛昨天一家人才团聚过。"这句话同样是对于"小镇做题家"最好的诠释，来自中华儿女骨子里的勤奋耕耘后的收获，难道不正是我们应该努力的方向吗？古语有云："春耕、夏耘、秋收、冬藏，四者不失时，故五谷不绝。"前人总结的道理从来都是告诉所有的人，努力就应该有收获。

"小镇做题家"并不是一个贬义词，或许它会有更多的解读，有些不是温柔的，但正因如此我们更应该被这个词语所激励，不为外憾、不以物移，而后可以任天下之大事，这是古人的期许，也同样应该是每个青年的目标所在。

北京朝阳眼科医院的陶勇医生曾说过，自己也是"小镇做题家"，他在北大读书的时候也自卑过，把别人的休息时间用来奋起直追，编织了一个"天下无盲"的美梦。曾经熬不完的夜，做不完的题，后来都成为他拿着手术刀的底气，每一个普通人的努力都值得被尊重，没有人有权利去嘲讽"小镇做题家"，任何时代任何努力都不应该被嘲讽。

千里之行，始于足下，愿身为"小镇做题家"的青年们不坠青云之志。没有人一出生就在山顶，大部分人通过自己的努力爬上山顶去看属于自己的风景，或许这山峰不够高，但并不代表人们选择了碌碌无为，我们只是登上了自己选择的舞台，演绎自己选择的剧本，成为自己人生的主角。

笔者曾经看过一篇帖子，帖子的作者来自一个升学率只有11%的地方，他每天五点起，十二点睡，拼尽全力也只是考上了省内的普通学校，做过200多张试卷，背过无数道例题，可最后，一句"小镇做题家"就概括了他所有的努力。灯火通明的城市里，人们穿梭在各种交通工具之间奋斗着、努力着，每个人都为了自己的梦想而拼搏……在人生这条道路上，所有人都是普通的，但是追求梦想是所有人不普通的权利，走着走着，眼睛里有了光，心里便有了方向。

就像《少年中国说》里曾提到的，故今日之责任，不在他人，而全在我少年。少年智则国智，少年富则国富，少年强则国强，少年独立则国独立，少年自由则国自由，少年进步则国进步，少年胜于欧洲，则国胜于欧洲，少年雄于地球，则国雄于地球。

努力的人从来都是光芒万丈，我们不仅是小镇做题家，更是新时代的接班人，人生的意义不仅是远方的目标，更在于自己脚下走过的每一条路，相信人定兮胜天。

（资料来源：人民网-观点频道，http://opinion.people.com.cn/n1/2022/1115/c447715-32566508.html）

概念——批判性思维的内涵

第二节 公正——批判性思维的标准

在任何情况下，批判的发生都不可能是绝对客观的，因为批判本身就是一种价值判断的过程。这种价值判断引导批判性思维向两个截然不同的方向发展："自我中心"，或者

"公正"。在人类的认知旅程中，普遍存在着一种现象：大多数人能够轻而易举地识别并指出他人推理中的瑕疵与谬误，然而，当涉及自身推理时，却往往难以察觉其中的缺陷。这意味着我们很少依据推理过程来深刻剖析与评估自己的观点与立场。而真正的批判性思考者，他们最为突出的特质在于始终不渝地追求道德的至高境界。他们既不利用他人，也不实施伤害。在遭遇更为合理与有力的论证时，他们乐于调整自己的观点，展现出灵活与开放的心态。他们以道德为指导原则进行思考，从不借助思想来控制他人或掩盖事实的真相。这种差异的产生，便涉及对批判性思维进行衡量的标准问题，也就是本节要讲的主题，即作为批判性思维标准的公正。

就"公正"的概念而言，美国学者理查德·保罗曾作出过精要的阐释，即："公正性需要我们没有偏见地对待所有观点，排除个人、亲友、集体和国家的感受和利益的影响。它要求坚持良好的思维标准（如准确性、逻辑清晰、广度等），不受个人和团体利益的影响。"① 他分别从 7 个维度讨论了如何培养必要的批判性思维的品格和特质，即"思维谦虚""思维勇气""思维换位思考""思维正直""思维坚毅""推理的信心""思维自主"，现分述如下：

就思维谦虚而言，就是要求思考者能够明确地意识到，由自我中心所引发的一切自欺行为。它意味着思考者需要对自己潜在的偏见以及观点的局限性保持某种程度的警觉。这不仅会促使思考者审视和评估自身观点的依据，亦会推动思考者谨慎地识别他人那些缺乏合理推理支持的观点。例如，经常反问自己："关于自己、他人、国家以及世界上正在发生的事情，我真正了解多少？"可以说，谦逊的思考者会不断地反思自己知识的空白区域，并愿意接受新的信息来完善自己的观点。

就思维勇气而言，则意味着思考者能够无畏地审视各种意见、信念与观点，即便这个过程可能引发内心的痛苦。当思考者具备了思维勇气，他便能在社会普遍认同的观念中，寻找出隐藏着的谬误。例如，他可能会扪心自问："即使遭受他人的嘲笑与误解，甚至与主流观点背道而驰，我究竟在多大程度上愿意坚守自己的独特见解？"可以说，思维勇气不只于面对反对声音时的坚持，更体现在关键时刻思考者能勇于修正自身曾持有的错误立场。

就思维换位思考而言，则要求思考者从他人的视角出发进行思考，这需要感同身受地理解他人的观点，并能够基于他们的前提、假设和视角进行合理的逻辑推论。这不仅要求思考者反思自身的错误，还进一步要求主体具备识别类似错误的能力。例如，我们可以自问："我是否能够发现他人观点中的独特之处，同时察觉并纠正自己观点中的偏见？"可以说，通过换位思考，思考者不仅展示了对他人的尊重，更极大地扩展了自身的视野宽度。

就思维正直而言，要求思考者在思索和行动中保持诚实和一致，这也意味着在评价他人时，思考者亦应使用相同的标准来衡量自己。换言之，当思考者要求他人提供证据

---

① ［美］理查德·保罗、［美］琳达·埃尔德著：《批判性思维工具》，侯玉波等译，机械工业出版社 2013 年版，第 14 页。

支持其观点时，也应该确保自己能够提供相应的证据。于是，这种自我审视使思考者能够发现自身思维中的矛盾和缺陷。例如，我们可以问自己："我的行为是否与我的思想一致？还是我言行不一？"可以说，思维正直确保了他人和思考者在批判的维度上处于平等地位。

就思维坚毅而言，在面对复杂的任务和挫折时，思维坚毅的思考者从不会轻言放弃，因为他们深知，进行深入推理远比仓促得出结论重要得多。进一步讲，思考者将坚守理性标准，对困惑和尚未解决的问题会进行不懈思考，从而获得真知灼见。例如，他们可能会自问："在面对困难的挑战并努力解决它的过程中，我是否能展现出足够的耐心和决心？"可以说，思维坚毅的思考者能够在面对艰涩的困难或障碍时，仍然保持专注力。

就推理的信心而言，就是要重视证据和推理，将之视为发现真相的重要工具。当思考者建立起对推理的坚定信念后，他便会自然而然地依循推理的准则行事。换言之，对推理的信奉，意味着他将以正确的推理作为采纳或摒弃某一观点与立场的基本方式。比如，他们常常自省："若是有确凿证据指向一个更为合理的结论，我是否能够勇敢地调整自己的立场？"可以说，拥有推理信心的思考者，会不断地检视并更新自己的观念，使之愈发贴近事实与逻辑的真实轨道。

就思维自主而言，是要求思考者进入一种独立思索的状态，而不是盲目接受他人的观点。只有当强有力的证据表明他人的观点具有合理性时，思考者才会考虑采纳。例如，我们会追问自己："当凭借自己的思考得出合理的见解时，我是否有勇气坚持自己的观点，且不会因他人不合理的批评所动摇？"可以说，思维自主的思考者能够清晰地界定集体意见与个人信念之间的界限，既不随波逐流，也不故步自封。

然而，人们的思维方式经常会陷入自欺欺人式的泥沼，因此，每一个人更容易成为一个有"谬误"的思考者而非"公正"的思考者。所谓"谬误"，是指在逻辑推理或论证过程中，由于违反了思维规律或规则而出现的错误。根本上讲，谬误是由于论证的结构或内容的缺陷导致的，从而使结论无法得到有效的支持。如果说批判性思维旨在合理判断与决策，那么谬误的目标就是干扰这一过程。进而，谬误不仅会导致个人在决策时出现偏差，影响日常生活和工作效率，还可能在社会层面引发误导和混乱。就此而言，如何避免"谬误"对提升批判性思维能力意义重大。常见的谬误包括：

其一，诉诸权威谬误。它是指援引权威的"知识"或"判断"来肯定或否定论题，不作任何论证。其显著特点便是盲目崇拜权威，不以事实和逻辑为依据。例如，生病时去医院挂号，某些人可能只会在主任医师和主治医师之间选择前者，而不管后者是否更适合自己的病情。要避免此谬误，需理性看待权威言论，结合实际和逻辑进行判断，不盲目轻信。

其二，诉诸情感谬误。它是指借助操纵情感来赢得争议，而非通过有效的逻辑论证。这种谬误会利用恐惧、怜悯、骄傲等人类情感，使听众在情感波动中忽略正常的理性判断。例如，在老年保健产品的广告宣传中，某些产品可能会借助同样身为老年人的"演员"，利用话术来引起消费者的情感共鸣，进而促进销售。要识别此谬误，需冷静分析论证过程，看是否有充分的事实和逻辑支撑，而非仅依靠情感煽动。

其三，稻草人谬误。它源于在论辩中有意或无意歪曲理解对方的立场，使该立场变得容易受到攻击，从而模糊对方的真实论点。例如，在环保议题讨论中，一方可能将另一方的观点简化为"完全禁止使用塑料"，而实际上对方只是主张减少塑料使用。这种谬误使得辩论偏离了原本的辩题，从而对己方形成有利局势。要避免此谬误，需准确理解对方观点，不被夸大和曲解误导，再以客观、理性态度进行讨论和反驳。

其四，混淆相关性和因果性。就含义而言，相关性指两件事或数据有关联，因果性则指两件事有原因和结果的关系。区分时，要看事件发生是否是纯属巧合，还是存在第三变量或逆向因果关系。在分析相关性时，可以采用统计方法和实验设计来确定是否存在某种潜在关系。例如，美股暴跌与港股下跌可能是受共同因素影响，而非直接的因果关系。

综上可知，这些常见的"谬误"类型揭示了人类的大脑有多么容易犯错。特别是思维上的谬误，看似合情合理，本质上不过是包裹了一层又一层伪装的"面纱"。换句话说，一个公正的批判性思考者正是要努力捅破层层伪装的表象，去寻找真正的答案。

在现代社会中，面对各种算法制造的"信息茧房"，公正的批判性思维就更显重要。所谓信息茧房，是由哈佛大学教授桑斯坦在其 2006 年的著作《信息乌托邦》中首次提出。桑斯坦将信息茧房形象地比作"个人日报"，即在网络技术日益发达、信息量剧增的今天，人们能够自由选择自己感兴趣的话题，依据个人喜好定制报纸、杂志，甚至可以为自己量身打造一份专属的"个人日报"。然而，当个体长期处于这种自我构建的信息环境中时，生活难免会变得程序化、定式化。桑斯坦强调，在信息传播过程中，公众的信息需求往往是片面的，他们倾向于关注自己选择的内容以及那些能够带来愉悦的通讯领域，长此以往，便会像蚕茧一样，将自己束缚在狭窄的"茧房"之中，无法接触到更广阔的信息世界。比如，每当我们打开购物软件，常常会面临各种广告营销的算法陷阱，这些"个性化推荐"旨在激发我们的情感反应，促使我们作出购买决定。而通过培养批判性思维能力，我们可以打破信息茧房的迷失，从而作出更加理性和经济的消费选择。现在我们来看一个具体的案例：

在 2025 年 3 月，《消费者报道》杂志将 13 款标榜"零添加"的酱油送至第三方权威检测机构进行检验，检测项目包括镉和总砷。镉是一种人体非必需且具有毒性的元素，长期摄入可能增加致癌和致突变的风险；而砷则广泛存在于自然界中，有机和无机砷农药常被用于杀虫、杀菌以及除草等农业活动中。检测结果显示，在送检的 13 款酱油中，有 12 款检测出了镉，7 款检测出了总砷。其中，某品牌御藏本酿 380 天酱油被检测出含镉量为 0.0110mg/kg。这一结果引发了广泛的关注和热烈的讨论。部分网友认为，作为一款标榜"零添加"的酱油产品，理应不含有害元素；另有网友指出，该款酱油并非真正的零添加产品，只是使用了"某某0"的商标，容易使消费者误以为是零添加酱油。

以上事件并非个案，近年来"零糖""零脂""非油炸"的产品无疑成为追求健康的消费者的首选。部分商家也正是利用健康焦虑，将"零添加"包装成纯净、安全的代名词，进而让消费者陷入信息茧房，盲目相信标签而交了"智商税"。如案例中"某某0"的命名策略巧妙利用了消费者对数字"0"的直观认知，将"零添加"概念植入品牌基因。这种文字游戏导致消费者在选购时产生认知偏差，误以为产品完全不含添加剂，而通过商标制造信息不对称，企业则将概念营销转化为实实在在的溢价能力。现行《食品安全国家标准》仅对食品标签作出规定，但对商标命名缺乏明确规范。商标审查主要关注是否构成近似侵权，难以覆盖误导性描述。这种监管空白导致企业可以通过精心设计的商标，在合法合规的框架内进行模糊宣传，消费者知情权难以得到有效保障。若要解决这一问题，一方面需要监管部门完善商标审查规则，对涉及健康声称的商标进行必要性审查；另一方面则需要行业协会建立商标命名指引，明确禁止使用易产生误导的绝对化描述；再一方面需要消费者也提升批判性思维能力，洞察商标宣传，通过成分表作出购买决策。可以说，只有打破商标与产品之间的"谬误"迷雾，才能构建真正健康的消费环境。

总之，公正的批判性思考者在面对复杂的问题时，会综合考虑多维度的观点和证据，识别出潜在的偏见和谬误。这种能力不仅在学术研究和其他专业领域中意义重大，在日常生活中同样不可或缺。可以说，公正的批判性思维不仅是一种重要的认知技能，更是一种宝贵的社会品质，它能够促进沟通与合作，推动社会的进步和发展。

◎ **本节思考：**

余华在《我们生活在巨大的差距里》中写道：

中国是一个地域辽阔、人口众多、经济发展不平衡的国家，在上个世纪八十年代的中期，沿海地区城市里的人普遍在喝可口可乐了；可是到了九十年代中期，湖南山区外出打工的人，在回家过年时，给乡亲带去的礼物是可口可乐，因为他们的乡亲还没有见过可口可乐。

社会生活的不平衡必然带来心理诉求的不平衡，上世纪九十年代后期，中央电视台在六一儿童节期间，采访了中国各地的孩子，问他们六一的时候最想得到的礼物是什么。一个北京的小男孩狮子大开口要一架真正的波音飞机，不是玩具飞机；一个西北的小女孩却是羞怯地说，她想要一双白球鞋。

两个同龄的中国孩子，就是梦想都有着如此巨大的差距，这是令人震惊的。对这个西北女孩来说，她想得到一双普通的白球鞋，也许和那个北京男孩想得到的波音飞机一样遥远。

这就是我们今天的生活，不平衡的生活。区域之间的不平衡、经济发展的不平衡，个人生活的不平衡等等，然后就是心理的不平衡，最后连梦想都不平衡了。梦想是每个人与生俱有的财富，也是每个人最后的希望。即便什么都没有了，只要还有梦想，就能够卷土重来。可是我们今天的梦想已经失去平衡了。[1]

请运用批判性思维谈谈你对该段材料的理解？

---

[1] 余华：《我们生活在巨大的差距里》，北京十月文艺出版社2015年版，第13～14页。

拓展阅读

理性看待当前的社会公正问题（节选）

任理轩

从"人"这一视角看，当前社会公正问题凸显与人们的心理期待紧密相联，既缘于人们的心理期待随着社会发展而水涨船高，又缘于人们对社会公正的要求越来越多样化、不同的人对社会公正的期待各有不同。

纵向上看，虽然不同历史时期的人们对社会公正的认识有很大差异，但总体而言人们对社会公正的期待是随着社会发展而水涨船高的。当某一层次的社会公正需求相对满足了，人们就会期待更高层次的社会公正。改革开放以来，我国经济社会快速发展。与此相适应，人们对社会公正的期待也越来越高，不断向社会公正的清单中填充内容，使社会公正从抽象到具体、从简单到复杂、从低标准到高标准，由追求分配公正向追求就业公正、教育公正、司法公正、保障公正等方面扩展。需要注意的是，人们心理期待的提高并不总是被动地跟随社会发展亦步亦趋，在一定条件下，人们的心理期待会超越社会发展步伐，从而使社会公正问题更加凸显。比如，在改革开放和发展社会主义市场经济、教育水平不断提高等因素作用下，人们的主体意识越来越强，对社会公正的期待也有了"跨越式"提高。所以，在看待当前社会公正问题凸显时，一个重要视角就是应看到人们的心理期待随着我国社会的发展而水涨船高甚至"跨越式"提高这一事实。不考虑这一重要变量，得出的结论自然有所偏颇。

横向上看，即使在同一历史时期，除了最基本的社会公正需求，不同社会群体对社会公正的心理期待也是大不一样的。社会成员的分层分化越复杂，对社会公正的心理期待也就越多样，社会公正问题也就越容易凸显。改革开放以来的我国社会，一个显著特点就是随着社会主义市场经济的发展，社会结构深刻变动，社会群体类别不断增多，除了工人、农民、干部等传统群体，还出现了私营企业主、专业技术人员、下岗失业人员、农民工、自由职业者等不同群体。不同群体的利益诉求不尽相同，决定了他们对社会公正的期待也不尽相同。比如，对于从事经济活动的私营企业主来说，他们更期待市场交易、市场竞争方面的公正；对于进城打工的农民工来说，他们更期待在城市里能不受歧视，得到公正对待；对于刚刚毕业的大学生来说，他们更期待就业公正，希望能有合理的社会流动机制，等等。可以说，正是对社会公正越来越多的不同期待交织在一起，使当前我国社会公正问题凸显。看不到这一点，得出的判断就不可能正确。

（来源：《人民日报》2011 年 2 月 16 日第一版）

公正——批判性思维的标准

第三节 提问——批判性思维的启动

习近平总书记曾指出："坚持问题导向是马克思主义的鲜明特点。问题是创新的起点，也是创新的动力源。只有聆听时代的声音、回应时代的呼唤，认真研究解决重大而紧迫的问题，才能真正把握住历史脉络、找到发展规律，推动理论创新。坚持以马克思主义为指导，必须落到研究我国发展和我们党执政面临的重大理论和实践问题上来，落到提出解决问题的正确思路和有效办法上来。"① 可以说，一个不擅长提问的人，也就不可能成为一个真正的批判性思考者。这就是本节要探讨的主题，即作为批判性思维启动的提问。

在进一步介入提问之前，我们可以简单讨论一下问题本身与思维的关系。无论是自然科学还是人文社科领域的杰出学者，如果缺乏提出问题的能力，很难想象他们如何成就卓越。换言之，各个学科的形成和发展，都是学者们不断提问和探索的结果。柏拉图的"洞穴寓言"，便通过连续的追问，引领人们走出认知的迷雾，走向真理的彼岸。哥白尼在《天体运行论》中对"地心说"的合理性进行了大胆质疑，通过反复的观测数据和数学模型的推敲，最终颠覆了延续千年的宇宙观。牛顿从日常生活中"苹果为何会下落"的疑问入手，构建了经典力学体系。而达尔文在加拉帕戈斯群岛上观察鸟类喙部的差异时，没有停留在现象描述层面，而是进一步追问："如果物种是一成不变的，为什么同一个岛屿上的雀类会演化成不同的形态？"这一质疑挑战了当时生物学界的"神创论"权威，经过20年的实证研究，最终在《物种起源》中提出了"自然选择"理论。可以说，人类文明的演进始终与对"问题"的持续探索紧密相连。

因此，杜威才会说："只有当他亲身考虑问题的种种条件，寻求解决问题的方法时，才算真正在思考。"② 而爱因斯坦则指出："提出一个问题往往比解决一个问题更重要，因为解决一个问题也许仅是一个数学上或实验上的技能而已。而提出新的问题，新的可能性，从新的角度去看旧的问题，却需要有创造性的想象力，而且标志着科学的真正进步。"③ 换言之，如果一个研究领域没有新的问题被发现，那么这个研究也就结束了。据此看，答案并不能促进思维的进步，只有问题才能促进思维的进步。

在探寻提问的快速启动法时，我们可以尝试从"问题"的不同分类去思考提问的路径：

首先是事实性问题。这类问题只有一个正确答案，属于单体系问题，即需要在一个既定的体系内搜集证据，最后通过推理得出答案。其底层逻辑依赖于知识。例如，在常压环境下，冰的熔点是多少度？这类问题通常涉及具体的信息或数据，可以通过查阅资料、计算或实验来找到唯一解。

---

① 相关资料参见人民网（http://politics.people.com.cn/n1/2016/0518/c1024-28361421-2.html）。

② ［美］约翰·杜威著：《民主主义与教育》，王承绪译，人民教育出版社1990年版，第175页。

③ ［美］阿尔伯特·爱因斯坦、［波兰］利奥波德·英费尔德著：《物理学的进化》，周肇威译，中信出版社2019年版，第90页。

其次是偏好性问题。这类问题因个体偏好不同而有多种答案，属于无体系问题。也就是说，需要作出主观判断和选择，其答案亦是基于主观观点和选择，因此无法评判对错。例如，在2023年寒假旅行中，你更倾向于选择西双版纳还是海南万宁？这类问题涉及个人的价值判断，没有唯一正确的答案。

最后是判断性问题。这类问题需要进行论证，并且存在多个可行的答案，属于多体系问题。这就要求从多个体系内搜集证据，进行推理，在多个答案之间进行比较和权衡，其底层逻辑是判断。例如，哪个国家的教育体系更为优越？或者如何评估某一政策的影响？这类问题要求综合多个因素进行分析和评估，在反复斟酌利弊之后才能得出结论。

就批判性思维的提问方式而言，我们可以通过苏格拉底式提问法去深度体验它的运行机制。今天我们所熟知的"education（教育）"这个词语，源自拉丁语，是由"educare"（训练）和"educere"（引导走出）两个词根组成。而苏格拉底对教育的理解，正是这两个词根内涵的完美集合。他坚信，真正的教育并非灌输知识，而是引导人们去质疑那些他们自以为熟知的事物。之所以如此，是因为通过这样的方式，人们将能够更加深入地理解事物的内在本质。那么，究竟什么是苏格拉底提问法呢？简而言之，它是一种通过连续提问，引导被提问者通过理性思考，自主发现谬误、拓宽思路、获得启发并最终接近真相的方法。我们可以将它分解为六个环节，即"澄清问题本身→对假设的检验→依托理性的论证→对思路的拓展→正确评估结果→对问题的再度回归"，下面将按照其历时性维度展开分述：

第一个步骤，旨在明确问题所涉及的概念和范畴。如果概念模糊，或者讨论的范畴不一致，那么对话就如同牛头不对马嘴，任何由此展开的讨论都是毫无意义的。在这个环节中，提问方式包括：问题的主旨是什么？你为何会提出这样的问题？是什么原因使你产生了这样的疑问？苏格拉底式提问法通过不断地追问问题的中心和边界，确保对话双方在同一语境框架下进行交流，从而避免因概念模糊或误解而产生的无效沟通。

第二个步骤，旨在明确问题的假设以及这些假设背后的真正动因。提问方式包括：你的问题基于哪些假设？为什么会有这样的假设？你如何证明或推翻这些假设？苏格拉底式提问法强调对假设的仔细审视，并且通过质疑和验证假设的合理性，引导对话者反思自己观点背后潜在的假设，从而更全面地把握问题。

第三个步骤，注重对问题的理性分析和推论过程。提问方式包括：你是如何得出这个结论的？为什么相信这是真的？又是否有理由怀疑这个结果？在这一环节中，苏格拉底式提问法通过详细审视论证过程，帮助对话者识别逻辑形式漏洞和不合理的推理，促使他们进行更加缜密的思考。

第四个步骤，鼓励从不同视角检视问题，找出不同的观点。提问方式包括：其他人可能会如何看待这个问题？可能存在哪些不同的观点？还有没有其他可能性？苏格拉底式提问法鼓励对话者从多角度看待问题，避免思维的单一性。正所谓"他山之石，可以攻玉"。

第五个步骤，讨论并评估可能出现的结论。提问方式包括：这个假设会带来什么结果？这些结果真的可能发生吗？会有什么潜在的影响？通过预测和评估结论，苏格拉底式提问法促使对话者考虑各种可能出现的结果及其影响，培养前瞻性和综合思考的能力。

第六个步骤，在完成前五个步骤的基础上，重新将视角转回原初的问题。此环节的提问方式为：经过上述讨论，对于最初的问题，你现在有新的答案了吗？被提问者可能已经意识到自己在概念上的模糊、假设上的错误、论证上的非理性等。苏格拉底式提问法通过对最初问题的再发掘，引导对话者在深入讨论后反思和修正自己的观点，获得更深刻的认知。

现在，若我们重新将这六个分解的步骤组合为一个整体，并去介入一场苏格拉底的辩论，或许可以对苏格拉底式提问法有更深层次的理解。在柏拉图的《理想国》中记载了一场有关"究竟什么是正义"的辩论：

苏格拉底说：老兄啊！如果正义仅仅对于无用的东西才是有用的，那么正义也就没有什么了不起了。还是让我们换个路子来讨论这个问题吧！打架的时候，无论是动拳头，还是使家伙，是不是最善于攻击的人也最善于防守？

玻勒马霍斯说：当然。

苏格拉底说：是不是善于预防或避免疾病的人，也就是善于造成疾病的人？

玻勒马霍斯说：我想是这样的。

苏格拉底说：是不是一个善于防守阵地的人，也就是善于偷袭敌人的人——不管敌人计划和布置得多么巧妙？

玻勒马霍斯说：当然。

苏格拉底说：是不是一样东西的好看守，也就是这样东西的高明的小偷？

玻勒马霍斯说：看来好像是的。

苏格拉底说：那么，一个正义的人，既善于管钱，也就善于偷钱啰？

玻勒马霍斯说：按理说，是这么回事。

苏格拉底说：那么正义的人，到头来竟是一个小偷！这个道理你恐怕是从荷马那儿学来的。因为荷马很欣赏奥德修斯的外公奥托吕科斯，说他在偷吃扒拿和背信弃义、过河拆桥方面，简直是盖世无双的。所以，照你跟荷马和西蒙尼得的意思，正义似乎是偷窃一类的东西。不过这种偷窃是为了以善报友，以恶报敌才干的，你说的不是这个意思吗？

玻勒马霍斯说：老天爷啊！不是。我弄得晕头转向了，简直不晓得我刚才说的是什么了。①

上述材料中，玻勒马霍斯的正义观反映了世俗道德的经验主义倾向，而苏格拉底通过逻辑解构，揭示了正义的普遍性与功能性本质。苏格拉底强调不强迫别人相信自己的判断，而是引导别人自愿地说出他想说的话，他把自己的这种方法称为精神的"助产术"，因为助产婆只能支持孕妇生孩子，而不能代替她生孩子。可以说，这场辩论不仅是概念澄清的练习，更是对"何为善"的终极追问的开端，为后世伦理学与政治哲学提供了方法论

---

① ［古希腊］柏拉图著：《理想国》，郭斌和、张竹明译，商务印书馆2017年版，第11~12页。

范式。

有趣的是，苏格拉底的"诘问"与屈原的"问天"形成了超越时空的互动，苏格拉底以对话为镜映照真理，屈原以诗为剑刺破蒙昧，二者在方法论与精神内核上形成跨文明对话，印证了"问题"作为人类认知基石的永恒价值。屈原的《天问》全篇172个问题，几乎均为设问与反问，如宇宙起源之问："遂古之初，谁传道之？上下未形，何由考之？"① 又如天体运行之问，即"日月安属，列星安陈?"② 再如神话传说之问："女岐无合，夫焉取九子?"③ 还如历史兴衰之问，即"授殷天下，其德安施？反成乃亡，其罪伊何?"④ 可见，无论是苏格拉底还是屈原，都是通过问题本身构建思辨框架，而非直接给出答案。也就是说，他们均以"无知"为起点，通过"提问"逼近真理。

理查德·保罗还进一步提出了掌握或者训练苏格拉底式思维和提问的方法，包括：（1）你可以把问题聚焦于问题的类型上，比如事实、偏好或判断。（2）你可以把问题聚焦于对思维标准的评估上。（3）你可以把问题聚焦于对论证元素的分析上。（4）你可以通过优先回答对获得最终答案最有效的问题来"拆解"复杂问题。（5）你可以抓住复杂问题的主要矛盾。⑤ 概而论之，按照该方式行动需要：一方面，通过明确问题的类型，更有针对性地进行提问和分析；另一方面，评估思维的标准（如逻辑性、一致性、证据充分性），帮助识别和纠正思维中的缺陷；再一方面，分析论证的各个元素（如前提、结论、推理过程），有助于理解论证的有效性和可靠性；又一方面，将复杂问题拆解为更小、更具体的问题，有助于逐步解决复杂难题。由此，作为一名苏格拉底式的提问者，你可以有效地向任何人或任何事物发问，你可以自然而然地揭示并测试我们对于事物的认识。换句话说，这也是我们学习和研究批判性思维所必需的方法论能力。

苏格拉底式提问法不仅在学术讨论中有效，在职场沟通中也有广泛应用。通过这种提问方式，可以促进团队成员之间的有效沟通，帮助解决复杂问题，提高决策质量。例如，苹果公司的创始人乔布斯常常以苏格拉底式的提问来激发团队成员的思考和创新。在开发新产品时，他会不断追问："这个设计真的是最好的吗？还有没有更好的解决方案?"这些"苛责"的问题，促使团队成员不断反思和改进，最终创造出许多颠覆性的产品。

总之，批判性思维不仅仅是一种学术工具，更是一种生活态度。它要求我们在面对各种信息和观点时，保持怀疑和审视的态度，不断提问和反思。只有这样，我们才能在复杂多变的世界中，保持独立思考的能力。正如苏格拉底所说："未经审视的生活是不值得过的。"

---

① 金开诚等校注：《屈原集校注》，中华书局1996年版，第292页。
② 金开诚等校注：《屈原集校注》，中华书局1996年版，第293页。
③ 金开诚等校注：《屈原集校注》，中华书局1996年版，第293页。
④ 金开诚等校注：《屈原集校注》，中华书局1996年版，第391页。
⑤ ［美］理查德·保罗、［美］琳达·埃尔德著：《批判性思维工具》，侯玉波等译，机械工业出版社2013年版，第97页。

◎ **本节思考：**

近日，教育部印发《高等学校人工智能创新行动计划》，提升高校 AI 领域科技创新，建设一流人才队伍。这一政策的出台无疑是对当前科技发展趋势的一种积极回应。随着人工智能技术的迅猛发展，越来越多的人开始思考：我们是否已经进入了人工智能的时代？

这一疑问的提出并非空穴来风。从智能家居到自动驾驶汽车，从智能医疗到金融科技，人工智能的应用已经深入我们生活的方方面面。它正在以一种不可忽视的速度改变着我们的生活方式和工作模式。然而，随着人工智能的普及，一个更为深刻的问题也摆在了我们的面前：它会不会取代人类？

这个问题引发了广泛的讨论。一方面，人工智能在某些领域确实展现出了超越人类的能力。例如，在数据处理和分析方面，人工智能能够快速、准确地处理大量的信息，这在一定程度上可以提高工作效率，减少人为错误。但另一方面，人工智能也存在着诸多局限性。它缺乏人类的创造力、情感智慧和道德判断能力。在面对复杂的情境和需要灵活应对的问题时，人工智能往往难以胜任。

请运用批判性思维谈谈你对该段材料的理解？

📖 **拓展阅读**

关于"人工智能是否会取代人类"的问题，Deepseek 作出如下回答：

关于人工智能是否会取代人类的问题，目前学术界、科技界和社会各界存在不同观点。这一问题涉及技术、伦理、社会和经济等多个层面，需要从多角度进行分析：

1. 技术层面：AI 的能力与局限性

（1）当前 AI 的本质：现有 AI（如 ChatGPT、自动驾驶、图像识别）属于弱人工智能（Narrow AI），专注于特定任务，缺乏自主意识和通用智慧。它们依赖大数据和算法优化，但无法像人类一样进行创造性思考或情感判断。

（2）强人工智能（AGI）的挑战：若未来实现与人类智力相当的通用人工智能，理论上可能替代更多工作，但目前技术上仍面临巨大障碍（如意识、直觉、伦理判断的模拟）。科学家对 AGI 的实现时间表分歧巨大，部分认为需数十年，部分认为可能永远无法实现。

2. 经济与职业影响：替代与协作

（1）职业替代风险：重复性高、规则明确的工作（如制造业、客服、基础数据分析）可能被 AI 和自动化取代。麦肯锡预测，2030 年前全球约 30% 的工作可能自动化。

（2）新机会的创造：历史表明，技术革命（如蒸汽机、计算机）在淘汰岗位的同时会创造新职业（如 AI 训练师、算法伦理师）。人类可能转向需要创造力、情商和跨领域协作的工作。

（3）人机协作趋势：AI 更可能成为人类的工具，例如医生借助 AI 诊断疾病，设计师用 AI 生成草图，形成"增强智能"（Augmented Intelligence）模式。

3. 社会与伦理挑战

（1）权力与不平等：若 AI 集中在少数企业或国家手中，可能加剧社会不平等。例如，算法偏见可能导致歧视性决策。

（2）人类价值问题：AI 缺乏道德判断能力，无法替代人类在司法、医疗、教育等领域的责任承担。例如，自动驾驶的"电车难题"仍需人类制定伦理框架。

（3）存在主义风险：部分学者（如霍金、马斯克）警告，失控的超级智能可能威胁人类生存，但这一场景依赖诸多假设（如 AI 自主进化动机），目前仍属科幻范畴。

4. 人类不可替代的核心特质

（1）创造力与想象力：科学发现、艺术创作、哲学思考等依赖人类独特的联想和突破性思维。

（2）情感与共情：护理、教育、心理咨询等需要情感连接的工作难以被机器复制。

（3）复杂决策与伦理判断：在模糊情境中权衡多方利益（如政策制定、危机管理）依赖人类价值观。

5. 未来可能的共存模式

（1）工具化路径：AI 作为效率工具，人类专注于战略和创意（如用 AI 写代码，人类设计架构）。

（2）监管与伦理框架：通过法律限制 AI 应用领域（如禁止军事化 AI），建立算法透明度和问责机制。

（3）人机融合：脑机接口、生物技术等可能推动人类与 AI 的深度融合，模糊自然与人工的界限。

结论：主动权在人类手中

AI 是否会取代人类，取决于技术发展路径和社会选择。短期来看，AI 将重塑职业结构而非全面替代人类；长期而言，强人工智能的威胁需要通过全球合作、伦理规范和持续的技术监管来规避。人类的核心价值在于主导技术方向，而非被动接受技术结果。正如计算机科学家吴恩达所说："AI 是新的电力，它不会取代人类，但会用 AI 的人将取代不用 AI 的人。"

提问——批判性思维的启动

第四节　论证——批判性思维的核心

《哈利·波特与"混血王子"》中有这样一段情节：

哈利说："我认为是德拉科·马尔福给了凯蒂那条项链，教授。"

站在他一侧的罗恩尴尬地揉着鼻子；站在他另一侧的赫敏把脚在地上滑来滑去，似乎巴不得跟哈利保持一定的距离。

"这是一个很严重的指控，哈利，"麦格教授惊愕地停顿了一下，说道，"你有证据吗？"

"没有，"哈利说，"但是……"他把那天他们跟踪马尔福到博金—博克店，偷听到他和博金之间的那段对话告诉了麦格教授。

他说完后，麦格教授显得有点儿迷惑。

"马尔福把一件东西拿到博金—博克店去修理？"

"不，教授，他只是要博金告诉他怎么修理一件东西，并没有把它带去。但问题不在这里，问题是他同时还买了一件东西，我认为就是那条项链——"

"你看见马尔福离开商店时拿着那样一个包裹？"

"不，教授，他叫博金替他保存在店里——"

"可是，哈利，"赫敏打断了他的话，"博金问他是不是想把东西拿走。马尔福说'不'——"

"因为他不想碰那东西，那还用说吗！"哈利生气地说。

"他的原话是：'我拿者它走在街上像什么话？'"赫敏说。

"是啊，他拿着一条项链确实会显得很傻。"罗思插嘴说。①

现在，假如我们尽可能褪去哈利·波特的"主角光环"，用批判性思维介入这段对话，面对哈利·波特用"我就是知道"去论证"肯定是马尔福干的"，我们不禁和麦格教授一样"大吃一惊"。这样的论证本身，也让我们反思和追问，是不是我认为它是真的这事就是真的？还是需要有证据去证明它是真的？所谓的证据又是确凿无疑的吗？又该使用什么样的逻辑形式去确保它是真的？这也就是本节需要探讨的主题，即作为批判性思维核心的论证。

所谓"论证"，不仅是逻辑学的核心概念，也是批判性思维的重要组成部分。论证的结构通常分为前提和结论两部分。其中，前提用于证明结论。需要注意的是：一方面，同一个陈述既可以作为一个论证的结论，又可以作为另一个论证的前提。当一个论证的前提不被确信或引起争议时，论证者就要为之辩护，去论证该前提是真实的。而当为辩护一个论证的前提而提出新论证的时候，原论证的前提就成为新论证的结论。在这个意义上讲，论证的过程往往由多个推理环环相扣而组成推理链，且每一条推理链都有其起点。另一方面，论证可能包含并未表达的前提，又或者包含未表达的结论。在日常沟通中，常常省略那些显而易见因而无须提及的前提，而未表达的结论虽不如未表达的前提常见，但也并不罕见。

在论证的方式上，论证可以分为演绎论证和非演绎论证。对于一个演绎论证，如果其前提为真，则证明了其结论。比如这样的一个论证：

【前提】所有川师大文学院的老师都很博学，黄老师也是川师大文学院的老师。
【结论】黄老师很博学。

---

① ［英］J. K. 罗琳著：《哈利·波特与"混血王子"》，马爱农、马爱新译，人民文学出版社2005年版，第197页。

从中可见，当一个论证满足条件，即当其前提为真时，其结论不可能有假，这个论证就是有效的。有效指的是"前提如果为真，那么结论不可能为假"。显然，该论证不可能出现前提为真而结论为假的情形。

对于一个非演绎论证，前提并不证明结论，非演绎论证的前提是支持结论。我们可以将上一个案例材料略作修改，成为一个新的论证：

【前提】几乎所有川师大文学院的老师都很博学，黄老师也是川师大文学院的老师。
【结论】黄老师很博学。

从中可见，该前提当然不能单独地支撑起"黄老师很博学"这样的结论，但该前提仍是有支持力的，它提高了"黄老师很博学"的可能性。根据支持力程度的不同，可以从较低的微弱支持到较高的强有力支持，前提为结论提供的支持越高，非演绎论证越强；前提为结论提供的支持越低，非演绎论证越弱。

现在，我们需要一组新的案例来进一步把握演绎论证和非演绎论证的区别。例如：

【前提】所有的人类都需要氧气来生存。
【结论】张三需要氧气来生存。

该例中，如果前提是一个无可争议的事实，那么结论也是必然成立的。可见，如果一个演绎论证的前提为真，那么其结论也必定为真。演绎论证在数学、法律和科学等领域中应用广泛，因为它提供了一种确保结论正确性的方法。

相比之下，非演绎论证通常用于对信息不完全或者不确定的情况做出推断。例如：

【前提】大多数医生建议每天摄入一定量的水果和蔬菜。
【结论】我应该每天摄入一定量的水果和蔬菜。

该例中，前提为结论提供了一定的支持，但并不能确保结论必然正确。因为还存在其他因素可能影响这一结论，比如个人的健康状况、饮食习惯等。

除此之外，在生产生活中，我们还会遇到混合型的论证，即既有演绎的成分，也有非演绎的成分。这种情况下，需要我们更仔细地分析每个部分，判断整个论证的说服力和可靠性。

除了论证的类型，论证的有效性还受到许多其他因素的影响。其中，前提的真实性是非常突出的一个因素。可以说，如果一个论证的前提是错误的，那么无论其逻辑多么严密，结论也必然是错误的。例如：

【前提】所有的鸟类都会飞。
【结论】企鹅会飞。

该例中，前提是一个错误的陈述，因为企鹅是不会飞的鸟类。因此，即使逻辑上从这个前提可以推出"企鹅会飞"的结论，但实际上这个结论是错误的。

另一个影响论证有效性的重要因素则是逻辑形式的正确性。即使前提是真实的，如果论证的逻辑形式有问题，结论也可能是不正确的。例如：

【前提】所有的猫都是哺乳动物。
【结论】所有的哺乳动物都是猫。

该例中，尽管前提是正确的，但结论"所有的哺乳动物都是猫"显然是错误的，因为哺乳动物还包括许多其他动物，如狗、牛、马等。

因此，在评估一个论证时，我们不仅需要检查前提的真实性，还要检查论证的逻辑形式的正确性。

就"论证"本身而言，具有三个基本特征：首先，论证必定带有某种目的性。从根本上看，论证的使用，是希望能够说服某人相信某一事实，或按照特定的方式去行动。其次，论证的质量会有差异。无论是逻辑的严密性，还是证据的充分度，论证的进行都因人而异。最后，论证由两个必要部分组成，即一个结论及其支撑前提。如果其中任何一部分缺失，都意味着失去了客观评价该论证的机会。对于无法找到的东西，自然也就无法对其进行评价。

在这里，我们需要再次强调"支撑结论的前提"的重要性，因为它是回答论证的基本问题需要依赖的必要条件。而要使得"前提"有效，便涉及"前提"中"证据"的有效。可以说，在如今这样一个信息大爆炸的时代，如何辨别证据已经成为每一个想要培养批判性思维的人必须思考的命题。就像一部新鲜出炉的电影，我们尚未来得及去电影院身临其境地品鉴，很多影评家已经迫不及待地告诉我们，这部电影精彩绝伦、不容错过，又或者这部电影浪费时间、不看为妙。比如 2023 年上映的《流浪地球 2》，已经有 130 多万人在豆瓣进行了评分，截至 2025 年 3 月 25 日的总评分是 8.3 分。其中，有 44.4% 的观众打出了五星满分，有 34.3% 的观众打出了四星高分，也有 16.3% 的观众只给出了及格分的三星，甚至还有 3.5% 和 1.6% 的观众分别打出两星或一星的低分评价。① 赞同这是一部好电影的观众欢欣鼓舞，认为超出预期，情怀满满，把中国的科幻电影提升到世界水平等；反对这是一部好电影的观众则大声疾呼，这部电影没有主线、没有高潮、没有新意、强行拔高等。对于还没有去电影院观看的我们来说，这些影评的看法到底有哪些可以深信不疑呢？显然，我们需要进一步搜集证据，然后才能自行判断出哪些观点能为我所用，进而形成自己的结论。

复杂的是，人工智能时代从根本上改变了我们大部分人收集证据的方式，让我们获得的信息呈现几何级数的增长。怎样平衡这种史无前例的信息量？我们不得不加倍小心地思考我们得到的证据。当 ChatGPT 在 2022 年末掀起全球技术浪潮时，学术界很快意识到这

---

① 相关资料参见豆瓣电影（https：//movie.douban.com/subject/35267208/）。

场变革带来的双重影响。生成式 AI 技术正以惊人速度重构论文写作生态,在给科研效率带来质变的同时,也在学术诚信、数据真实性、技术伦理等领域掀起巨浪。这场人与 AI 的博弈,正在重新定义学术研究的边界与底线。现在,我们来看下面这一个案例:

据英国《自然》杂志网站近日报道,意大利卡坦扎罗大学等机构研究人员先要求 GPT-4 ADA 创建一个关于圆锥角膜患者的数据集。发生这种角膜病变的部分患者需接受角膜移植,主要有两种手术方法:一种是穿透性角膜移植术,即切除全层病变角膜,以捐赠者的健康组织取代;另一种是深板层角膜移植术,仅替换病变的部分角膜组织,保留角膜内层完整。

随后,研究人员要求 GPT-4 ADA 编造临床数据,以支持深板层角膜移植术比穿透性角膜移植术效果更好的结论。

人工智能生成数据包含 160 名男性和 140 名女性参与者。数据显示,接受深板层角膜移植术的参与者在视力测量和眼部成像测试中得分均高于接受穿透性角膜移植术的参与者。但该“结论”与真实临床试验结果并不一致。2010 年报告的一项有 77 名参与者的试验显示,在术后长达两年时间内,两种手术效果相似。

英国曼彻斯特大学生物统计学家杰克·威尔金森等人检查这些虚假数据发现,许多参与者性别与名字不匹配,术前和术后进行的视力测量及眼部成像测试之间缺乏相关性等。①

从案例可见,某些研究人员正通过 GPT-4 编造临床数据去支撑虚假结论。本质上讲,这是一种技术作弊,其生成的论文不仅缺乏原创性,也违背学术共同体的科研伦理。显然,随着人工智能的飞速发展,AI 代写背后潜藏的多重风险也正逐步暴露:第一,尽管 AI 代写的论文表面上看似乎结构合理、逻辑清晰,实则其内容往往空洞无物。这类论文也许能侥幸通过查重检测,但套路化的表达难免会在人工检测时,露出学术造假的痕迹。第二,AI 代写的论文在概念解释上可能与学界公认的定义相差甚远,参考文献更是凭空杜撰,存在“一本正经地胡说八道”的现象。这不仅误导了读者,也严重破坏了学术的严谨性。第三,AI 代写的论文缺乏真实实验的支撑,其生成的理想化数据严重违背了科学精神。AI 数据伪造的手段隐蔽性极强,一旦广泛传播,将严重动摇学术研究的根基,对学术界的诚信和进步构成巨大威胁。

近年来,每逢毕业季,AI 代写论文这一现象总会引发广泛热议。学生与网友纷纷就此展开激烈讨论。与此同时,多所高校积极组织 AI 代写论文检测,相关话题如“多地高校将严查 AI 代写论文”以及“论文查重竟需检测 AI 率”等迅速登上热搜榜,成为社会关注的焦点。2023 年 8 月 28 日,《中华人民共和国学位法(草案)》提请十四届全国人大常委会第五次会议审议。草案强调完善学位管理体制,加强学位质量保障和监督,健全学术不端行为预防和处置机制,为规范学位授予活动提供有力法治保障。对于利用人工智能

---

① 相关资料参见新华网(https://www.news.cn/2023-11/24/c_1129991334.htm)。

代写学位论文等学术不端行为，经学位评定委员会审议决定，由学位授予单位撤销学位证书。[1]

毋庸置疑的是，我们也是被人工智能"包围"的一代人，"DeepSeek""元宝""豆包""夸克"等，似乎已经成为我们检索信息的必备工具。而在面对海量的"证据"时，我们是否需要再多问一句，"这些看似真实准确的信息中，到底有哪些是可以笃信不疑的证据呢？"整体来看，一个可靠的证据通常具备以下几个特点：（1）可信性：证据来源于权威的机构、专家或者经过验证的数据来源；（2）一致性：证据与其他可靠的信息源相一致，没有明显的矛盾或冲突；（3）充分性：证据足够充分，能够全面支持所提出的观点或结论；（4）客观性：证据没有受到个人偏见、情感或其他非理性因素的影响。例如，在评估关于某一健康问题的观点时，我们可以参考来自权威医疗机构的研究报告，这些报告通常经过严格的科学研究和同行评审，具有较高的可信度。而相比之下，来自"朋友圈"或者短视频上未经验证信息的可靠性就要低得多。

在实际应用中，我们常常会遭遇各种复杂的论证情境。例如，在涉及公共政策的论证中，不同利益相关者可能会提出不同的观点和证据，这些观点和证据之间可能存在潜在的矛盾和冲突。在这种情况下，我们需要运用批判性思维，对各种观点和证据进行全面的分析和评估，找出其中的逻辑关系，确定哪些证据更为可靠，哪些观点更有说服力。除此之外，随着新信息的出现和情境的变化，原有的论证可能需要及时进行重新评估和调整。例如，在古代文化研究领域，新的考古发掘研究成果很可能会推翻原有的知识体系。

总之，论证是批判性思维的核心组成部分，它不仅涉及逻辑推理和证据评估，还涉及多层次、多角度的推理和动态调整。通过掌握高级的论证技巧和方法，保持开放和包容的心态，我们才能在人工智能时代的信息洪流中，作出明智的决策。

◎ **本节思考：**

近日，作为某热门游戏的通天代，21 岁男子"胖猫"攒 51 万养仅见过两次面的女友，后因女友要分手而选择轻生。该事件掀起了巨大的舆论浪潮，网友们在感到惋惜的同时，纷纷表示"纯爱战士应声倒地""游戏里的通天代，感情里的下等人"。紧随其后，网络之上迅速出现针对其女友谭某的网络暴力行为，人肉搜索、造谣中伤以及恶毒谩骂等恶劣行径层出不穷。经过警方的深入调查与取证，发现"胖猫"的姐姐刘某在这一事件中扮演了不光彩的角色。她在网络上公然披露了大量涉及谭某的私密信息，还通过联络他人代写文案、购买流量等手段，蓄意误导公众舆论。在这场闹剧中，刘某的账号粉丝数量从原本的 263 人激增至惊人的 290 多万人，获赞数更是高达 1455.6 万个。目前，刘某在多个平台的账号已被官方封禁。然而，事件的余波并未平息，网络上仍不乏借此事炒作、吸引眼球之人。

请运用批判性思维谈谈你对该网络舆情的理解？

---

[1]　王金虎：《学位法草案提交审议：用人工智能代写论文等学术不端或被撤销学位》，载《光明日报》2023 年 8 月 29 日，第 4 版。

拓展阅读

"胖猫"事件反转：真相至上不是流量至上

随着今天警方公布调查结果，21 岁男子"胖猫"在重庆长江大桥跳江身亡引发的舆论事件，终于真相大白。如果用一句话总结，那就是：一段平常的恋爱关系，经幕后"导演"操控，演化成了一场侵犯隐私的大型网络暴力。

要揭开这场舆论风波的真相，警方通报里的这几个关键信息值得关注：

感情上，"胖猫"与谭某以真实身份交往两年多，互见亲友。

金钱上，"胖猫"向谭某转账 317 次共计 79.9 万余元，谭某向"胖猫"及其亲属转账 179 次共计 46.3 万余元。在跳江前，谭某明确表示拒绝"胖猫"的转账。

舆论上，"胖猫"的姐姐刘某操控舆论：大号怀念弟弟，小号曝光谭某个人信息；找人代写文案以博取网民同情；有选择性地截取聊天记录，显示谭某"是捞女+骗子"；购买流量提升事件热度。

生命的逝去令人惋惜。回顾整个事件，当初，长江大桥上堆满的鲜花与外卖，是网友们对"胖猫"逝去的同情，是网友们信息不对称下的"选边站"。如今真相大白，大家才发现，因为不明真相，自己当初的好心竟汇聚成了汹涌的网络暴力"流量"。这"背刺"的痛感，着实令人难受。

斯人已逝，唯愿逝者安息。这段恋爱里的感情纠葛我们无权评判，毕竟我们都是局外人，再多的情感带入，都无法与当事人感同身受。但近年来，卖惨引流、消费同情的网络事件屡屡出现，这让我们不得不反思：为何真诚总被辜负？为何善良总被变现成流量？

我们可以用网络维护正当利益，但前提是，提供给网友的信息一定是客观真实的，更不能让虚假信息煽动网民情绪，形成网络暴力。

如果"复盘"此次事件，许多网友似乎都成了"帮凶"，都在为"剧情"发展推波助澜。但必须指出，网友们不知真相的感动"盖楼"没错，不必事后苛责他们。这也告诉我们，要及时补上网络治理的短板，压缩网络暴力的生存空间。

（资料来源：光明网，有删减，https：//m.gmw.cn/2024-05/20/content_1303741144.htm）

论证——批判性思维的核心

第五节　评估——批判性思维的检验

在本课程板块理论部分的最后一小节，我们将再次重温罗伯特·恩尼斯教授对批判性思维所作出的定义，即"批判性思维是针对相信什么或做什么的决定而进行的合理的反省思维"。以此来探讨我们的主题，即作为批判性思维检验的评估。

所谓的"反省思维"，与批判性思维的"评估"维度是息息相关的。约翰·杜威在《我们怎样思维》一书中，曾系统论述过反省思维的特点：（1）反省思维是连续性的；

（2）反省思维旨在求得结论；（3）反省思维激励人们去探索。① 现分述如下：

首先，反省思维是一种连续性的思维序列。在这个序列中，前面的思维节点决定后面的思维节点，后面的思维节点又能够反证前面的思维节点。换句话说，反省的过程是思维各部分相互依存、协调共进的结果；这些思维片段有序互动，而非杂乱无章地共存。进而，任何反省的思维活动都包含一些确定的要素，它们紧密相连，朝着一个共同的目标持续推进。这种连续性不仅保证了思维过程的逻辑性与一致性，还为评估提供了一个稳定的框架，使其能够在此框架内有序进行。

其次，反省思维必须得出一个结论，这个结论需要超越想象，并在现实中得到验证。例如，一个关于王子与公主的童话故事本身可能非常有趣，但反省思维的结论需要说明王子与公主为什么最终能够在一起幸福的生活。这就需要在想象之外，提供某些事实确凿、理由充分的说明。由此可见，反省思维有一个明确的目标，这一目标指导着相继出现的各种思维节点。这一特点强调了评估过程中目标的重要性，以此来确保评估不是随意的，而是有明确导向的。

最后，对于任何信念或假设性的知识，如果能够基于其立论的基础和延伸的结论，进行主动、持续且细致的思考，那么这种思维过程便可称之为反省思维。正如康德的哲学思想主要聚焦于认识论和形而上学问题，在康德之前的几百年里，唯理论和经验论之间持续进行着激烈的论战，却始终无法妥善解决知识的来源这一根本性问题。康德的先验哲学则成功地调和了经验论与唯理论，从而结束了这场旷日持久的哲学之争。由此可见，反省思维一旦启动，便成为一种自觉且有意识的努力，在坚实可靠的论据和合理性的基础上构建信念。这种不懈的探索精神正是评估的核心动力，推动我们持续追求更加准确和全面的理解。

现在，我们可以从被誉为批判性思维领域"圣经"的《学会提问》一书中所收录的一个对论证作出评估的案例，去深入观摩一次反省思维式评估：

根据《时代周刊》进行的一项调查，现在是时候在公立学校体系中取消终身教职了。这项调查问美国人他们对公立教育的现状有什么看法。调查涉及的众多问题当中就有：现行政策应该怎样改变才能让公立教育体系变得更好？下面这一报道的结果显示了美国公众对于终身教职体制的严重不满：28%的调查对象支持现行的教师终身制，这种制度让教师有了铁饭碗很难失业；56%的调查对象认为获得终身教职的吃长俸的教师失去努力工作的动力。这个调查是采用电话访问的方式在 2010 年 8 月进行的，在全国范围内随机抽取 1000 名 18 岁及以上的成人进行了访问。②

---

① ［美］约翰·杜威著：《我们怎样思维·经验与教育》，姜文闵译，人民教育出版社 2004 年版，第 12~16 页。

② ［美］尼尔·布朗、［美］斯图尔特·基利著：《学会提问》，吴礼敬译，机械工业出版社 2013 年版，第 172~173 页。

　　该书的作者，美国学者尼尔·布朗与斯图尔特·基利从三个维度进行了反思：（1）这个证据的证明效力怎么样？（2）有没有什么过度概括的证据？（3）调查的问题本身有没有存在偏见？整体来看，该报告并未呈现出研究优缺点及是否重复等问题，仅提供了抽样程序细节。一方面，虽然报告的样本体量大且随机抽取，但电话访问可能已隐含了某种挑选偏见。另一方面，报告也未具体说明研究问题及问卷内容，可能已前置了某种价值偏向。例如，"让教师有了铁饭碗很难失业"这样的表述，凸显了教师长俸制所带来的消极影响，表明提出这个问题的人在一定程度上对教师长俸制持反对态度。进而，这些问题，凸显评估中要对证据来源、样本代表性和问题设计做到确切把握，以此才能确保评估的可靠性和适用性。

　　更重要的是，即使是一个看似充分具备证据的论证，我们仍需要小心翼翼地去评估这个论证的前提与结论是否具有普遍适用性。甚至我们还需要旁征博引地去查看相关的其他研究报告，才能说这一个论证是可以信赖的。这既是批判性思维运用的难点，也是其魅力所在。例如，在2023年，随着各地高考成绩的公布，考生们正忙于填报志愿之时，一所名为"山河大学"的虚构高校在网络上迅速走红，据其"官网"介绍：

　　山河大学是山河四省直属的重点大学，是第一所元宇宙高等学府，是唯一入选了"114工程""514工程"的院校。山河大学拥有着一体化自主成才培养体系和科学研究技术交流中心，是科学研究技术的基地，被誉为"全年龄人才的摇篮""中原人才培训基地"，"梦想实现基地""见习单位"。

　　学校内设有工、理、农、医、文五大科系，以及若干新兴学院系。在这期间，该校采用新型管理模式，下设院长一名，副院长多名，在校老师采用聘请制（聘请学生或者社会人士），鼓励学子自主学习，帮助学子发现自己的闪光点，让学子学会发现美、钻研美、创造美的方向发展。

　　山河大学名誉校长杜甫，名誉副校长岳飞，名誉教授为老子、孔子、墨子、韩非子、荀子、管仲、贾思勰、白居易、嬴政、王维、商鞅、魏征、霍去病、孙子、孙武、孙膑、子路、姜子牙、刘备、关羽、张飞、赵云、张仲景、韩信、白起、鲁班、柳宗元、王昌龄等所有山河四省户籍名人（其中排名是不分先后）。[1]

　　该事件中的"山河大学"当然源于网友们的幽默创意——针对本科录取率较低的现状，山东、山西、河南、河北四省的343万名考生每人出资1000元，凑集逾30亿元的资金，便可在四省交界之处共建一所综合性大学，面向这四个省份招生。网友们还纷纷参与设计"山河大学"的官网、校训、校徽、院系设置以及招生简章等，使其内容逐渐丰富详实，甚至如果没有认真分辨该校"官网"上的内容，装帧精美的网站已达到"以假乱真"的效果。"山河大学"虽源自网友戏谑之语，属于虚构的范畴，但是若我们仔细评估其背后映射的现实问题，却是不容忽视的。山东、山西、河南、河北这"山河四省"，地广人

---

[1]　相关资料参见山河大学"官网"（https：//www.shanhe.co/about）。

多，孕育无数英才，然而境内"双一流"名校等优质高等教育资源却相对匮乏。此种状况致使考生数量与顶尖高校资源之间形成了鲜明对比，高等教育步入普及化阶段后，优质学府竞争激烈，求学者面临的压力与挑战日益显现，这一现象愈发引起社会的广泛关注与深思。

然而，若我们对"山河大学"进一步评估，一个新的问题油然而生，即"假如我们能够集中资源，创办一所名为'山河大学'的高等教育机构，这是否能够彻底改变晋、冀、鲁、豫四省优质高等教育资源匮乏的现状呢？"答案显然并非如此简单。受限于历史、现实以及诸多其他因素，中西部地区的高校若想与东部地区的高等教育机构一争高下，无疑面临着重重困难。这不仅是一场资源与人才的竞争，更是对历史积淀与地域优势的一种挑战。尽管"山河大学"的设想充满希望与抱负，但要实现真正意义上的教育均衡，仍需多方面、长期而艰苦的努力。对此，人民网曾发文《人民热评：虚构的"山河大学"反映的问题真真切切》，称："推动山河四省诞生更多的特色鲜明的高水平高校，形成群峰耸立的局面，远胜过一所综合性的'山河大学'，而这也才能真正满足区域老百姓上好大学的期待。"①

现在，我们需要考虑如何将批判性思维中的评估，有效运用到大学学习生活中去。比如，学习者是否应该掌握构成本专业壁垒的基础知识？并运用这些知识来理解专业的其他方面？是否应掌握专业领域中权威学者的理论视域或实践方法？是否能够基于本专业的知识去跨专业地了解别的学科？这些问题的答案，或许均直接指向同一个方向，即大学学习的每一步都应融入批判性思维的自我反思与自我评估。

美国学者理查德·保罗曾根据思维与学习的关系将学习者划分为4个等级，也就是"模范学生""高层次学生""中间品质学生""表现不及及表现很差学生"。② 分而论之：

首先，模范学生的思维方式展示了他们在学术领域卓越的思维能力，他们能够通过巧妙的思维技巧和不断的练习获取更多的知识。整体来看，该类学生的思维不仅具有准确性、清晰性与合理性，而且具备深刻的洞察力。他们已将基本的思维标准内化，既可以合理地评估自己在某一学科中的表现，又能够精确地识别自己的优势和不足，进而制定出科学的学习计划和发展目标。

其次，高层次学生在特定学科领域展现出非凡的思考能力，并能通过深入思考锤炼出多方面的才能。整体来看，该类学生的思维和学习方式精确、清晰且合乎逻辑，但有时在深度上有所欠缺。一方面，他们已将基本的思维标准内化，具备很强的自我评价能力；另一方面，他们还能有效识别并利用各种学习资源，持续提升自身的学术水平。

再次，中间品质的学生在思考能力方面往往缺乏连续性和一致性，他们在思维技巧和知识获取能力上的发展均相对有限。整体来看，该类学生通常倾向于依赖记忆而非真正理解，这便导致在大多数情况下他们不善于挖掘出知识的深度。尽管他们也内化了一些思维

---

① 相关资料参见人民网（http://opinion.people.com.cn/n1/2023/0707/c436867-40030297.html）。

② ［美］理查德·保罗、［美］琳达·埃尔德著：《批判性思维工具》，侯玉波等译，机械工业出版社2013年版，第134页。

标准来评估自己的学习和思维表现，但这种自我评价的能力较为局限。

最后，表现不良及表现很差的学生在特定学科或课程中的思维能力往往显得较为薄弱。整体来看，该类学生倾向于依靠回想和记忆来完成课程学习和应对考试，仅仅着力于死记硬背而非通过理解来掌握知识。可以说，他们既未能培养出理解课程内容所必需的批判性思维能力，也未能将评价学习和思维表现的思维标准内化。

从上面的论述可知，这种评估模式正是基于学生批判性思维的层级而设定。进而言之，一方面，评估模式本身就是一种批判性思维的实践；另一方面，对评估模式的评估则有利于进一步运用批判性思维去促进学习质量的提高。

正如英国维多利亚时代杰出的教育家约翰·亨利·纽曼在《大学的理念》一书中，曾指出："一个人一旦学习过如何思维、推理、比较、鉴别、分析，一个人一旦提高了品味，形成了独立的判断力，擦亮了心眼，那么，他诚然不会即刻变成一个律师或是辩护人、雄辩家、政治家、医生、精明的地主、生意人、士兵、工程师、化学家、地质学家、文物收藏家，但是，他的心智状态却允许他从事我所提到的任何一种学科或专业，或者从事任何别的他所喜好的或要求他具备特殊才能的专业，而且一旦他干起来会干得很轻松、优雅、灵活、成功，而这一切对于另一个人而言却一窍不通。"[①] 心智培养的核心，无疑是批判性思维，而批判性思维的评估则不仅帮助我们在学习上取得成就，更是我们在生活和工作中应对复杂问题的有力工具。

在商业领域，通过对市场趋势、竞争对手和消费者需求的批判性评估，企业能够制定出科学的战略，提高自身的竞争力。例如，亚马逊公司通过不断评估市场趋势和消费者需求，成功地从一家在线书店发展成为全球最大的电子商务平台之一。

在科研领域，通过对实验数据的评估，科学家可以验证假设的准确性，识别研究中的缺陷和不足，从而改进实验设计，推动理论的不断更新完善。例如，宇树科技的人形机器人 H1 和 G1 在 2025 年春晚上的扭秧歌表演，是技术积累、评估优化与艺术创新共同作用的结果。

在医疗领域，通过对患者症状的评估，医生能够作出准确的诊断，制定出合适的治疗方案，确保患者得到最有效的治疗。例如，医学影像技术的发展，使得医生能够通过评估影像数据，最大程度规避潜在的误诊风险，由此更准确地诊断疾病。

然而，评估的过程也常常陷入困境。比如，评估的标准和方法往往难以确定，评估过程中容易受到主观因素的影响，以及评估还需要充分的数据和信息支持等。为了克服这些障碍，一方面，需要建立科学的评估标准和程序。针对不同领域和问题需要制定相应的评估标准和程序，以确保评估的客观性和公正性。另一方面，需要加强对评估者的培训和教育。评估者本身需要具备专业的知识和技能，才能够通过熟练的评估方法和技巧去验证真伪，减少主观因素的干扰。再一方面，还需要加强数据信息的收集和处理工作。充分有效的数据和信息是评估的基础，评估者需要通过科学的方法进行收集和处理，以确保评估结果的精确度。

---

① ［英］约翰·亨利著：《大学的理念》，高师宁等译，贵州教育出版社 2003 年版，第 153 页。

总而言之，评估作为批判性思维中不可或缺的一环，其重要性不仅体现在对结果的评判上，更在于对整个过程的反思与改进。同时，被评估者根据评估结果，则可以全面了解自身的优势与不足，从而制定出科学合理的自我发展规划。据此看，评估不仅是一种思维工具，更成为推动人类进步的一种重要驱动力。

◎ **本节思考：**

近日，浙江温州针对未成年人开设的"女德班"引起网友广泛关注。网传卧底拍摄的课堂视频显示，教师在授课过程中宣扬男尊女卑的理念，要求女性打不还手、骂不还口、逆来顺受、坚决不离婚。某位未成年学员在课堂分享中甚至表示，打扮时尚暴露无异于引导他人对自己进行侮辱。这些课堂上的内容引发了网友的激烈讨论，许多人认为，"女德班"所谓传承传统文化不过是幌子，实际上却在宣扬违背社会道德的内容，极为不当。事实上，温州的"女德班"并非孤例。此前，辽宁抚顺也曾出现类似教育机构，其教学内容同样充斥着令人震惊的言论，比如"女子点外卖不刷碗就是不守妇道"以及"女子就不应该往上走，就应该在最底层"。面对"女德班"屡次被关停后却又如雨后春笋般重新出现的荒诞剧码，许多网友不禁提出疑问："女德班"为何能屡禁不止，如野火般春风吹又生？这背后隐藏着怎样的社会根源与驱动因素？

请运用批判性思维谈谈你对该社会现象的理解？

📖 **拓展阅读**

日前，葛剑雄教授接受《文汇报》采访，从马克思历史唯物主义的观点解读传统文化的时代价值。

《文汇报》：回望中国近代百年历史，传统文化或被视作珍宝，或被视作糟粕，在您看来，对于传统文化，如何才能坚持古为今用、推陈出新，有鉴别地加以对待，有扬弃地予以继承？

葛剑雄：继承传统文化，切忌混淆"精华"与"糟粕"。有些人只看到传统文化中存在的糟粕、它对社会的消极影响，完全采取排斥的态度。无疑，这种观点是片面的。一种文化能够长期存在几千年，必然有它的合理性。只有适应社会，才能够长期存在。对于合理的部分，直到今天、未来还是有用的，自然没有必要舍近求远，舍弃自己文化中的优秀资源，非要从外面引进。引进外来文化，还要面临"再转换"的问题，那是不可取的。

同时，有些学者则走向了另一个极端，把一些浅显的学问，甚至一些糟粕的东西，都贴上"国学"的标签，变身所谓"精华"。比如说《三字经》《弟子规》，这些不过是古时的呆板课本，虽然人们在解读时可以"丰富"其中的很多道理，但并不能说明它们今天完全适合我们的少年儿童，甚至成年人。

《文汇报》：近年来，不乏孩子们穿上古装，给父母、师长行跪拜之礼的消息见诸报端。有些人认为，这是对于传统的回归，是民众了解和熟悉传统文化的一个有效渠道。对此，您有何看法？

葛剑雄：在我看来，这些做法莫名其妙，违背了人的天性，对于孩子领悟传统文化基本上是没有帮助的。我也强调小孩子要从小培养好的习惯，但这应该是由内而外的，而非通过刻意地"拗"出来某个姿势。事实上，这背后除了思想片面的因素外，不能排除有些人是在利用这些搞经济活动，趁机敛财。

传统文化真正被吸收，是要体现在孩子的行动中、思想里，而非硬是给小朋友套上汉服。再举日本人的例子，日本街头，虽然能看到和服的机会已经少之又少，但偶然遭遇和服女子，日本人倒也习以为常。在新年庆典、成人仪式、传统日本婚礼等一些正式场合，日本人还是会穿着和服。对于和服等传统文化的敬仰，是从小在孩子的内心世界播下的种子。然而，汉服、跪拜已经脱离了我们今天的生活，这些做法更像是在表演，或者说是为了谋利。还有人将这些形式与宗教保持一定的礼仪混为一谈。基督教也并不要求人们要穿着一千年前的衣服祷告，事实上，人们更多时候是穿着西装走进教堂的。所以，内心深入的认同不会受表象的牵扯。

个人认为，家长与其给小孩子穿上汉服，还不如把他带到孔庙里面，让他身临其境，感受一下几千年前传统文化的真实存在。再说古人盘膝而坐、席地而坐，但在唐朝以后就改坐椅子了。因此，完全可以教孩子一些合时宜的规矩，比如讲话要有礼貌，坐要有坐相、站要有站相等，这些道理是任何时候都需要的。

（资料来源：人民网，有删减，http：//culture.people.com.cn/n/2014/0901/c172318-25575754.html）

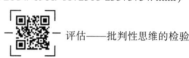 评估——批判性思维的检验

第二章 创新思维训练

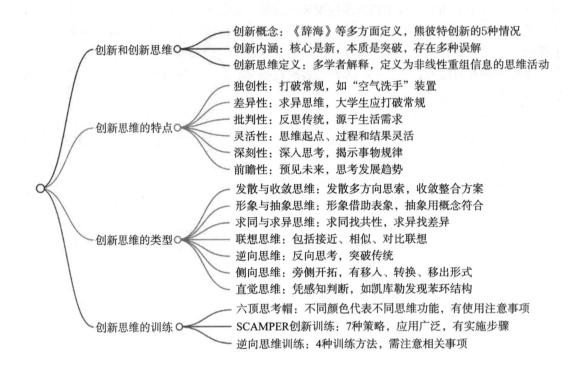

创新和创新思维
- 创新概念：《辞海》等多方面定义，熊彼特创新的5种情况
- 创新内涵：核心是新，本质是突破，存在多种误解
- 创新思维定义：多学者解释，定义为非线性重组信息的思维活动

创新思维的特点
- 独创性：打破常规，如"空气洗手"装置
- 差异性：求异思维，大学生应打破常规
- 批判性：反思传统，源于生活需求
- 灵活性：思维起点、过程和结果灵活
- 深刻性：深入思考，揭示事物规律
- 前瞻性：预见未来，思考发展趋势

创新思维的类型
- 发散与收敛思维：发散多方向思索，收敛整合方案
- 形象与抽象思维：形象借助表象，抽象用概念符合
- 求同与求异思维：求同找共性，求异找差异
- 联想思维：包括接近、相似、对比联想
- 逆向思维：反向思考，突破传统
- 侧向思维：旁侧开拓，有移入、转换、移出形式
- 直觉思维：凭感知判断，如凯库勒发现苯环结构

创新思维的训练
- 六顶思考帽：不同颜色代表不同思维功能，有使用注意事项
- SCAMPER创新训练：7种策略，应用广泛，有实施步骤
- 逆向思维训练：4种训练方法，需注意相关事项

习近平总书记在党的二十大报告中强调，必须坚持科技是第一生产力、人才是第一资源、创新是第一动力，深入实施科教兴国战略、人才强国战略、创新驱动发展战略，开辟发展新领域新赛道，不断塑造发展新动能新优势。2025年《政府工作报告》也指出：深入实施科教兴国战略，提升国家创新体系整体效能。坚持创新引领发展，一体推进教育发展、科技创新、人才培养，筑牢中国式现代化的基础性、战略性支撑。

近年来，人们深刻感受到了科技的飞速发展给人们生活方式带来的巨大影响。国家经济的转型升级，从要素、投资驱动到创新驱动的加速转换，标志着国家富强、人民幸福的中国梦正在人们面前展现。高铁改变了我们的时空观，大数据带给我们生活的便捷和新奇，商业运行新模式带给我们更高的工作效率和更多的生活乐趣，AI逐步在学习工作的各领域凸显其高新效能。

改革开放以来，社会经济各领域所取得的诸多成就，皆源于国家提出并实施了一系列的改革措施和发展战略，所有这些都离不开创新。创新是国家经济政治文化向着国际化发展，提高国际竞争力的驱动引擎，已经成为新时代民族复兴的显著标识。

本章从创新概念入手，首先阐述创新概念的沿革及创新思维的内涵，然后分析创新思维的特点，再论及创新思维的类别方式，最后进入创新思维的训练环节。

当前，正值大变革的时代，无论国家的发展、民族的复兴还是个人的发展，都离不开创新。当代大学生更应该主动学习和培育自身创新思维，提升个人创新能力，奋力拼搏，大胆创新，为了更美好的明天而不懈奋斗。

第一节　创新和创新思维

一、创新的概念和内涵

1. 创新的概念

《辞海》中对创新的界定是，创指始创，新指初次出现，与旧相对。其中包括三层含义：一是抛弃旧的创造新的，二是在现有基础上进行改进更新，三是指创造性、创意等。

中文里，"创新"，就是"创造/开始新的事物"。《广雅》："创，始也"；新，与旧相对。如《魏书》中有"革弊创新"，《周书》中有"创新改旧"。

可贵的是，在中文里蕴藏着发展的世界观，如，"革故鼎新""除旧布新""苟日新、日日新，又日新"。

在英语里，创新（innovation）一词起源于拉丁语里的"innovare"，意思是更新、制造新的东西或改变。而创新成为一种理论则是源于美籍奥地利人、美国哈佛大学教授约瑟夫·熊彼特（Joseph A. Schumpeter）于 1912 年以德文出版的《经济发展理论》一书。他所说的创新的概念是指："生产中原材料和力量的新组合。"他用这一概念来解释经济发展的概念："我们所说的发展，可以定义为执行新的组合。"他的创新的概念不包括渐进的调整，而只是指"新组合的间断地出现"。

熊彼特的创新概念包括下面五种情况：

（1）创造一种新的产品，也就是消费者还不熟悉的产品，或者已有产品的一种新的特性。

（2）采用一种新的生产方法，也就是在有关的制造部门中尚未通过经验检验的方法，这种新的方法不一定非要建立在科学新发现的基础之上，它还可以是以新的商业方式来处理某种产品（用现在的术语就是商业模式创新）。

（3）开辟一个新的市场，也就是有关国家的某一制造部门以前不曾进入的市场，不管这个市场以前是否存在过。

（4）取得或者控制原材料或半成品的一种新的供给来源，不论这种来源是已经存在的还是第一次创造出来的。

（5）实现任何一种新的产业组织方式或者企业重组，如造成一种垄断地位，或打破一种垄断地位。

熊彼特并没有直接给出创新的严格定义，而是提出了一种思想，其内涵是相当广泛的，既有技术创新、市场创新，又有原材料创新和组织管理创新。

在此基础上，许多经济学家都给出了自己对于创新的定义。弗里曼（C. Freeman）在1974年将创新定义为，"在经济意义上，只有包括新产品、新工艺、新系统或新装置在内的第一次商业性应用时才能说完成了一项创新"。在其1982年的著作中，他又进一步将创新定义为，"包括与新产品（或改良产品）的销售或新工艺（或改良工艺）或设备的第一次商业性应用有关的技术、设计、制造、管理以及商业活动"。库兹涅茨则将创新定义为"为达到一个有用的目的而采用的一种新的方法"，是"导致新产品的销售和新技术工艺与设备的商业化使用的技术上和商业上的进展"。

所以，中文的"创新"也可以解读为，当时、势发生变化时，抛开原有的制度、方法的羁绊，进行变革，找出适合新形势、新局面的新理论、新方法的过程。

2. 创新的内涵

要准确理解创新的含义，必须把握以下几点：

（1）创新的核心是新，即用不同寻常的思考方法，想出新颖别致的点子，获得新奇独特的实践成果。

对于一般的餐馆酒店来说，为了在竞争中获胜，总是追求餐饮环境的高雅、舒适、温馨。如果大家都这样做，也就没有什么新奇了。美国得克萨斯州有家牛排店，就来了一次反其道而行之，居然把店名称为"肮脏牛排店"：在店堂里，不用电灯，点的是煤油灯，显得灰蒙蒙的；天花板上全是灰尘（其实是人工制造的，不会往下掉）；墙上钉有多得数不清的纸片和布条，还挂着几件破旧的装饰品，如木犁、锄头、牛绳、印第安人的毡帽和木雕等。桌椅都是木制的，做工粗糙，椅子坐上去还会"咯吱"作响；厨师和侍者所穿的花格子衬衫和牛仔裤，其颜色看上去像从来没洗过似的。最有趣的是，店里还有个怪规定：顾客光临时不准戴领带，否则"一剪没"。如果一位戴领带的顾客进门，就会有两位笑容可掬的服务员小姐迎上前去。她俩一个持剪刀，一人拿铜锣，只见锣响刀落，顾客的领带已被剪下一段。站在一旁的当班马上递上一杯美酒，敬酒压惊，以表歉意。这杯酒免费，其售价足以赔偿顾客领带被剪的损失。那被剪下的一段领带，则随即连同顾客签了名的名片，被钉到墙上留念。这一招术，从未惹起顾客不快，反而让他们感到颇有情趣。肮脏牛排店达到了奇名、奇店、奇招的效果，店名不胫而走。

而今，市场中拾人牙慧、人云亦云、一哄而起的竞争方法，没有半点创新之处，也不会取得好的营销效果。

（2）创新的本质是突破，即突破旧的完形、旧的思维定势、旧的常规戒律。

日本东芝电气公司1952年前后曾一度积压了大量的电扇卖不出去，7万多名职工为打开销路，煞费苦心地想了不少办法，也几无起色。后来，由于石坂董事长采纳了一个小职员的建议——改变电扇颜色，即把当时统一的黑色变为浅色，结果大受顾客欢迎，市场上还掀起了一阵抢购热潮，几个月之内就卖出了几十万台。

改变颜色这一建议的提出，本不需要渊博的知识，也不需要丰富的商业经验，为什么7万多名职工都没有想到呢？原来，在此之前全世界的电扇都是黑色的，虽然谁也没有规定过电扇必须是黑色的，而彼此仿效，代代相传，渐渐形成一种惯例，似乎不是黑色的就不成其为电扇。这位小职员之所以能给东芝公司解决了一大难题，是突破了"电扇只能漆成黑色"这一思维定势的束缚，独辟蹊径，勇于创新的结果。

毕加索有句名言："创造之前必先破坏"。所有创新活动都是向现存规则的挑战。例如，许多学者曾一度认为火车机车应用齿轮咬合着齿轨行驶，否则，火车就会打滑或脱轨，所以，当时的火车速度极慢。怎样才能提高火车的速度呢？美国的一位火车司炉工司蒂文森想：不用齿轮、齿轨，换上平轮、平轨如何呢？试验表明，火车不但没有打滑脱轨，而且车速提高了 5~10 倍。可见，如果不能打破旧的框框，只按前人的模式，只走原来的老路，那就无法创新。

3. 对创新理解的误区

（1）创新就是指科技的革新。这种看法很普遍，但存在误解。创新可以囊括人类历史中各方面的一切进步、发展，只是有些创新比较直接明显，有的比较缓慢隐性。理解创新，首先就是不要偏狭地界定其范畴，也就是说创新并不为某一个领域所独有。

（2）创新是少数天才人物的事情，普通人与创新无关。这同样是一种似是而非的观念。的确，历史上现实中的那些天才人物，他们天才的发现和杰作，以及在创新层面所探索出来的硕果，深刻地改变了影响了今天人类的一切，但不能因此就认为创新独属于天才（们）。其实，普通人同样是创新的主体，只是我们普通人的创新可能只是影响改变了自身或少部分人。比如就学生而言，不少高中生基本靠父母安排一切，但进入大学后，经过适应调整，某个学生能将自己的生活学习等方面安排得井井有条，这其中就包含了一定的创新能力，比如适应新环境，也能称为创新。

（3）创新就是灵光乍现的结果。不可否认，有些创新的确是灵光闪现后的结果，但更多的创新则是人们专业又系统学习后的结果，也是长期坚持思考的结果。从这个角度来讲，创新是可以学习的。

（4）创新的代价/成本很高。诚然，不少开创性、颠覆性的创新或许需要投入较大的成本（人力、物力、时间……），但不代表任何创新都是各种成本堆积的结果，反而只要我们坚持创新，具备创新思维和意识，不一味拘泥于传统和已有的知识和经验，总能品尝到创新带来的惊喜。做不了全面的创新，我们可以进行局部创新甚至微创新。前提是具有创新思维和创新意识，并能迈出创新的那一步。

二、认知创新思维

创新，无论是正在进行的创新行为还是一项已有的创新成果，其先决条件是创新主体即古往今来的人，必须具备创新思维。

1. 关于创新思维的已有概念

刘培育在《创新思维导论》一书中阐述道："对于创新思维这一概念，目前在学术界尚无统一界定，'创造性思维'或'创新性思维'多为心理学家对创新思维所作解释，而哲学家则用'创意思维'来解释创新思维。部分企业策划家则将创新思维理解为'点子思维'或'黄金思维。'"他在书中将创新思维做如下阐述："创新思维是人类思维的一种高级形态，是人在一定知识、经验和智力的基础上，为解决某种问题，运用逻辑思维和非逻辑思维，突破旧的思维模式，通过选择重组，以新的思考方式，产生新的设想并获得成功实施的思维系统。"

何名申在《创新思维修炼》一书中对创新思维做如下阐述：对于创新思维，可以从狭义和广义两个方面进行解释。狭义的创新思维是指一种新的理论的建立，新技术的发明或对新的艺术形象进行塑造的思维活动。思维成果的独创性这时显得尤为重要，是前所未有的，它要被社会承认并产生巨大的社会效应。广义的创新思维是指对自己不熟悉的问题进行思考，而且这种思维活动是没有现成的思路可以照搬的。

杨雁斌在《创新思维法》一书中对创新思维做如下阐述："创新思维是指对事物间的联系进行前所未有的思考，从而创造出新事物的思想方法，是一切具有崭新内容的思维形式的总结。"

张晓芒在《创新思维方法概论》一书中对创新思维做如下阐述："创新思维可以看作是智力品质在思维上的一种表现，是在解决问题的过程中通过选择、突破和重新建构已有的知识、经验和新获取的信息，以新的认知模式把握事物的内在本质及规律，并进一步提出具有独特见解的符合人文精神的具有主动性和独特性的复杂思维过程。"

2. 我们的看法

美国心理学家吉尔福特（J. P. Guilford）在《人类智力的本质》中提出，创新思维是发散思维（divergent thinking）与聚合思维（convergent thinking）的动态平衡过程。因此，创新思维的定义可界定为：在现有知识结构基础上，通过非线性逻辑重组信息要素，突破思维定式，产生具有社会价值的新颖认知成果的思维活动。

拓展阅读

破解超大城市发展的"水瓶颈"

3月24日傍晚，春日余晖洒在亮马河畔的绿道上，放学的孩童在嬉笑打闹。"如今的亮马河，在雨水和再生水的共同补给下，有效解决了生态用水问题。"北京市朝阳区水务局建设管理科科长马海涛告诉记者，亮马河采用了海绵城市设计理念，绿地护坡都可以充当雨水收集器，还在沿岸增加旱喷引水上岸，保持水体流动性和再利用率。

这是北京精打细算做好节水工作的一个缩影。作为常住人口超2000万人的超大城市，北京人均水资源量仅为150立方米，不足全国平均水平的1/10。而该市在用水量保持基本稳定的前提下，从2014年到2024年，万元地区生产总值用水量下降33.7%，万元工业增加值用水量下降61.3%。2024年北京万元GDP用水量降至8.45立方米，用水效率居全国首位。

3月22日至28日是"中国水周"，《工人日报》记者随水利部"节水中国行"采访团，走进小米汽车北京工厂、北京工业大学、国贸中心等，了解首都做好节水文章的点点滴滴。

"能回用就回用，能不外排就不外排"

"这里每天要涂装 1000 多台车身，是整个工厂耗水量最大的车间，20 多道工序中有十几道都要用水。"在小米汽车北京工厂的涂装车间，设备经理庞博指着正在进行喷漆前水洗作业的一排车身向记者介绍。

节水，显然是这个车间的重中之重。他们采用先进的自动化翻转机和动态喷淋工艺，大幅降低了停产期间的置换水消耗。"传统工艺采用连续喷淋模式，无论是否有车通过都会持续喷水。我们通过数字化与智能化技术，实现'车到水开，车走水停'，日均节水可达 600 吨左右。"庞博说。通过工艺革新、设备升级与精细化管理三重发力，该车间单位面积涂装耗水量已降至行业平均水平的 68%。

此外，厂内脱脂、锆化、电泳等工序产生的各种污水通过管廊管道进入到污水站后，经过物化和生化处理，大部分会进入中水站进一步深度处理成高品质再生水，回用到生产车间。"我们坚持'能回用就回用，能不外排就不外排'的原则。"该厂公用设施运营经理商贺涛介绍，整个工厂一天用水量约 2000 吨，其中 1400 吨为污水站和中水站自产回用的再生水，污水回用率约 70%。

监测"跑、冒、滴、漏"

"我校管网加装的是远传超声波流量计，具有监测漏损、分析区域用水量占比情况等功能，可以对'跑、冒、滴、漏'等情况进行及时抢修。"北京工业大学环境科学与工程学院党委副书记赵正艳说。依托学校科研资源，该校在 2010 年构建起能源监控与智慧后勤物联应用平台，该系统成功实现对全校一、二级自来水及再生水管网的在线监测、漏水精准分析和用水量精确统计。

北京工业大学是"北京公共机构水效领跑者"单位。2006 年起，该校引入市政中水，目前已实现 90% 以上校园区域中水覆盖，标志性的水系景观月亮湖也是一项雨水收集和再生水利用工程，湖水可以循环净化并补充周边绿化用水。

他们还自主研发了水龙头、淋浴花洒等多种节水器具，并在学校的卫生间、浴室、厨房等主要用水场所大规模推广应用。"相比普通水龙头，节水型水龙头可节约 30% 到 40% 的水。"一位工作人员介绍说。粗略统计，自 2006 年以来，北京工业大学已累计节约自来水 720 万吨，节约水费约 3600 万元。

面积增了，水耗没增

光鲜亮丽的国贸中心，还有一张鲜为人知的"靓丽成绩单"——自 2016 年开始进行污水处理以来，建筑面积增加了约 30 万平方米，但因污水处理和回收利用，水耗基本没有增加。

国贸中心物业部总监魏汉光坦言，大型商业综合体用水量很大，餐饮废水、生活污水、洗浴废水排放量也很大，尤其餐饮废水中的油脂含量较高，使用传统的污水处理方式难度较大。"我们跟科研院所一起调研，最后决定采用 MBR 膜处理工艺。"

除了技术之外，另一道难题是场地。处在北京 CBD 核心地带，可利用面积少，为此，他们升级改造了 3 座原有中水站，可将餐饮废水、洗浴废水和卫生间排水全部收集净化处理。处理达标的中水不仅用于冲厕绿化，还创新应用于中央空调冷却塔补水，每年增加中水使用量 20 万吨，这一案例还对再生水应用国家规范的制定作出了贡献。

据了解，目前国贸中心每年使用自来水 100 多万吨，再生水 40 多万吨。2019 年至 2024 年，国贸中心累计节水 180 万吨，带动周边 30 余家企业开展节水改造，形成了朝阳区 CBD 节水示范集群。

"作为北京第二大稳定水源，再生水年利用量超 13 亿立方米，在全市水资源供给总量中占比超 30%，在工业冷却、市政杂用、生态补水等领域形成规模化应用，成为破解超大城市发展'水瓶颈'的关键支撑。"北京市节约用水办公室三级主任科员王宏博说。

（资料来源：新华网，http://www.xinhuanet.com/politics/20250329/99ae97cb440e4896b98aafd8095c5453/c.html）

创新思维的概念

第二节　创新思维的特点

大学生在日常学习中分析问题、研究问题时，习惯于使用逻辑思维。这在一定程度上是传统应试教育的结果，因为这样可以获得所谓的唯一正确的标准答案。虽然逻辑思维是一种极其重要的思维方式，思维很周密、严谨，然而，单靠逻辑思维却很难实现创新。因为创新就是以非习惯的方式思考问题的能力，只有所见与别人不同，所想与别人不同，才有可能做出与别人不同的创新成果。

著名的物理学家尼尔斯·玻尔曾提醒学生："你不是在思考，而只是有逻辑而已。"对比分析创新思维与常规思维，可知二者最根本的差异在于：创新思维除了逻辑思维外，还包含了各种形式的非逻辑思维，思维呈现发散状，追求多视角、多路径、多层次、多方法地解决问题，这样才有可能有新的突破，获得新的成果。我们的大脑与有逻辑的电脑是有本质的不同的。仅靠逻辑思维难以实现创新，就是因为它难以跳出常规思维的框框。计算机的逻辑思维能力可以由输入的各种程序而显得十分出色，然而只能进行逻辑思维的计算机是无法创造专利形成新成果的。创新思维是人类思维的一种高级形式，寻求多角度、全方位、多视角开拓新的领域、新的思路，以找到新理论、新方法、新技术等。

爱因斯坦曾断言："创造并非逻辑推理之结果，逻辑推理只是用来验证已有的创造设想。"麦克斯韦是著名的物理学家，同时又是诗人。在物理学上，他建立了电磁理论，被视为自牛顿以来的又一次物理学革命。在钻研科学之余，麦克斯韦还对诗歌情有独钟，他在读中学时就表现出非凡的诗歌才华，曾在爱丁堡中学举行的数学和诗歌比赛中均获得第一名。或许他原本并未想成为诗人，但他的诗自成一格，一直被同学和同事传抄、朗诵并欣赏。显然，诗歌创作运用的形象思维、发散思维，激发了麦克斯韦丰富的想象力，源源不断地给他带来了创新灵感，让麦克斯韦在科学的天空自由地翱翔。

在日常生活中，谁的思维越独特，往往就越能收到意想不到的效果。比如，有一段时间，英国著名作家毛姆的小说销售不畅，他便在报刊上刊登了一则征婚启事：本人年轻英俊，家有百万资产，希望获得和毛姆小说中女主人公一样的爱情。结果毛姆的这一独特举动，使他的小说在短时间内被抢购一空。

创新思维具有以下几个特点。

1. 独创性

创新思维的独创性又称开拓性、新颖性，它主要表现在思维过程中能够打破常规，不受传统观念、传统思维方式的束缚，善于多方位观察、多层面分析，变换思路、独辟蹊径、力破陈规、锐意进取。创新思维的首要特征就是新。旧的思维不是创新思维，人云亦云的思维也不可能形成创新思维。思维要有新意、创意，要有新思路、新点子、新方案，让人有耳目一新的感觉。能够激起创造欲望，产生创造力，形成创新成果。

有一个非常富有新意的创新思维实例。浙江大学学生依据科学原理和技术实验，研制出一套"空气洗手"装置。其新颖的创意和稳定的效果，博得专家一致好评，在国内外获得多项大奖。

2. 差异性

差异性是创新思维的根本特征之一。没有与众不同，就谈不上创新思维。创新思维本身是一种求异性思维，侧重构思与现实存在的事物有所区别。只要你立足自我，勇于探索，就一定能开辟出独特的思维路径，创新出与众不同的成果来。

大学生活习惯于三点连线，每天重复于教室、宿舍、食堂之间。实际上，如果有理想、有目标，要不断提升自身价值，就会打破这种重复，寻找到生活、学习的与众不同，找到许多有差异的事情去做。比如实验室就是一个好的去处。

3. 批判性

创新思维必须具有批判性思维，只有通过对传统思维模式的反思、质疑和批判，不断地反思前人设定的界限，才能突破旧有的认识框架和现有的认识范围，才能有所创新，才能开拓出认识的新天地。创新思维是一个在肯定中否定，在否定中前进的发展过程，必然以批判性为重要特征。创新，就是要走前人没走过的路。没有批判，没有质疑，何来创新？因此创新思维必须有批判的特征。创新本身就是通过对传统思维模式进行批判、反思而产生的。

在现代社会中，创新思维更多地来源于生活质量和幸福指数的需求。如减少雾霾、提高安全性、方便舒适等。创新思维要求习惯对现有产品提出质疑，经常想"要有一种……就好了"这样的问题。

4. 灵活性

表现在思维起点的灵活性，可以从不同角度、不同方面入手，用各种方法来解决问题；思维过程的灵活性，从分析到综合的整个过程可以做灵活的调整；思维结果的灵活性，产生的结果往往不止一个，须综合判断，取得最佳结果。思维的灵活性，可以使创新者思路活跃，可以使之在知识的海洋中纵横驰骋，在想象的空间中自由翱翔，可以迅速地从一个思路跳到另一个思路，从一个意境进入另一个意境，并能随着情况的变化而及时地改变或修正所探索课题的研究思路、方向和目标。

思维的灵活性也表现在思考问题时的敏捷善变。求新求变是创新思维最基本的需求。一成不变必定墨守成规，其思维也必定表现出陈旧、保守和模仿。寻求变化可能方向性不明，也可能意外地向不好的方向转变。但一定要有变，才有可能出现追求的理想结果。与创新相关的词汇我们可以细细地体会一下：变化、改变、变革、改革、更换、更迭、更替、交相辉映、日月轮回……

有追求，就一定要有变化。许多大学生到毕业时，面对前程，非常困惑。究其原因，也是在大学学习生活中不善于求变，或懒于求变。

5. 深刻性

创新思维的深刻性是指思维的深入程度，表现为思维主体在思路的探索上引导发散，思维的方式上综合灵活，因而能够揭示更深一层次的事物规律。遇到问题不能浅尝辄止，更不能回避。这是创新思维的深刻性对人们从事创新实践活动的必然要求。事物内部的规律往往是隐含的。不去深入思考进而深入挖掘，就不可能探寻到事物的本质，也就难以取得突破性的研究成果。

6. 前瞻性

创新思维的前瞻性也就是预见性，主要表现在可以展望事物发展的未来，能够对新事物的发展趋势作深入思考，并以积极的心态迎接挑战。有预见，方能有动力。通过某种思维，通过某种路径，得到某种结果。前瞻性预测也预示着从起点到终点的过程有没有价值，能不能坚持下去。

如今，网络世界丰富多彩，应接不暇的各种新信息新现象，让人们沉溺其间。网络化、信息化既给了人们许多的新鲜、便利和高效，但同时也给人们带来了不小的压力和焦虑。置身于光怪陆离的信息化、网络化和智能化时代，你对若干年后网络、社会的发展走向会作何预测呢？

创新意识的培养

第三节 创新思维的类型

创新思维的类型划分在学术界存在多元视角，不同学者基于认知机制、实践应用和创新程度等维度提出了多种分类体系。创新思维就是运用各种创新方法深刻认识现有问题与矛盾，得到具有灵活性、批判性和独创性成果的思维方式。

从思维的逻辑关系方面，创新思维方法可分为逻辑思维和非逻辑思维两类；从方向上来看，创新思维方法可以分为发散思维、收敛思维两类。

从心理层面看，人在认识新事物的活动过程中，大脑思维存在多种形式。可以发散，也可以收敛；可以是逻辑性的，也可以是非逻辑性的。其中又包括很多具体的思维形式。

一、发散思维和收敛思维

发散思维（divergent thinking）是对待解决的问题从不同角度、不同方向、不同层次进行思索探求，从而得到新构想、新思路、新发现、新方法的思维过程。发散思维的"发散"，强调处理问题时思维的开阔性和广博性。就是尽可能地从问题的各个方面进行剖析，能够想到方位，包括上、下、左、右、前、后；能够贯穿时光，包括问题的过去、现在、未来；能够延伸视角，从微观到宏观，从自然到社会。发散思维是不固囿于思维定势，思路从一点为中心展开，获得尽量多的方法的一种立体多路思维。美国心理学家吉尔福特（Guilford）最早提出发散性加工和收敛性加工的概念，认为发散加工是由问题为中心，可以是纵向的，也可以是横向的。

发散思维具有以下三个特点：

1. 流畅性

流畅性是指让思想自由发挥，在较短时间内形成并呈现出尽可能多的思路或方法。比如在思考"制冷"方法时，要能够做到从"感觉舒适"和"避免变质"等方面进行多方向的思维发散，想到水、冰、电、平静、吸热放热、化学反应、压缩、空调、冰箱等物质、方法、原理、产品。思维流畅性是建立在知识和经验的基础上的，同时也是经常思考和善于思考的结果。大脑思维的流畅性类似于机器运转过程中运动零部件的润滑程度。

2. 灵活性

灵活性是指思维过程中的变通程度，也就是克服思维定势的能力。灵活性通常借助横向类比、触类旁通、活学活用等方法，促使思维沿不同方向发散。思维灵活往往与思维僵化相对立，像刻舟求剑、郑人买履等典故都形象地揭示了处理问题时僵化与灵活的不同效果。灵活性是发散思维的较高层次，它可以使思维的信息量大大增加。

3. 独特性

独特性表现为思维的新异、奇特、独到，即从全新的角度认识事物，提出超乎寻常的新思路，极大地促进创新成果的产生。没有独特性也就谈不上创新性，独特性是创新思维的基本特征之一。在思维发散过程中，必须抓住事物的本质以及待解决问题的关键点，在思维发散的每一个方向、每一个层面发现问题的特殊之处。

发散思维并不意味着思考问题的漫无目的。一方面，人们思考问题时，思维发散的每一个方向、每一个角度、每一个细节都带有明确的目的性，都是为最终解决问题来服务的；另一方面，我们曾讲过，思维本身是人认识事物上升到理性和逻辑层面的结果。既然对事物的认识深入了一定程度，那么思维本身也就必然是围绕着一个总体目标进行的。对于创新而言，鼓励思维的扩展发散，但并不是无边无际，而是要时时回眸审视"归根到底要做什么"这个问题。

收敛思维（convergent thinking）也称为聚敛思维、集中思维、求同思维等，是把发散思维过程中产生的多个信息和多种思路通过比较、分析、综合、推理、评价等方法引导到逻辑序列中，最终获得一个既有创造性，又有可行性的最佳方案。例如，在有关提高汽车安全的各种发散设想中，对于某个企业或者个人来说，要改进超系统的交通法规、轨道交通方式肯定不现实；而要发展太阳能汽车、胶囊汽车也只能作为长期发展目标；但是对于电动汽车，混合动力汽车则可以一试；而对于汽车子系统来说，这正是大有可为的方向。

收敛思维是人们思维过程中针对目的性而产生提示作用的思维方式，它是一种求同思维，它是把各种思维方向得到的结果取其精华，全面地考察问题，为寻求一种具有创新和应用价值的结果而梳理、筛选、综合、统一多种发散思维得到的结论。发散思维是一种求异思维，为在广泛的范围内搜索，要尽可能地放开，把各种不同的可能性都设想到。

收敛思维与发散思维是一种辩证关系，既有区别，又有联系，既对立又统一。没有发散思维的广泛收集、多方搜索，收敛思维就没有了加工对象，就无从进行；反过来，没有收敛思维的认真整理、精心加工，发散思维的结果再多，也不能形成有意义的创新结果，也就成了废料。只有两者协同动作，交替运用，一个创新过程才能圆满完成。

二、形象思维和抽象思维

形象思维（imaginal thinking）是在对形象信息传递的客观形象体系进行感受、储存的基础上，结合主观的认识和情感进行识别，并用一定的形式、手段和工具创造和描述形象的一种基本的思维形式。形象是指客观事物或者现象的外在特点和具体表象在人脑中的反映。形象思维是通过外在特点和表象来对事物的现象和本质进行思考，其表达方式主要有语言、图表、音像、模型、动作等。形象思维具有形象性、直观性、灵活性和模糊性。例如，仿生学中从蜜蜂蜂房的正六边体结构的具体结构出发设计出既轻巧又坚固的新型建筑结构。

与形象思维相对应的是抽象思维（abstract thinking）。抽象思维也属于思维的高级形式，它是利用概念，借助符号进行思维的方法，即从抽象概念出发，通过概念和符号的组合和变换，进行逻辑推理和归纳，从而得出结论。如，给你一个数字序列：2，4，6，8，10。如果你用抽象思维来处理，你会立刻发现这是一个等差数列，公差为2。

长期以来，人们误以为科学家和艺术家各自运用一套独特的思维方法，即科学家使用逻辑、抽象思维，而想象、形象思维则为艺术家所独有。其实不然，爱因斯坦常常运用形象思维打比方，或画一个示意图，许多枯燥的、抽象的理论问题便会豁然开朗起来。李政道在画册《科学与艺术》的序言中说："艺术和科学的共同基础是人类的创造力，艺术，如诗歌、绘画、音乐等，是用创新手法去唤起每一个人的意识或潜意识中深藏的、已经存在的情感……"并形象地比喻："事实上如一个硬币的两面，科学和艺术源于人类最高尚的部分，都追求深刻性、普遍性、永恒性和富有意义。"

形象思维与抽象思维二者结合应用，其产生的效果远远超过二者功能的简单相加，形象思维对抽象的问题加以形象的转化或想象，进行形象的感受和认知。在很多具体问题上，用形象思维表达抽象的概念往往比抽象思维更清晰、更生动、更简洁。纵观世界艺术史上那些伟大的艺术家们，他们不但具备卓越的形象思维，而且其抽象思维能力也不同凡响，他们创作的艺术作品，无不蕴含着对人类、对人生、对世界的敏锐洞察和深沉思考。

换言之，他们是用形象的手段来表达抽象的意义，如果不是兼备这两种思维是无法做到的。因此，优秀的艺术家在向自然以及外部世界汲取创作素材、创作灵感的同时，也常常用抽象思维把这些灵感和素材进行一番抽象的思考和整理，形成完整的艺术作品。许多科学家也是科艺皆通，据说居里夫人钢琴造诣颇深，爱因斯坦也擅长小提琴，杨振宁先生学贯中西，道兼文理。他们之所以能取得卓越非凡的科学成就，形象思维所起的作用是不可或缺的。

三、求同思维和求异思维

求同思维和求异思维是创新思维方法辩证统一的两方面。客观世界本身就是相似性与差异性的统一，同中有异，异中有同，由此决定了以创新为宗旨的思维方式必须坚持求同存异的辩证思想。

求同思维是从已知的事实或命题出发，通过沿单一方向顺序推导来获得满意结果的思维方式。归纳法是获得事物共同特征和规律的基本方法。把归纳出的共同特征和规律进行推广的方法是演绎。在这些方法中，肯定性的推断是正面求同，否定性的推断是反面求同。求同思维是沿单一的思维方向，追求思维的顺序和缜密性。能够以严谨的逻辑性展开思考，遵循客观，从实际出发来揭示事物内部存在的特性和规律，并注重用实践检验结果。

运用求同思维的步骤如下：
（1）在各种不同的事物中找出与问题主题相关的若干事物。
（2）寻找这些事物中存在的共同特征。
（3）根据实际需要，从某个结合点着手，将这些事物求同，产生新的策略或研发思路。

子曰：君子和而不同。和而不同是孔子所描述的一种十分理想的境界。和是指一种多样性有差别的统一，不同是指有自己的理念不盲目遵从他人。总的来说就是坚持自己的理想信念并包容理解别人的想法。将和而不同用于解决问题、处理矛盾上，就是综合了求同思维和求异思维，注重思维的灵活性和善变性，辩证地看待事物。只有这样，才能在复杂多变的事物中，抓住创新特质，产生创新思路。

求异思维是指在相同或相似的多个事物中，寻找它们的相异之处。每一种具体事物都具有无穷多的属性，因而任何事物之间都不可能完全相同，都或多或少地存在差异。求异思维是形成世界丰富性和多样性的客观基础。求异思维是有创造性的思维。即通过思维创造性活动，不仅揭露事物的本质及其内在联系，而且可以得到在这个基础上产生新颖的、超出一般规律的思维成果。求异思维重在开阔思路，启发联想，从各方面、各角度、各层次思考问题，并在各种结构的比较中，选择富有创造性的异乎寻常的新构思。

求异思维就是要求得与众不同。人都有自己的思考习惯。多数人思考问题时习惯于"求同"，人们常说的"从众""随大流""人云亦云"现象在社会上随处可见。过于求同是惯性思维的典型表现。后面还会谈到，惯性思维严重阻碍创新思维过程。惟有求异才能创新，要标新必然先立异。所以，求异思维就是突破常规思维只会单一方向、从正面思考的习惯，遇到问题善于打破常规，善于从各个侧面思考的一种思维方式。比如，发明吸尘器的最初想法是：把灰尘吹走。结果弄得尘土飞扬，又破坏了周边环境。那么，转换一下思路：既然吹的办法行不通，干脆把垃圾吸进来再集中处理，问题立即解决了。求异思维要求我们，一旦遇到常规方法解决不了时，一定要适时地"转弯"，甚至是180度大转弯，往往可以收到"柳暗花明又一村"的奇异效果。

在解题时，追求一题多解，最能体现求异思维的特点。对于任何一个问题，我们不能满足于一题一解，要尽可能多地寻找解题的途径与方法，从而开阔解题思路，提高融会贯通运用知识的能力。在创业的过程中，求异思维的运用，对于产品的更新换代、高效使用设备和节约原材料等方面，都有很好的经济效益。在处理问题时，特别是在外交场合，求同存异是一个原则，是充分发挥创新思维的特征，找出矛盾双方的共同点而又不排斥对立的意见。这是在思维层面对宽容的一种解释。和而不同是达到一定高度后的一种境界，求同存异则是达到这种高度的一种修炼方法。

四、联想思维

联想思维（associative thinking）是在某种外部诱因的条件下，人脑中将一种事物与另一种事物联系起来，并同时发现了它们共同或相似规律的思维方式。联想思维主要有三种形式。

（1）接近联想。是根据事物之间在空间或时间上的彼此接近进行联想，进而产生某种新设想的思维方式。俄国化学家门捷列夫1869年排出元素周期表时，表中只有63种元素，还有很多空缺。门捷列夫按照原子质量顺序排列，预言在两个不同的元素之间的空缺位置上一定有未发现的元素，并进而联想这些未知的元素在化学性质上一定介于前后两种元素之间。

（2）相似联想是由某一事物或现象想到与它具有相似特征的其他事物或现象，进而产生某种新设想的思维方式。这种联想可以是外形、性质、功能等方面。从鸟类飞行联想到机器的飞行，早期的飞机的确是按照这个思路进行的，出现了许多"扑翼飞机"，这种情况直到莱特兄弟的用实验证明固定翼飞机具有更大的优越性能才结束。

（3）对比联想是根据事物之间存在着的互不相同或彼此相反的情况进行联想，从而引发出某种新设想的思维方式。美国艾士隆玩具公司的董事长布希耐一次在郊外散步中，偶然看到几个小孩在玩一只肮脏且异常丑陋的昆虫并且爱不释手。布希耐立刻想到：市场上销售的玩具一般都是形象优美的，假如生产一些丑陋的玩具反响会如何？于是他布置自己的公司研制一套"丑陋玩具"并迅速向市场推出，果然一炮打响使同行羡慕不已。

联想思维就是大脑在认识并创建新事物时，或是在解决问题时，根据事物的原理、功能以及社会的需求，或是要解决问题的现象，同时受到周边能够建立联系的事物的启发，在头脑中自我构建新事物的轮廓、映象和结构的过程，就是由此及彼认识或创建新事物或是解决问题的心理活动过程。鲁班造锯、尼龙扣的发明都包含着联想思维的运用。

让思维拓展开来，让思维跳跃起来，这是网络时代对有志于创新者的希望。人们常说，想象力再丰富一些，很大程度上是指大脑的联想能力再增强一些。联想思维是创新的重要思维形式。世间万物都是联系的、运动的、发展的。通过联想可以建立已知事物和未知事物之间的联系，也可以根据事物从过去到未来的演变寻求新事物的发展趋势，从而为创建新事物开辟新的途径。

"一带一路"的伟大构想，使联想和创新高度融合，它跨越时空，从历史深处走来，承载着丝绸之路沿途各国发展繁荣的梦想，赋予古老丝绸之路以崭新的时代创新内涵。

很多物品的发明创造都来源于联想思维。智能手机功能不断拓展，就是通过联想建立多种事物相互联系的过程。多用途拐杖也是把原来没有相关性的手握按摩、微型电筒、收音机整合在拐杖中。从飞机、轮船到电灯、电话再到现代工程广泛应用的有限元技术，联想思维在其发明产生过程中发挥了重要作用。

五、逆向思维

逆向思维（converse thinking），也称逆反思维或者反向思维，是指转换思维角度，从反方向来思考问题的思维方式。逆向思维本质上还是属于发散思维，只不过一般的发散思维总是遵循一定的逻辑思维方式，而逆向思维则常常有悖情理，但正是这种反逆却带来意想不到的创造性成果，所以把它单列为第三种思维方向。

比如，爆炸往往带有强破坏性，设计师在进行汽车安全设计时应尽力避免爆炸现象。但是现在汽车都使用安全气囊，而且在高级汽车中还不止使用一个。其基本原理就是利用汽车碰撞的瞬间，传感器和微处理器判断撞车程度，传递及发送信号。气体发生器根据信号指示产生点火动作，点燃固态燃料并产生气体向气囊充气，使气囊迅速膨胀，利用气囊里爆炸成分爆炸时间更快于碰撞，使气囊瞬间膨胀变成柔软的保护性气囊层，从而提高人员的安全性。

创新思维讲求突破传统思维或是常规思维。世上存在很多约定俗成的东西，特别是长期左右人思想的所谓"讲究""例证"，束缚着人们的创新思维。当沿着常规思维方向分析解决问题而百思不得其解时，能不能向相反方向探寻一下？这一思路对于寻求突破很重要，思维适时逆向发展，往往会使人眼前一亮。

逆向思维是一种有意识从常规思维的反向去思考问题的思维方式。它是由事物对立统一两面性决定的。反方向思考问题并不能保证问题得到完全解决，但它有助于判断原先的努力方向是否正确，要做哪些调整。

逆向思维与求异思维相近，求异思维强调不同，逆向思维强调反向。当我们为某事不能确定如何做而纠结时，采用逆向思维可以帮助我们进行选择。需要思考的问题是"如果不这样做会如何"。从乘坐交通工具到解决技术问题无不如此。生活中的反思，数学上的反证，哲学上的否定之否定，都来源于逆向思维。

逆向思维蕴含着丰富的辩证思想和哲学智慧。对立统一是事物存在和发展的根本规律，也是逆向思维方式的理论基础。大家从诗句"蝉噪林愈静，鸟鸣山更幽"中体会一下意境，从动静的对立统一可以理解当正向和逆向对比鲜明时，问题的解决路径可能变得豁然开朗。

六、侧向思维

侧向思维（lateral thinking）又称旁通思维，是沿着正向思维旁侧开拓出新思路的一种创造性思维。通俗地讲，侧向思维就是利用其他领域里的知识和资讯，从侧向迂回地解决问题的一种思维形式。在日常生活中常见人们在思考问题时"左思右想"，说话时"旁敲侧击"，这就是侧向思维的形式之一。在创造性思维中，如果只是顺着某一思路思考，往往找不到最佳的感觉而始终不能进入最佳的工作状态。这时可以让思维向左右发散，或作逆向推理，有时能得到意外的收获，从而促成思维的完善和创作的成功。

提到侧向思维，人们总能想到一些成语：触类旁通、旁敲侧击、左思右想、另辟蹊径、他山之石、柳暗花明。从这些成语中可以体会到，当主要矛盾难以直接克服时，进行多方思考，注重侧向迂回，换一条路径也能达到同一目标。现实中，无论是社会还是自然，硬碰硬往往两败俱伤，以柔克刚反而效果更好。

侧向思维是发散思维的一种形式，这种思维的思路、方向不同于正向思维、多向思维或逆向思维，它是沿着正向思维旁侧开拓出新思路的一种创造性思维。

侧向思维包括以下三种形式：

1. 侧向移入

侧向移入指摆脱思维惯性，跳出框框，不拘泥于本领域的思维范畴，经常侧向审视思考问题的解决途径。将其他领域已运用成熟的技术方法、原理等移植过来加以利用。也可以从本学科以外事物的特性和原理中受到启发，产生对待解决问题的创新设想。如轴承作为运动装置不可缺少的组件，人们不断地对其结构进行研究改进，以期使其性能得到进一步提升。但正常思路无非是改变滚珠形状、轴承结构或润滑剂等，都不能带来大的突破。后来，有人把视野转到其他方向，想到高压空气可以使气垫船漂浮，相同磁性材料会相互排斥并保持一定的距离。于是，将这些新设想移入轴承中，发明了不用滚珠和润滑剂，只需向轴套中吹入高压空气，使旋转轴呈悬浮状的空气轴承，或用磁性材料制成的磁性轴承。侧向移入是解决技术难题或进行管理创新、产品创新的最基本的思维方式，其应用实例不胜枚举。如鲁班由茅草的细齿拉破手指而发明了锯；威尔逊移入大雾中抛石子的现象，设计了探测基本粒子运动的云雾器；格拉塞观察啤酒冒泡的现象，提出了气泡室的设想，等等。大量的事例说明，从其他领域借鉴或受启发是创新发明的一条捷径。

2. 侧向转换

侧向转换指不按最初设想或常规直接解决问题，而是将问题转换成为它的侧面的其他问题，或将解决问题的手段转为侧面的其他手段等。普通电冰箱应用广泛，产品竞争激烈，利润率很低，一些厂商显得束手无策，而日本人却异军突起，发明了一种尺寸很小的微型冰箱。将其投入市场后，由于可以在多场合使用，除办公室外，还可安装在野营车上，因此得到迅速推广。微型电冰箱与家用冰箱在工作原理上没有区别，其差别只是产品所处的环境不同。日本人把冰箱的使用方向由家居转换到了办公室、汽车、室外等其他侧翼方向，有意识地改变了产品的使用环境，引导和开发了人们的潜在的消费需求，从而达到了创造需求、开发新市场的目的。

3. 侧向移出

与侧向移入相反，侧向移出是指将现有的设想、已取得的发明、已有的感兴趣的技术和本厂产品，从现有的使用领域、使用对象中摆脱出来，将其外推到其他意想不到的领域或对象上。这也是一种立足于跳出本领域，克服线性思维的思考方式。

拉链的发明曾被誉为影响现代生活的十项重大发明之一。它的发明人贾德森是为了解除系鞋带的麻烦而想到的，并于1905年取得了专利权。这项发明吸引了一个叫霍克的军官，他决定建厂生产拉链，但需要特殊的机器才能批量生产。霍克经过19年的时间才研制出拉链机，可有了拉链却没有人用这个东西代替鞋带。他用了很大的努力仍然找不到销路。后来，一个服装店老板将思路引到了鞋带以外，生产出带拉链的钱包，赚了一大笔钱。从那以后，半个世纪以来，拉链几乎渗透人类生产、生活的每一个角落。

总之，不论是利用侧向移入、侧向转换还是侧向移出，关键的窍门是要善于观察，特别是留心那些表面上似乎与思考问题无关的事物与现象。这就需要在注意研究对象的同时，要间接注意其他一些偶然看到的或事先预料不到的现象。这种行为也许并非偶然，可能是侧向移入、移出或转换的重要对象或线索。

从毛泽东在四渡赤水战役中运用的哲学思想和创新思维方式也可以体会出侧向思维的重要意义。以下典故大家都耳熟能详：孟母断织、草船借箭、曹冲称象、围魏救赵、项庄舞剑，可尝试分析其中的侧向思维。

七、直觉思维

直觉思维（intuitive thinking）是指对一个问题未经逐步分析，仅依据内因的感知迅速地对问题作出判断、猜想、设想，或者在对疑难百思不得其解之时，突然对问题有"灵感"和"顿悟"，甚至对未来事物的结果有"预感""预言"等都是直觉思维。因此直觉思维又称为"顿悟"或者"灵感"。

直觉思维是一种心理现象，不是对个别刺激物所产生的反应，它不是反复试错的过程，而是对整个情境、任务目的和拟解决的问题、应用方法等关系的整体理解，因此在创造性思维活动的关键阶段起着极为重要的作用。直觉思维具有直接性、跳跃性、个体性、或然性等特征。

凯库勒（Kekule）关于苯环结构的假说，在有机化学发展史上作出了卓越贡献。他早年主修建筑学，具有一定的形象思维能力，他善于运用模型方法，把化合物的性能与结构联系起来，他的苦心研究终于有了结果。1864年冬天，他的科学灵感导致他获得了重大的突破。他在书中记载道："我坐下来写我的教科书，但工作没有进展，我的思想开小差了。我把椅子转向炉火，打起瞌睡来了。原子又在我眼前跳跃起来，这时较小的基团谦逊地退到后面。我的思想因这类幻觉的不断出现变得更敏锐了，现在能分辨出多种形状的大结构，也能分辨出有时紧密地靠在一起的长分子，它围绕、旋转，像蛇一样地动着。看！那是什么？有一条蛇咬住了自己的尾巴，这个形状虚幻地在我的眼前旋转着。像是电光一闪，我醒了。我花了这一夜的剩余时间，作出了这个假想。"于是，凯库勒首次满意地写出了苯的结构式，指出芳香簇化合物的结构含有封闭的碳原子环。它不同于具有开链结构的脂肪簇化合物。

太空无引力环境中，当宇航员离开太空船时需要很柔软但在紧急情况下会变硬的太空绳。美国太空总署的工程师马顿（Marton）接受了这个任务，经过无数次试验都没有找到软硬兼备的绳子。一次去朋友家做客，路过一个商店的玩具橱窗，见到一只玩具狗，狗的腿和尾巴在穿过珠子的绳子控制下，既可以直立也可以卧倒。马顿一看，顿时如梦初醒，终于发明了串珠加外套的太空绳。

为什么要有创新思维

第四节　创新思维的训练

思维方法可以训练吗？答案是肯定的。有关思维方法的研究都指向这一事实：人脑可以像肌肉一样，通过后天的训练而得到强化。教育家叶圣陶认为："能力的长进得靠训练，能力的保持得靠熟悉，其间都有条理、步骤，不能马马虎虎一读了之。"哲学家罗素在《教育的目的》中指出："真正有用的训练，是理解若干一般原则，对于这些原则在各种具体情况下的应用有彻底的基础训练。"生物学家贝斯特曾说："真正的教育就是智慧训练。……经过训练的智慧乃是力量的源泉。学校的存在总要教些什么东西，这就是思维的能力。"著名物理学家劳厄（Laue）曾说："重要的不是获得知识，而是发展思维能力，教育无非是将一切已学过的东西都遗忘时，所剩下来的东西。"

思维训练及方法所涉甚多，繁简有别。本节重点谈谈创新思维的常见训练方式，供师生行课或课余参考使用。

一、六顶思考帽

创新思维训练大师爱德华·德·波诺教授认为，思考的最大障碍在于混乱。人们总是试图同时做太多的事情，情感、信息、逻辑、希望和创造性都蜂拥而来，在思考问题的时候，既要关注事实，又要符合逻辑，同时又不能忽视感情因素，这些都会造成思想上的混乱，往往顾此失彼。当一个团队商讨解决问题的对策时，人们总是进行无意义的争辩，使问题变得更为复杂，这些都会影响其作出最佳的判断或选择。

为此，波诺教授提出了一种实用的思维训练模式——六顶思考帽，其目的在于避免思维混乱。按六顶思考帽的思维方式，思考者要学会将逻辑与情感、创造与信息等区别开来，一个人在一段时间里只戴一顶帽子，只有一种思考模式，运用六顶思考帽，将会使混乱的思考变得更清晰，使团体中无意义的争论变成集思广益的创造，使每个人变得富有创造性。六项思考帽思考方法，反映了人类思维的一些特性。当戴上白色思考帽，与人沟通时，彼此不谈情绪、感觉，而是以理服人，可以避免出现无谓的争议。当戴上红色思考帽时，可以如实地表达出自己的感觉，如果在思考过程中，不能表达情绪和感觉，就会影响人的思考。黑色思考帽是一顶批判帽，提供给思考者否定、质疑的机会，这顶帽子能够深入地探究问题的根源。而和黑色思考帽相反，黄色思考帽是一种建设性的思考，包括积极的态度、更好的建议，以及改善与解决问题的想法。绿色思考帽是创造力的代表，要求思考者产生更多的想法。戴上这顶帽子，人们可以提出多种可能性，比如多样化的选择和更多的解决问题的途径。蓝色思考帽，是一顶指挥帽，象征思维过程的控制与组织者，以冷静、公正与超然的态度管理整个思考过程。

六项思考帽已被美国、日本、英国、澳大利亚等50多个国家和地区广泛应用，在教育领域设为教学课程，同时也被许多著名公司，如微软、IBM、西门子、波音公司、松下、诺基亚、摩托罗拉、爱立信、杜邦以及麦当劳等采用，作为创造组织合力和创造力的通用工具。德国西门子公司有37万人学习六项思考帽课程，使其产品开发时间缩短了30%；美国的施乐公司，通过使用所学的技巧和工具，仅用不到一天的时间，就完成了过去需一周才能完成的工作；麦当劳日本公司让员工参加"六项思考帽"思维训练，取得了显著成效，员工更加有激情，交流效果明显增强；朗讯科技（中国）公司认为，学习了六项思考帽之后，以往复杂棘手的问题现在变得简单多了。

（一）六项思考帽的基本思维功能

任何人都有以下六种基本思维功能，可以用六顶不同颜色的帽子来做比喻。

1. 白色思考帽

白色是中立而客观的，代表着事实和资讯，具有处理信息的功能。

白色思维的注意力须放在信息和数据上，要求做到客观中立。把已经掌握的信息全部列出来，越多越好。通过倾听、提问获取更多的信息，拒绝个人主观情感的参与，使得评估客观、高效。

挪威最大的石油公司 Statoil 公司，用"白色思考帽"节省了1000万美元。

2. 红色思考帽

红色是情感的色彩，代表感觉、直觉和预感，具有形成观点和感觉的功能。

北爱尔兰贝尔法斯特皇后大学客座教授阿里斯泰尔·费为了提高学员的思维能力，常常让他们写诗。学员们很快就能从自己的情感世界中获得灵感，学会了跳出理性逻辑。因为诗歌可以通过不同的意象组合，给人不同的视觉效果和想象空间。学员们明白了：遇到问题时，可供选择的解决方法有很多，不能仅局限在一种方案，这严重束缚了创造力的发挥。

戴红色思考帽的人，可毫无顾忌地表达情感甚至直觉。情感宣泄时，直觉或预感便有可能发挥出来，但不要只凭预感做决定。

3. 黄色思考帽

黄色是乐观的象征，代表正面观点，具有识别事物积极因素的功能。

戴黄色思考帽的人，表现出阳光和乐观，用积极的态度进行"正面思考"，寻找事物的闪光点。尤其善于从不经意的建议，甚至是糟糕的建议中寻到它的价值。

悉尼歌剧院的设计方案，是从废纸篓里捡回来的。当约恩·乌特松（Jorn Utzon）的方案已被大多数评委否决时，著名建筑设计师依洛·沙尔蓝抱着所有入围方案都有其价值的想法，从废纸篓里找到了约恩·乌特松的设计图，顿时眼前一亮，于是力排众议，从而出现了 20 世纪世界建筑史上的一个奇迹。

4. 黑色思考帽

黑色是阴沉的颜色，意味着警示与批判，具有发现事物的消极因素的功能。

戴黑色思考帽的人，考虑问题的负面因素，用怀疑、否定的态度做判断和评估，提醒任一观点隐藏的风险，重在对事实和数据提出质疑，对已有的经验进行检验。

麦当劳日本公司激活培训员工的创造热情，通过坦诚交流，减少了"黑色思考帽"消极方面的作用。

5. 绿色思考帽

绿色是草地的颜色，代表创造性的想法，具有创造性地解决问题的功能。

考虑到中国文化忌讳戴"绿帽子"，可改成"青色思考帽"。青春代表着生命力和创造力。绿色思维鼓励提出各种可能性，允许发挥想象力，激励人们产生创造欲。

1970 年，"阿波罗 13 号"飞船在飞往月球的途中，服务舱内的二号氧气箱发生爆炸，舱内 3 名宇航员的生命受到严重威胁。在这危急关头，美国国家航空航天局的科技人员充分发挥想象力，及时想出了一个新的过滤系统，使得宇航员顺利返回地球。

6. 蓝色思考帽

蓝色是天空的颜色，笼罩四野，控制着事物的整个过程。蓝色思考帽管理着其他思考帽的使用，具有控制整个思维过程的功能。

戴蓝色思考帽的人，如同乐队指挥，需有效地组织和协调整个思考过程，最主要的是关注集中思维，寻找出可行的方案。

（二）六顶思考帽导图

传统的思考模式是从自我的角度进行思考，思考者的自身情绪会影响思维的效率。针对传统思考模式存在的局限性，波诺提出了水平思考法，为六顶思考帽法奠定了理论基础。因此，六顶思考帽法也具有水平思考法的优势，即角度全面、思路清晰等。如果把六顶思考帽法与思维导图进行结合，就可以更加充分地调动全脑进行思维。

（三）运用六顶思考帽的注意事项

运用六顶思考帽思维工具应注意以下六个方面。

（1）理解和遵守每种颜色思考帽的含义和要求，每次只能戴一顶，扮演一种角色，只从一个方向思考问题。

（2）既可以单独使用、多次使用，也可以团队同时使用一种颜色的思考帽，依次进行。

（3）建议使用顺序：蓝—白—绿，先使用蓝色思考帽理清问题，再使用白色思考帽摆出事实和数据，最后使用绿色思考帽提出尽可能多的解决方案；红—黑—黄可交替使用，如遇特殊场合，也可灵活使用；黄色思考帽可先于黑色思考帽使用，效果会更好。

（4）每个人都应学会使用所有的思考帽，其中使用蓝色思考帽的要求相对较高。

（5）不要过多地使用黑色思考帽，否则会抑制创新热情。

（6）使用思考帽应有时间限定，以保证更多新设想的涌现。

二、SCAMPER 创新思维训练

在这个日新月异的时代，创新已经成为推动社会进步和个人发展的核心动力。然而，面对复杂多变的问题和挑战，我们如何激发创意、找到创新的突破口呢？本部分先介绍SCAMPER 创新思维训练法，经常训练，定能解锁你的创意创新潜能。

SCAMPER 创新法，由美国心理学家罗伯特·艾伯尔（Robert F. Eberle）提出，是一种综合性的创新思维工具。它通过简化记忆，引导我们从多个角度对现有的产品或问题进行思考和改进。这一方法，也被称为奔驰法，通过七种思维启发方式，帮助我们拓宽解决问题的思路，激发新的创意和解决方案。这七种方式分别是：Substitute（替代）、Combine（合并）、Adapt（改造）、Modify（调整）、Put to other uses（改变用途）、Eliminate（去除）、Reverse（反向）。

1. SCAMPER 创新法的七大秘诀

Substitute（替代）：思考当前创意或概念中有哪些内容可以被替代。例如，在产品设计中，可以考虑使用新材料、新技术或新方法来替代传统的元素。

◎ **示例**：当苹果公司设计 iPod 时，替代的思维帮助他们将传统的机械式 CD 播放器替换为小巧、便携的数字音乐播放器，从而引领了整个音乐产业的变革。

Combine（合并）：将不同的元素或概念结合起来，创造新组合。这有助于发现不同领域之间的联系和交叉点，从而激发出新的创意。

◎ **示例**：星巴克推出的玩味冰调系列饮品，8 款饮品搭配 8 个特色杯子，通过产品的组合创新吸引了大量消费者。

Adapt（改造）：调整或改变现有元素以适应新情境或需求。这包括改变产品的形态、功能或使用方式，以满足不断变化的市场需求。

◎ **示例**：随着环保意识的提高，企业可以调整产品设计，使其更加环保和可持续。

Modify（调整）：对现有的元素进行改动和调整，使其更好地满足需求。这可以通过优化流程、改进设计或加强品质来实现。

◎ **示例**：折叠水杯利用折叠的方式改变杯子原有大小，随取随用，方便携带。

Put to another use（改变用途）：探索现有元素或概念的其他用途。这有助于发现未开发的潜能和新的市场机会。

◎ **示例**：给杯子加一个 USB 插口，水杯一秒变加湿器，拓展了产品的应用场景。

Eliminate（去除）：去掉不必要的元素，简化设计，提高效率。这有助于降低成本、提高效率，并发现更加简单和便捷的解决方案。

◎ **示例**：老人手机和儿童手机去除了智能机的复杂功能，更加简洁易用。

Reverse（反向）：颠倒思考问题，从新的视角找到创新的解决方案。这有助于打破传统思维定式，发现新的创意和解决方案。

◎ **示例**：底部注入式啤酒杯颠覆了从杯口倒入啤酒的传统方式，带来了全新的饮酒体验。

2. SCAMPER 创新法的应用场景

SCAMPER 创新法在各个领域的创意过程中都有着广泛的应用，包括产品设计、工艺改进、技术突破、市场营销、业务流程优化等。无论是初创企业还是成熟公司，都可以通过 SCAMPER 创新法来激发团队的创新思维，提升解决问题的能力。

3. 如何运用 SCAMPER 创新法

确定目标：首先明确你要解决的问题或目标是什么。

使用 SCAMPER 思维方式：逐一应用 SCAMPER 的七种策略进行思考，提出新的问题和假设。

提出新想法：基于 SCAMPER 的思考结果，提出新的、创新的想法。

评估和实施：评估这些想法的可行性，选择最合适的进行实施和测试。

三、逆向思维训练

著名的组织行为学家、美国密执安大学教授卡尔·韦克曾进行了一项引人入胜的实验。他在两个玻璃瓶中分别放入了5只蜜蜂和5只苍蝇，然后将玻璃瓶的底部对准了明亮的光源，而瓶口则朝向阴暗处。接下来，他仔细观察了这两种昆虫的行为。

蜜蜂具有趋光性，这是它们的本能；苍蝇则被人们叫作"无头苍蝇"，人们自然就认为蜜蜂能顺利逃脱。然而，实验的结果却让人意外：蜜蜂们全都聚集在瓶底，无法找到出路，而苍蝇们却纷纷从瓶口飞了出去。

这个实验被称为"蜜蜂效应"，揭示了一个深刻的道理：在面对困境时，我们往往过于依赖自己的经验和习惯，而忽视了其他可能的解决方案。正如实验中的蜜蜂一样，它们盲目地朝着光源前进，却无法找到出路。而苍蝇在发现无法从瓶底逃脱后，却能够灵活地改变策略，最终成功逃生。

因此，我们在解决问题时，也应该学会打破常规思维，尝试从不同的角度去思考问题。只有这样，我们才能发现那些意想不到的解决方案，从而获得成功。这就是不同视角的思维方式，即逆向思维。它鼓励我们打破常规，从事物的反面去寻找解决问题的新方法。逆向思维有助于我们突破思维定势，发现新的视角和解决方案，从而推动创新和突破。

那么，如何培养逆向思维呢？以下介绍四种常见的逆向思维训练方法。

第一个方法是"假设相反"。当我们面对一个困难问题时通常会有一个固定的思路去解决它。这个思路可能是基于我们过去的经验、知识或者惯性思维所形成的。但是，我们也可以反着想：如果我们反过来考虑这个问题，会有什么不同的答案呢？这就是"假设相反"的思维方式。例如，如果你是一位设计师，你可以试着将某个产品的主要功能反过来想，看看是否会有更好的设计方案出现。

第二个方法是"追求逆向结果"。有时候，在我们解决一个问题的过程中会被固定的思路或者习惯所束缚。这时，我们可以试着从另一个角度出发：如果我们想要避免某个结果，我们应该怎么做呢？例如，如果你是一位企业家，你可能会想要让你的公司赚更多的钱。但是，如果你反过来想，你可能会问自己：如果我想让我的公司破产，我会采取什么样的措施呢？这种逆向思维方式能够帮助你找到避免错误的方法，同时也能够启发你想到更多的创意。

第三个方法是"观察反例"。在我们解决问题的过程中通常会去寻找那些成功的案例和经验。然而，我们也可以从失败的案例中学到很多东西。通过观察那些失败的案例，我们可以找到其中的不足之处，进而想出更好的解决方案。例如，如果你是一位市场营销人员，你可以尝试分析那些失败的广告，找到为何它们没有达到预期目标的原因，从而改进你自己的广告策略。

最后一个方法是"质疑常规做法"。有时候，我们会被过去的经验和习惯所束缚，无法想到更好的解决方案。这时，我们可以质疑那些常规做法，并试着寻找新的思路。例如，如果你是一位工程师，你可能会经常采用某种特定的技术来解决问题。但是，如果你质疑这个技术是否真的最适合你的需求，你可能会发现其他更好的解决方案。

逆向思维是一种非常强大的思考方式，能够帮助我们突破固有的思维模式，找到全新的解决方案。通过以上四种方法，我们可以系统性地训练自己的逆向思维能力，不仅可以帮助我们解决实际问题，还可以培养我们的创造力和创新精神。

当我们运用逆向思维时，需要注意一些事项。首先，我们需要保持开放的态度，不要对某个特定的想法或方案过于执着。其次，我们需要善于观察、发现问题，并且勇于面对挑战。最后，我们需要有足够的耐心和毅力来训练自己的逆向思维能力，因为这不是朝夕之间就能完成的事情。

拓展阅读

TRIZ 的含义及来源

板块二
沟通训练

第三章　人际沟通基础与实践

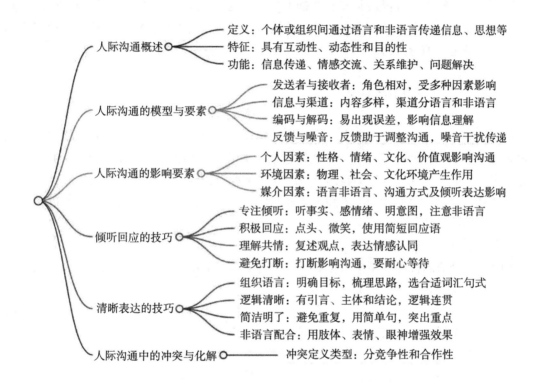

人际沟通概述 ○——
- 定义：个体或组织间通过语言和非语言传递信息、思想等
- 特征：具有互动性、动态性和目的性
- 功能：信息传递、情感交流、关系维护、问题解决

人际沟通的模型与要素 ○——
- 发送者与接收者：角色相对，受多种因素影响
- 信息与渠道：内容多样，渠道分语言和非语言
- 编码与解码：易出现误差，影响信息理解
- 反馈与噪音：反馈助于调整沟通，噪音干扰传递

人际沟通的影响要素 ○——
- 个人因素：性格、情绪、文化、价值观影响沟通
- 环境因素：物理、社会、文化环境产生作用
- 媒介因素：语言非语言、沟通方式及倾听表达影响

倾听回应的技巧 ○——
- 专注倾听：听事实、感情绪、明意图，注意非语言
- 积极回应：点头、微笑，使用简短回应语
- 理解共情：复述观点，表达情感认同
- 避免打断：打断影响沟通，要耐心等待

清晰表达的技巧 ○——
- 组织语言：明确目标，梳理思路，选合适词汇句式
- 逻辑清晰：有引言、主体和结论，逻辑连贯
- 简洁明了：避免重复，用简单句，突出重点
- 非语言配合：用肢体、表情、眼神增强效果

人际沟通中的冲突与化解 ○——
- 冲突定义类型：分竞争性和合作性

第一节　人际沟通概述

案例导入

一、人际沟通的定义与特征

人际沟通是指两个或多个个体或组织之间通过语言和非语言进行信息、思想、情感和意图的传递与交换的过程。它是人类社会互动的基础，具有互动性、动态性和目的性等特征。

互动性：人际沟通不是单向的信息传递，而是双方或多方的相互作用。例如，在课堂

059

讨论中，学生和教师通过提问、回答和反馈不断交换信息，共同推进对知识的理解。这种互动性要求沟通者不仅要表达自己的观点，还要关注对方的反应，并及时调整自己的沟通方式。

动态性：沟通是一个不断变化的过程，受到多种因素的影响。比如，在商务谈判中，双方的立场、情绪和外部环境的变化都可能导致沟通策略的调整。这种动态性意味着沟通者需要具备灵活应变的能力，根据实际情况及时调整沟通内容和方式。

目的性：人们进行沟通通常都有明确的目的，如传递信息、表达情感、建立关系等。例如，求职者在面试中通过沟通展示自己的能力和优势，目的是获得工作机会；朋友之间的交流则更多是为了分享情感、增进友谊。

二、人际沟通的功能与意义

普林斯顿大学在对 1 万份人事档案分析时发现：智慧、专业技术、经验三者只占成功因素的 25%，其余 75% 决定于良好的人际沟通。此外，哈佛大学调查结果显示：在 500 名被解职的员工中，因人际沟通不良而导致工作不称职者占 82%。可见人际沟通在人类社会生活中发挥着至关重要的作用。人际沟通具有信息传递、情感交流、关系建立与维护以及问题解决等多重功能。

1. 信息传递

人际沟通是信息传递的主要渠道之一。通过语言、非语言等方式，人们可以传递各种信息，从而实现信息共享和交流。

在学术领域，学者们通过发表论文、参加学术会议等方式交流研究成果，推动学科的发展。在医学领域，医生之间通过病例讨论和学术交流，分享治疗经验和最新研究进展，提高医疗水平。

在日常生活中，人们也通过各种方式传递信息。比如，家人之间通过电话、短信等方式了解彼此的生活情况；同事之间通过邮件、即时通讯工具沟通工作任务和进度。

2. 情感交流

人际沟通也是情感交流的重要途径。通过沟通，人们可以表达自己的情感，了解他人的情感状态，从而增进彼此之间的理解和亲近感。

当一个人遇到挫折时，向朋友倾诉可以获得情感上的支持和安慰。朋友通过倾听和回应，表达对对方的关心和理解，帮助对方缓解情绪。

在家庭中，夫妻之间通过沟通表达爱意和关心，增进彼此的感情；父母与子女之间的沟通则有助于建立信任和亲密关系，促进家庭的和谐。

3. 关系建立与维护

人际沟通有助于建立和维护人际关系。通过沟通，人们可以建立信任、增进友谊，也可以解决矛盾、化解冲突，从而维护人际关系的和谐与稳定。

在工作场所，新员工通过与同事的沟通交流，逐渐融入团队，建立良好的工作关系。同事之间通过合作和沟通，相互支持和帮助，提高工作效率。

当人际关系中出现矛盾和冲突时，沟通是解决问题的关键。例如，朋友之间因为误会产生矛盾，可以通过坦诚的沟通，消除误会，恢复友谊。

4. 问题解决

人际沟通在问题解决中也发挥着重要作用。通过沟通，人们可以明确问题、分析问题、提出解决方案，并达成共识，从而有效地解决问题。

在团队项目中，成员们通过沟通讨论项目目标、分工和遇到的问题，共同制定解决方案。例如，一个软件开发团队在遇到技术难题时，通过团队成员之间的沟通和协作，分析问题原因，提出解决方案，最终解决问题。

在社区生活中，居民们通过沟通交流，共同探讨社区中存在的问题，如环境卫生、公共设施等，并提出改进建议，推动社区的发展和改善。

第二节　人际沟通的模型与要素

人际沟通模型是理解信息如何在人与人之间传递的框架，有利于帮助分析沟通的要素、障碍及改进方法。人际沟通模型众多，如经典线性模型（Shannon -Weaver 模型）、交互模型（Schramm 模型）、交易模型（Barnlund 模型）、SMCR 模型（Berlo 模型）等。不同模型有各自的特点和局限性，适合不同的应用场景，应结合实际运用。这里提出的沟通模型综合上述理论，借用线性模型的基本要素，突出交互模型的双向性、动态性，同时考虑其他模型中涉及的影响沟通的因素如非语言信息、物理因素、心理因素、文化因素等。

人际沟通模型描述了人际沟通的过程和要素。其中，发送者与接收者、信息与渠道、编码与解码以及反馈与噪音是人际沟通的主要要素（如图 3.1 所示）。

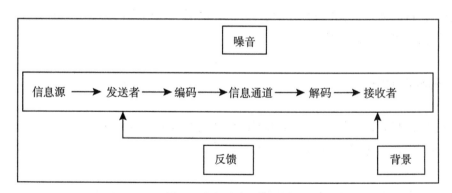

图 3.1　沟通过程模型图

一、发送者与接收者

发送者是信息的提供者，接收者是信息的接受者。在人际沟通中，发送者和接收者的角色是相对的，他们通过沟通实现信息的交流和传递。

发送者在发送信息时，需要考虑接收者的背景、知识水平和兴趣爱好等因素，以便信息能够被接收者理解和接受。例如，教师在授课时，需要根据学生的年龄、知识水平和学习能力，选择合适的教学方法和语言，确保学生能够理解课程内容。

接收者在接收信息时，也会受到自身因素的影响，如注意力、情绪状态和文化背景等。例如，一个人在情绪低落时，可能对他人的信息接收和理解能力会下降；不同文化背景的人对同一信息可能会有不同的理解和反应。

二、信息与渠道

信息是沟通的内容，渠道是信息传递的媒介。不同的渠道具有不同的特点和适用范围，人们需要根据实际情况选择合适的渠道进行沟通。常见的沟通渠道包括面谈、电话、网络（聊天软件）、邮件、会议、社交媒体等。

根据所凭借的方式可以将沟通划分为语言沟通（如口头语言、书面语言）和非语言沟通（如肢体语言、面部表情、眼神交流等）。口头语言沟通具有即时性和灵活性的特点，适合用于日常交流、会议讨论等场景；书面语言沟通则具有准确性和持久性的特点，适合用于正式文件、报告等场景。

非语言沟通在人际沟通中也起着重要的作用。例如，一个人的肢体语言可以反映出他的情绪状态和态度，如紧张、自信、友好等；面部表情和眼神交流可以传递出丰富的情感信息。

在选择沟通渠道时，需要考虑信息的性质、紧急程度和沟通对象等因素。例如，对于紧急的信息，可能需要选择即时的沟通渠道，如电话、短信等；对于重要的信息，可能需要选择书面沟通渠道，以便留下记录。

三、编码与解码

编码是将思想、情感等信息转化为可以传递的符号或语言的过程，解码则是将接收到的符号或语言转化为思想、情感等信息的过程。编码和解码是人际沟通中不可或缺的两个环节。

发送者在编码时，需要确保信息的准确性和清晰度，以便接收者能够正确理解。例如，在撰写报告时，需要使用规范的语言和格式，确保信息准确无误地传达给读者。

接收者在解码时，需要根据自身的知识和经验，对收到的信息进行理解和解释。例如，当听到一个笑话时，接收者需要根据自己的文化背景和幽默感来理解笑话的含义。

编码和解码过程中可能会出现误差，导致信息失真或误解。例如，发送者使用了接收者不熟悉的词汇或表达方式，可能会导致接收者无法正确理解信息；接收者在解码时，可能会受到自身情绪或偏见的影响，对信息产生错误的理解。

四、反馈与噪音

反馈是接收者对发送者信息的回应，有助于发送者了解信息的传递效果和接收者的反应。噪音则是干扰信息传递的因素，可能导致信息失真或误解。

反馈可以是语言的，如回答、评论等，也可以是非语言的，如点头、微笑、皱眉等。通过反馈，发送者可以及时调整自己的沟通方式和内容，提高沟通效果。例如，教师在授课过程中，通过观察学生的表情和反应，了解学生对课程内容的理解程度，并及时调整教学进度和方法。

噪音可以分为物理噪音、生理噪音、心理噪音和语义噪音等。物理噪音如环境中的噪音干扰；生理噪音如听力障碍、疲劳等；心理噪音如情绪波动、注意力不集中等；语义噪音如语言表达不准确、词汇歧义等。这些噪音都可能影响信息的传递和理解，导致沟通障碍。

第三节　人际沟通的影响因素

人际沟通受到多种因素的影响，包括个人因素、环境因素和媒介因素等。

一、个人因素

个人因素是影响人际沟通的重要因素之一，包括性格特质、情绪状态、文化背景和价值观念等。

1. 性格特质

不同性格特质的人具有不同的沟通风格和偏好，如外向型的人更喜欢主动沟通，内向型的人则更倾向于被动倾听。

外向型的人通常善于表达自己的观点，喜欢与人交往，在沟通中表现得比较积极主动。他们可能更倾向于使用口头语言沟通，喜欢在群体中发表自己的意见。

内向型的人则比较内向、安静，在沟通中可能更倾向于倾听他人的意见，不太愿意主动表达自己。他们可能更擅长书面语言沟通，或者在一对一的沟通中表现得更加自如。

2. 情绪状态

情绪状态也会影响人际沟通。当人们处于积极情绪状态时，沟通更加顺畅和愉快；而当人们处于消极情绪状态时，沟通则可能变得困难和紧张。

例如，一个人在心情愉悦时，可能更愿意与他人交流，表达自己的想法和情感，沟通也会更加顺畅；而当一个人处于愤怒或悲伤的情绪中时，可能会对他人的信息产生抵触情绪，沟通也会变得困难。

3. 文化背景

文化背景是影响人际沟通的重要因素之一。不同文化背景的人具有不同的价值观、信仰和习俗等，这些因素可能影响他们对信息的理解和接受。

例如，在一些高语境文化中，人们更注重非语言沟通和上下文的理解，沟通方式比较间接；而在低语境文化中，人们更注重直接的语言表达，沟通方式比较直接。

不同文化背景的人对时间的观念也有所不同。有些文化中，时间被视为一种宝贵的资源，人们注重守时和效率；而在另一些文化中，时间观念相对宽松，人们更注重人际关系和过程。

4. 价值观念

价值观念也是影响人际沟通的重要因素。具有不同价值观念的人可能对同一信息产生不同的理解和反应，从而影响沟通的效果。

例如，在个人主义文化中，人们更注重个人的权利和自由，在沟通中可能更强调自我表达和个人成就；而在集体主义文化中，人们更注重集体的利益和和谐，在沟通中可能更强调团队合作和相互支持。

二、环境因素

环境因素也是影响人际沟通的重要因素之一，包括物理环境、社会环境和文化环境等。

1. 物理环境

物理环境是指沟通发生的场所和设施等。不同的物理环境对沟通的效果产生影响，如安静的环境有助于专注倾听，嘈杂的环境则可能干扰信息传递。

例如，在图书馆等安静的环境中，人们更容易集中注意力，进行深入的沟通和交流；而在嘈杂的公共场所，如商场、车站等，人们可能会因为环境噪音的干扰，难以听清对方的讲话，影响沟通效果。

2. 社会环境

社会环境是指沟通所处的社会背景和文化氛围等。社会环境对沟通的方式和内容产生影响，如在不同社会背景下，人们对沟通礼仪和表达方式有不同的期望和要求。

例如，在正式的商务场合中，人们通常会使用正式的语言和礼仪，注重沟通的规范性和专业性；而在朋友聚会等非正式场合中，人们的沟通方式则更加随意和自由。

3. 文化环境

文化环境是指沟通所处的文化背景和习俗等。文化环境对沟通的理解和接受产生影响，如在不同文化背景下，人们对同一信息可能产生不同的理解和解释。

例如，在一些文化中，点头表示同意，摇头表示不同意；而在另一些文化中，点头和摇头的含义可能相反。因此，在跨文化沟通中，了解对方的文化背景和习俗非常重要，以避免误解和冲突。

三、媒介因素

媒介因素也是影响人际沟通的重要因素之一，包括语言与非语言、面对面与网络沟通等。

1. 语言与非语言

语言是人际沟通的主要媒介之一，通过语言人们可以传递各种信息。此外，非语言也是人际沟通的重要媒介之一，如肢体语言、面部表情和眼神交流等都可以传递丰富的信息。沟通中，依靠语言和非语言沟通比例分别为35%和65%。

语言沟通包括口头语言和书面语言。口头语言沟通具有即时性和灵活性的特点，但信息容易失真；书面语言沟通具有准确性和持久性的特点，但缺乏即时性。

非语言沟通在人际沟通中起着重要的补充作用。非语言涵盖了身体语言（动作姿态、服饰仪态、空间位置）、副语言（表情、眼神）、物体操纵（凭借的工具如教具、幻灯片等）。例如，柔和的手势表示友好、商量；强硬的手势则意味着："我是对的，你必须听我的"。微笑表示友善礼貌，皱眉表示怀疑和不满意。盯着看意味着不礼貌，但也可能表示兴趣，寻求支持。双臂环抱表示防御，开会时独坐一隅意味着傲慢或不感兴趣。演说时抑扬顿挫表明热情，突然停顿是为了造成悬念，吸引注意力。

总之，在沟通中，要善于运用非语言，同时也善于察言观色，解读对方传递出来的非语言信息，增强沟通的效果。

2. 面对面沟通与网络沟通

面对面沟通和网络沟通是两种常见的沟通方式。面对面沟通具有直接性和即时性等优点，但也可能受到时间和空间等限制；网络沟通则具有灵活性和便捷性等优点，但也可能存在信息传递不畅或误解等问题。

面对面沟通时，沟通双方可以通过眼神交流、肢体语言等非语言方式更好地理解对方的意图和情感，沟通效果通常更好。但面对面沟通需要双方在时间和空间上达成一致，可能受到限制。

网络沟通，如视频通话、电子邮件、社交媒体等，打破了时间和空间的限制，方便人们随时随地进行沟通。但网络沟通缺乏非语言线索，可能导致信息传递不准确或误解。

3. 人际沟通中的倾听与表达

倾听与表达是人际沟通中的两个重要环节。有效的倾听和清晰的表达有助于增进彼此之间的理解和信任，从而建立良好的人际关系。

倾听是沟通的基础，只有认真倾听对方的意见和想法，才能更好地理解对方的需求和情感。日本松下公司创始人松下幸之助就是一位善于倾听的人，有一次他在家电市场闲逛，听到几位妇女议论说："现在的家电样式太多了，要是电源插头能同时插上几种电器就方便多了。"说者无意，听者有心，松下幸之助先生回去后立刻安排研制出了三通电源插头。

表达是将自己的思想、情感和观点传递给对方的过程。清晰的表达需要组语言、逻辑清晰、简洁明了和非语言配合等技巧。

第四节　倾听回应的技巧

法国作家西蒙娜·薇依曾说："倾听一个处于痛苦中的人，不仅十分罕见，而且非常困难。那简直是奇迹，那就是奇迹。有些人认为他们可以做到，实际上，绝大部分的人还不具备这种能力。"在沟通中，往往伴随着三种行为，听、说、反馈，缺一不可。在倾听、交谈、阅读和写作四种沟通行为中，倾听占比最大，所以说沟通首先是倾听的艺术。倾听是与他人实现信息、思想、情感的交流的过程，也是帮助个体理解、接纳外部世界进而不断加深自我认知的一种有效方式，是个人素养、能力、智慧的集中体现。高效的沟通从倾听开始。

学会深度倾听，而非听而不闻，其核心在于通过倾听了解事实、感受和意图三个方面，全面理解对方的表达。它不仅关注语言信息，还通过直觉和觉察能力，挖掘对方未言明的需求和意图。深度倾听要求做到耳到（真正听进去）、眼到（观察讲述者身体语言）、口到（沟通反馈）、心到（用心体会）。

以下是一些有效倾听的技巧：

一、专注倾听

在倾听时，要保持专注和耐心，不要打断或急于表达自己的观点。通过专注倾听，可以更好地理解对方的思想和情感，从而增进彼此之间的理解和信任。

（1）倾听事实。抛弃个人偏见和评判，客观公正地接受对方传递的信息。沟通的基础是事实。倾听事实的关键在于区分事实与观点：事实是可验证的，而观点是主观的。例如，当对方说"同学们都排挤我"，就需要分辨是情绪还是事实。接下来，需要在倾听中获取更多信息来梳理来龙去脉，弄清全部事实，避免主观臆断。

（2）感知情绪状态。个体很难做到不带任何情绪的表达。情绪影响着信息的传递和接收。倾听感受的要点在于认真观察对方的语气、语调、肢体语言、表情、眼神等判断情绪，及时作出反馈，做到设身处地，换位思考，表达同理心，回应对方的情绪，建立情感连接。

（3）明晰对方意图。意图是指对方真正想要表达的核心需求或目标。每一种情绪背后都存在不被满足的需求。有时，人们表达的内容与他们的真正意图并不完全一致。如在家庭中，父母对处于青春期的子女的爱与在乎，一旦说出来更多时候变成了唠叨、指责、埋怨，明显言不由衷。

倾听意图就是挖掘深层需求，通过开放式的提问和引导，帮助对方明确自己的需求。同时，理解对方的行为背后隐藏的积极意图。例如，当对方说"办公室太热了"，其背后的真实意图可能是希望调低空调温度。

（4）得体的非语言。保持眼神接触：与对方保持适度的眼神交流，表明自己正在认真倾听。身体前倾：微微前倾身体，显示出对对方讲话的兴趣和关注。避免分心：关闭手机、电脑等可能干扰倾听的设备，集中注意力。

二、积极回应

在倾听时，要通过点头、微笑等方式积极回应对方，表达自己对对方的关注和尊重。

这有助于建立良好的沟通氛围，促进沟通的顺利进行。

积极回应可以让对方感受到自己的关注和理解，增强沟通的互动性。例如：

点头：在对方讲话时，适时点头表示认同或理解。

微笑：通过微笑传递友好和鼓励的信号。

使用简短的回应语：如"嗯""是的""我明白"等，表明自己正在认真倾听。

一个好的倾听者不应该仅仅是个听者，还要全神贯注的观察，总结归纳讲述要点，对于有价值有意义的内容及时认同赞扬，对于个人不理解和有异议的内容要及时反馈给讲述者，请求讲述者再说一遍或者进一步解释。

三、理解共情

在倾听时，要尝试理解对方的立场和情感，并表达共情。这有助于增进彼此之间的理解和亲近感，从而建立良好的人际关系。

理解共情需要站在对方的角度思考问题，感受对方的情感。例如，用自己的语言复述对方的观点，确认自己的理解是否正确；借用"我能理解你的感受""这一定让你很困扰"等话语，让对方在情感上感受到被理解和支持。

四、避免打断

在倾听时，要避免打断对方的发言。即使对方说得不对或不符合自己的期望，也要保持耐心和尊重，等待对方说完后再表达自己的观点。

巴顿将军为了显示自己关心部下的生活，搞了一次士兵食堂突击检查。在食堂里，他看到两名士兵站在一个大汤锅前面。

巴顿将军走上前："让我尝尝这汤！"

士兵："可是，将军——"

巴顿将军："没什么可是的，给我勺子！"巴顿将军接过勺子喝了一大口，怒斥道："这是什么东西？怎么能给我的士兵喝这个，这味道简直就是刷锅水！"

士兵："报告将军，这就是一锅刷锅水！"

为何巴顿将军会犯这样低级的错误，原因在于急于打断别人说话。

打断对方的发言会打断对方的思路，影响沟通的效果，甚至可能引起对方的不满。因此，在倾听时，要学会控制自己，耐心等待对方说完。

第五节 清晰表达的技巧

沟通中，作为一个信息发送者，清晰表达是人际沟通中的另一个重要技巧。沟通是否高效，与能否清晰充分表达密不可分。沟通中必须明确你要说什么，怎么说，恰当调用身体语言。以下是一些清晰表达的技巧：

一、组织语言

语言是思维能力的集中体现。在表达时，要先思考，明确自己要表达的内容和观点。这有助于使表达更加条理清晰、易于理解。

组织语言可以通过以下步骤实现：

(1) 明确目标：确定自己表达的目的，是传递信息、表达情感还是解决问题。

(2) 梳理思路：将自己要表达的内容进行梳理，确定逻辑顺序和重点。

选择合适的词汇和句式：根据沟通对象和场合，选择恰当的词汇和句式，使表达更加准确和易于理解。

二、逻辑清晰

在表达时，要注意逻辑清晰，避免语无伦次或自相矛盾。通过清晰的逻辑结构，可以更好地传达自己的思想和观点。

逻辑清晰的表达通常包括以下几个部分：

(1) 引言：引出话题，说明表达的背景和目的。

(2) 主体：详细阐述观点和论据，按照一定的逻辑顺序，如时间顺序、因果关系等。

(3) 结论：总结主要观点，强调重点。

三、简洁明了

在表达时，要尽量简洁明了，避免冗长或复杂的句子结构。通过简洁明了的表达方式，可以使对方更容易理解自己的意思。

简洁明了的表达需要注意以下几点：

(1) 避免重复：不要重复表达相同的内容。

(2) 使用简单句：尽量使用简单的句子结构，避免复杂的从句和修饰语。

(3) 突出重点：将最重要的信息放在前面，便于对方理解和记忆。

四、非语言配合

在表达时，可以配合肢体语言、面部表情和眼神交流等非语言方式，增强表达的效果。这有助于使表达更加生动、形象，从而更好地传达自己的思想和情感。

例如，在演讲时，可以通过手势来强调重点内容；在与他人交流时，保持微笑和眼神接触，增强亲和力。

第六节　人际沟通中的冲突与化解

冲突是人际沟通中难免遇到的问题。有效的冲突化解策略有助于维护人际关系的和谐与稳定。

一、冲突的定义与类型

冲突是指不同个体或群体之间由于利益、观念或行为等方面的差异而产生的矛盾或对立状态。根据冲突的性质和表现形式，可以将冲突分为不同类型，如竞争性冲突、合作性冲突等。

竞争性冲突是指双方在利益上存在根本对立，冲突的解决往往以一方的胜利和另一方的失败为结果。例如，在市场竞争中，企业之间为了争夺市场份额而产生的冲突。

合作性冲突是指双方在利益上有一定的共同点，通过合作可以实现共赢。例如，在项目合作中，双方可能因为对项目目标的不同理解而产生冲突，但通过沟通和协商，可以找到共同的解决方案，实现双赢。

二、冲突产生的原因

冲突产生的原因多种多样，包括目标不一致、资源竞争、沟通不畅和个性差异等。

1. 目标不一致

当个体或群体之间的目标不一致时，容易产生冲突。例如，在工作中，不同部门之间可能由于目标不同而产生矛盾或对立状态。

2. 资源竞争

当个体或群体之间为了争夺有限的资源时，也容易产生冲突。例如，在家庭中，兄弟姐妹之间可能为了争夺父母的关爱和关注而产生矛盾或对立状态。

3. 沟通不畅

沟通不畅也是导致冲突产生的重要原因之一。当个体或群体之间缺乏有效的沟通时，容易产生误解或猜疑，从而导致冲突的发生。

4. 个性差异

个性差异也是导致冲突产生的原因之一。不同个体具有不同的性格特质、价值观念和行为习惯等，这些因素可能导致个体之间在沟通中产生分歧或对立状态。

三、冲突化解的策略

针对不同类型的冲突，可以采取不同的化解策略。以下是一些常见的冲突化解策略：

1. 竞争

在竞争性冲突中，可以采取竞争策略来解决问题。通过明确表达自己的立场和需求，并争取对方的让步或妥协，从而达成自己的目标。但需要注意的是，竞争策略可能导致双方关系紧张或破裂，因此需要谨慎使用。

2. 回避

在某些情况下，可以采取回避策略来避免冲突的发生或升级。通过暂时搁置争议或寻求第三方调解等方式，可以缓解紧张氛围，避免冲突进一步恶化。但需要注意的是，回避策略可能无法从根本上解决问题，只是暂时缓解了矛盾。

3. 妥协

在合作性冲突中，可以采取妥协策略来达成双方都可以接受的解决方案。通过协商和谈判等方式，双方可以各退一步，达成共识并解决问题。妥协策略有助于维护双方关系的和谐与稳定，但需要双方都有诚意和意愿进行妥协。

4. 合作

在某些情况下，可以采取合作策略来共同解决问题。通过明确共同目标和利益，并寻求双方都可以接受的解决方案，从而实现双赢或多赢的局面。合作策略是处理人际冲突中最积极、最有效的方式之一，但需要双方都有合作意愿和能力。

第七节 案 例 分 析

◎ **案例一：**

团队协作中的沟通障碍

某高校小组合作完成课题研究，成员 A 性格外向，主导讨论但频繁打断他人发言；成员 B 性格内向，因意见未被重视而逐渐沉默。导致进度滞后，成员间产生不满情绪。

分析：

该案例体现了性格特质、倾听技巧对沟通的影响。成员 A 的打断行为违反了"避免打断"原则，成员 B 的沉默反映了被动沟通风格。建议通过"专注倾听"和"积极回应"技巧改善互动，明确轮流发言规则，促进平等参与。

◎ **案例二：**

跨文化沟通误解

中国学生与美国教授交流研究计划时，因过度谦虚（如"我的研究还不成熟"）被美方误解为缺乏自信，导致合作意向降低。

分析：

文化背景差异导致非语言信息解码偏差。中国文化中的谦逊表达在美方语境中被解读为能力不足。建议加强对不同文化沟通习惯的认知，使用"清晰表达"技巧直接陈述成果，同时通过"非语言配合"（如适度眼神交流）增强可信度。

◎ 案例三：

冲突化解策略应用

某宿舍因作息时间冲突引发矛盾：成员 C 习惯早睡，成员 D 常熬夜学习。双方多次争吵后，采用"合作策略"共同制定弹性作息表，约定 23：00 后使用耳塞和台灯，周末可灵活调整。

分析：

目标不一致引发的冲突通过合作策略实现双赢。双方通过明确共同目标（维持和谐生活环境），协商出兼顾双方需求的解决方案，体现了冲突化解中"合作策略"的有效性。

◎ 案例四：

 合作中的冲突及化解策略

第八节　实践训练

◎ 训练一：

倾听能力强化

情境模拟：学生两人一组，一人描述近期经历的压力事件，另一人运用"专注倾听""积极回应""理解共情"技巧进行反馈。结束后互换角色，并填写《倾听效果自评表》，评估是否准确捕捉对方情绪与需求。

评估标准：倾听者能否通过复述确认理解（如："你感到压力大是因为考试和社团活动冲突？"），是否使用肢体语言（如点头、眼神接触）表达关注，能否共情（如："我能理解这种分身乏术的感觉"）。

◎ 训练二：

结构化表达训练

任务设计：以"人工智能对教育的影响"为主题，学生撰写 3 分钟演讲稿，要求运用"组织语言""逻辑清晰""简洁明了"技巧。演讲后由教师和同学根据《表达能力评分表》从信息完整性、逻辑连贯性、语言简洁度三方面评分。

评分表示例见表 3.1 所示：

表 3.1　　　　　　　　　　　　　　评分标准表

维度	标　准	分值
信息完整性	涵盖正反两面观点，论据充分	1~5

维度	标　　准	分值
逻辑连贯性	有明确论点—论据—结论结构	1~5
语言简洁度	无冗余词汇，句子结构清晰	1~5

◎ 训练三：

冲突化解角色扮演

场景设定：模拟职场中因项目优先级争议引发的冲突。学生分组扮演部门经理与下属的角色，下属因同时承担两项紧急任务提出资源支持需求，经理需协调资源分配。

流程：

小组讨论冲突背景与角色立场；

进行角色扮演，尝试运用"合作策略"协商解决方案；

全体复盘，分析策略有效性及改进方向。

进阶要求：增加"噪音干扰"（如模拟电话铃声、同事插话），锻炼在复杂环境中保持沟通效果的能力。

第四章　新媒体沟通基础与实践

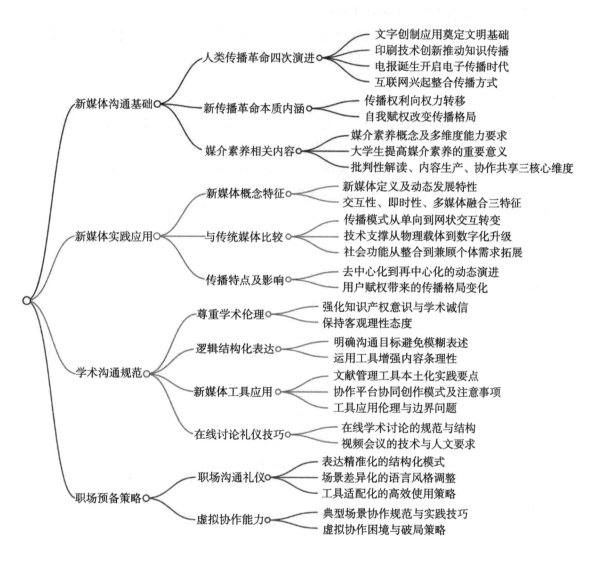

在人类文明的长河中，信息的传递与保存一直是推动社会进步的关键因素。从最初的口头传播方式，人们通过故事和传说来分享知识和经验，到文字的发明，使得信息能够跨越时间和空间的限制，被记录和传承下来，再到现代的数字技术，每一次技术的革新都深刻地影响了人类的生活方式和思维模式。如今，我们生活在一个信息爆炸的时代，互联网和各种数字设备让信息的获取、处理和传播变得前所未有地便捷和迅速，这不仅极大地提高了社会的效率，也不断塑造着我们的世界观和价值观。

一、人类社会传播革命的四次重大演进

（1）文字的创制与应用：在人类历史的演进过程中，先祖们通过不断的实践和探索，积累了丰富的经验和知识。这些宝贵的知识和经验，通过文字的创制与应用，得以转化为后世的知识传承，为人类文明的进步奠定了坚实的基础。

（2）印刷技术的创新：随着印刷技术的创新，印刷媒介的大规模复制能力得以实现，这不仅极大地提高了知识传播的效率，也颠覆了知识的专有性。人们可以通过印刷品轻松获取各种知识，这在很大程度上推动了社会的进步和文明的发展。

（3）电报技术的诞生：电报技术的诞生，标志着模拟电子传播技术与媒介的引入。这种技术突破了传统物质传播的局限，使得信息的传递速度大大加快，为人类社会的信息交流带来了革命性的变化，也标志着电子时代的到来。

（4）互联网技术的普及及新媒体的兴起：随着互联网技术的普及及新媒体的兴起，实现了多种传播方式的数字化整合。这不仅极大地提高了信息传播的效率，也导致了传播权力结构的根本性变革。人们可以通过互联网获取各种信息，这在很大程度上推动了社会的开放和民主化。

二、新传播革命的本质内涵

新传播革命实现的本质内涵，实际上体现在从传播权利（right）向传播权力（power）的转移，这一过程深刻地体现了"自我赋权"的核心理念。通过这一革命性的转变，个体或集体得以增强自身的能力，从而实现从被动接受信息到主动参与传播过程的转变。

"自我赋权"这一概念，涉及个体或集体通过增强自身能力，实现从被动接受信息到主动参与传播过程的转变。它强调的是通过教育、技术和社会参与等手段，使人们能够掌握传播工具，从而在信息传播中拥有更大的话语权和影响力。这种转变不仅关乎个人能力的提升，也关乎社会结构的变革，使得原本可能被边缘化的群体能够通过有效的传播手段，参与到更广泛的社会对话中，从而实现自身利益的表达和维护。通过自我赋权，人们能够更加积极地参与到社会信息的创造和传播中，不再仅仅是信息的消费者，而是成为信息的生产者和传播者，这在很大程度上改变了信息传播的格局和力量对比。

三、网络与新媒体时代的媒介素养

1. 媒介素养的概念
网络与新媒体时代的媒介素养是指个人在数字化环境中获取、分析、评估、创建和传播信息的能力。这一素养不仅涵盖了对各种媒介形式（如文字、图片、音频、视频等）的

理解和使用，还包括了对媒介内容的批判性思考和深度解析。在这一时代背景下，媒介素养还涉及对网络隐私、版权、网络安全等复杂议题的认识和应对策略。

具体而言，媒介素养要求个体能够熟练地运用搜索引擎、社交媒体、在线学习平台等工具，高效地获取所需信息。同时，个体还需具备辨别信息真伪、评估信息来源可靠性的能力，避免被虚假信息误导。在内容创作方面，媒介素养强调原创性和创新性，鼓励个人利用新媒体平台表达观点、分享知识。

此外，媒介素养还要求个体对网络环境中的伦理和法律问题有所了解，如保护个人隐私、尊重他人版权、防范网络诈骗等。具备高媒介素养的个体不仅能够有效地利用新媒体工具进行沟通、学习和创新，还能在面对网络欺凌、信息过载等挑战时，保持理性和冷静，采取合理的应对措施。

总的来说，网络与新媒体时代的媒介素养是一个多维度的能力体系，它不仅关乎信息处理技能的提升，更涉及个体在数字化社会中的综合素质培养。通过不断提升媒介素养，个人能够在信息爆炸的时代中游刃有余，更好地适应和融入新媒体环境。

2. 提高媒介素养的重要性

在当今信息爆炸的时代，媒介素养对于大学生来说显得尤为重要。媒介素养是指人们获取、分析、评估和传播各种媒介信息的能力。对于大学生而言，提高媒介素养不仅有助于他们更好地适应社会，还能提升他们的批判性思维和独立判断能力。

首先，大学生作为社会的中坚力量，需要具备从海量信息中筛选、分析和利用有效信息的能力。在互联网、社交媒体和各种媒体平台上，充斥着大量的信息，其中不乏虚假、误导性信息。具备高媒介素养的大学生能够辨别信息的真伪，避免被错误信息误导，从而作出更明智的决策。其次，媒介素养能够帮助大学生培养批判性思维。在面对各种媒介信息时，他们能够进行独立思考，不盲目接受，而是通过分析和评估来形成自己的见解。这种能力对于学术研究和日常生活中作出理性判断至关重要。再次，媒介素养有助于大学生提升沟通和表达能力。在数字化时代，各种媒介平台成为人们交流和表达观点的重要渠道。具备高媒介素养的大学生能够更有效地利用这些平台，清晰、准确地表达自己的思想和观点，同时也能更好地理解他人的信息。此外，媒介素养对于大学生的职业发展同样重要。许多行业都需要员工具备良好的信息处理能力，能够从各种媒介渠道中获取有价值的信息，并将其转化为工作成果。因此，大学生在校期间提高媒介素养，将有助于他们毕业后更快地适应职场环境。最后，媒介素养还与个人的道德和社会责任感息息相关。在传播信息时，具备高媒介素养的大学生会更加注重信息的真实性和对他人的影响，避免传播虚假和有害信息，从而维护良好的网络环境和社会秩序。

综上所述，大学生提高媒介素养对于个人发展、社会进步和职业成功都具有深远的意义。因此，高校和社会应共同努力，为大学生提供媒介素养教育，帮助他们成为信息时代的合格公民。

3. 媒介素养的核心维度

（1）批判性解读：解码媒介信息的核心能力。批判性解读是媒介素养的认知基石，指受众对媒介信息进行系统性分析与价值判断的能力。在信息爆炸时代，这种能力要求受众突破表层理解，运用"5W分析法"（Who-What-When-Where-Why）① 解构信息生产链。例如，面对社交媒体中的健康类短视频，需考察发布者的专业资质、数据来源的可信度、内容是否存在商业植入等要素。研究发现，具备批判性思维的受众能识别63%以上的隐蔽广告，其信息误判率降低40%。这种能力培养需结合符号学理论与意识形态分析，理解媒介如何通过镜头语言、叙事框架建构"拟态环境"②，进而形成对社会现实的特定表征。

（2）内容生产：从消费者到产消者的范式转换。数字技术赋权使每个个体都成为潜在的内容生产者，但专业化的内容生产素养包含技术、伦理、法律三维度。技术层面需掌握跨平台创作工具（如Adobe系列、WPS）、多模态叙事技巧（图文混排、交互设计）；伦理维度涉及原创性标准、隐私保护红线、文化敏感度把控；法律边界则涵盖知识产权法规、网络传播条例等。这种能力转型要求建立"创作—传播—反馈"的完整认知闭环，理解算法推荐机制与内容可见性的关联规律。

（3）协作共享：网络化社会的参与文化构建。协作共享能力重构了传统的传播权力结构，体现在三个层面：技术协作（如百度百科的协同编辑）、文化共建（粉丝社群的二次创作）、社会动员（网络公益项目的分布式参与）。这种能力培养需掌握数字协作工具（钉钉、飞书等）、理解知识共享协议（CC授权体系）、建立网络公民意识。麻省理工学院新媒体实验室的实证研究表明，具有协作素养的群体在解决复杂问题时效率提升35%，其构建的关系网络具有更强的信息抗脆弱性。但需警惕"回音室效应"③，强调在共享过程中保持文化多样性尊重，建立基于事实核查的对话机制，使协作网络成为知识增值而非信息衰减的场域。

这三个维度构成媒介素养的"认知—实践—参与"循环体系，在Web3.0时代呈现出更强的耦合性。培养路径需整合认知心理学、传播学、计算机科学的多学科视角，建立从信息解码到价值创造的完整能力链条，最终塑造具有数字时代公民意识的媒介使用者。

---

① 5W分析法的学术根源来自传播学奠基人哈罗德·拉斯韦尔（Harold D. Lasswell）于1948年发表的经典论文《传播在社会中的结构与功能》（The Structure and Function of Communication in Society）。该论文首次提出传播过程的五要素模型，即著名的"拉斯韦尔模式"（Lasswell's Model），构成传播学研究的核心范式。

② 拟态环境（pseudo-environment）概念由美国著名新闻评论家、政治学家沃尔特·李普曼（Walter Lippmann）在其经典著作《舆论》（Public Opinion，1922年）中首次提出。该书被认为是传播学领域的奠基之作，李普曼通过这一概念揭示了媒介如何塑造人们对世界的认知。

③ 回音室效应（echo chamber effect）指在信息传播过程中，个体或群体因长期接触与自身观点一致的信息，排斥不同意见，导致原有认知被不断强化、极端化的现象。这种现象使多元声音被过滤，形成封闭的"信息同温层"，类似声音在封闭空间内反复回荡、无法扩散。

第一节 新媒体的基础概念

一、新媒体的定义与特征

1. 定义

新媒体是伴随着互联网发展，以数字技术、计算机网络技术、移动通信技术为主要支撑、以交互性、即时性与多媒体融合为主要特征的一系列新媒体形态。

值得注意的是，"新媒体"中的"新"是一个相对的概念——每一次传播技术的变革都会催生所谓的"新媒体"。这个词语本身并不是一个固定不变的标签，而是随着时间的推移和科技的进步而不断演变的。从早期的印刷术到后来的广播、电视，再到如今的互联网和社交媒体，每一次媒介的革新都深刻地改变了信息的传播方式和人们接收信息的习惯。新媒体的出现，不仅意味着技术的更新换代，更预示着社会沟通模式的转变和文化形态的重塑。因此，当我们谈论新媒体时，我们实际上是在讨论一个动态发展的过程，一个不断被新技术和新思想所刷新的领域。

2. 特征

（1）交互性：新媒体是指依托数字技术与互联网平台，能够实现信息传播与互动的现代化媒介形式。与传统报纸、广播、电视等单向传递信息的媒体不同，新媒体的核心在于其打破了传受双方的界限，使信息传递从"一对多"的单向模式转变为"多对多"的网状结构。例如，当用户在社交媒体发布动态时，不仅能收到好友的点赞评论，还可能通过算法推荐被更多陌生人看到，这种双向甚至多向的信息流动构成了新媒体区别于传统媒体的显著特征。

（2）即时性：这是新媒体区别于传统媒体的核心特征之一。在 5G 通信与边缘计算技术的支持下，信息从生成到传播的时间差已缩短至秒级甚至毫秒级。以 2024 年全球气候大会为例，现场代表的发言内容通过同声传译系统实时转化为多语种文字，并同步推送到全球用户的移动终端，这种"零时差"传播改变了人类获取信息的时间认知。从突发新闻的实时更新到电商平台的限时抢购，即时性已渗透到社会生活的各个领域，形成了"事件发生即被知晓"的新型传播生态。

（3）多媒体融合：为新媒体赋予了立体的信息表达能力。通过将文字、图像、音频、视频等多种媒介形式整合于同一平台，新媒体创造出更具沉浸感的传播体验。以在线教育课程为例，教师可以通过动态课件演示理论模型，配合实验视频展示操作过程，同时利用弹幕功能与学生即时互动，这种多维度的信息呈现方式显著提升了知识传递的效率。在商业领域，品牌通过短视频广告结合 AR 试妆技术，让消费者在观看的同时即可体验产品效果，体现了多媒体融合在增强用户参与感方面的重要价值。

二、新媒体与传统媒体的比较分析

新媒体与传统媒体在信息传播领域各有特点，二者的差异主要体现在传播模式、技术支撑和社会功能这三个方面。传统媒体以报纸、广播、电视为代表，采用的是"点对面"的单向传播模式，信息从专业机构集中生产后，统一向受众进行分发。而新媒体借助互联网和数字技术，构建了"网状交互"的传播体系。以微博上的热点话题为例，普通网民可以通过转发和评论参与到公共事件的讨论中，专业媒体、意见领袖和普通用户共同推动了信息的多向流动。这种传播模式的转变，不仅改变了信息的生产和传播方式，也重新定义了传播权力的分配。

从技术支撑来看，传统媒体和新媒体有着本质的区别。传统媒体依赖物理载体进行信息传递，比如报纸依靠纸张，电视依赖信号发射塔，这使得其信息传播在时间和空间上都受到一定的限制。以每日发行的报纸为例，它的内容必须在前一天晚上完成编辑和印刷。而新媒体以数字化为核心，实现了信息的即时传输和存储。例如，2024 年东京奥运会期间，赛事直播通过 5G 网络实时传输到全球观众的移动终端，同时，赛事的精彩片段还能通过短视频平台进行二次创作和传播。云计算和大数据技术的应用，更是让新媒体能够根据用户的兴趣和行为进行个性化内容推送，这是传统媒体难以做到的。

新媒体和传统媒体在社会功能上也存在显著差异。传统媒体具有较强的社会整合功能，它通过权威性的内容输出，引导社会舆论，凝聚社会共识。例如，《人民日报》的社论常常对国家的重大政策进行解读和宣传。而新媒体则更注重满足个体的需求，它为用户提供了多元化的信息获取渠道和表达平台。以微信公众号为例，用户可以根据自己的兴趣订阅不同的内容，同时也可以通过评论和留言表达自己的观点。在突发事件的报道中，新媒体能够在第一时间传递现场信息，而传统媒体则可以通过深度调查和分析，为公众提供更全面、更深入的信息。这种功能上的互补，使得两种媒体在现代社会中都发挥着重要的作用。

新媒体和传统媒体并非相互取代的关系，而是在竞争与融合中共同推动着社会的发展。传统媒体可以借助新媒体的技术和平台，扩大自己的影响力；新媒体也可以借鉴传统媒体的专业经验和权威性，提升自己的内容质量。在未来的发展中，两者将进一步融合，为社会提供更加优质、高效的信息服务。

三、新媒体时代信息传播的"去中心化"与"用户赋权"

1. "去中心化"到"再中心化"

新媒体时代的信息传播呈现出从"去中心化"到"再中心化"的动态演进特征。这种转变既体现了技术革命对传播生态的重塑，也反映了社会系统在开放与秩序之间的平衡需求。早期的新媒体以打破传统媒体垄断为显著特征，社交媒体平台的普及使普通用户获得了内容生产与传播的自主权。例如，2023 年某城市暴雨灾害中，市民通过短视频平台实时发布现场救援画面，形成了与官方媒体互为补充的信息传播网络。这种去中心化为社会带来了更丰富的信息维度，但也导致了信息过载与可信度危机。

随着技术迭代与平台竞争的加剧，信息传播逐渐呈现再中心化趋势。算法推荐机制通过分析用户行为数据，将海量信息过滤为个性化内容流，客观上强化了某些传播节点的影响力。以2024年全球大选期间的社交媒体传播为例，少数政治评论类账号通过精准的内容策划与算法适配，获得了远超普通用户的流量关注。这种再中心化并非简单的权力回归，而是技术逻辑与市场逻辑共同作用的结果，既提高了信息匹配效率，也可能导致信息茧房①效应。

去中心化与再中心化的辩证运动构成了新媒体传播的双重逻辑。前者体现了技术民主带来的传播平权，后者则反映了系统自组织过程中的秩序重构。在短视频平台中，普通用户发布的内容可能通过算法推荐成为爆款，而头部账号也可能因用户偏好变化而迅速过气。这种动态平衡既保障了传播生态的多样性，又避免了完全无序带来的效率损耗。未来随着人工智能与区块链技术的发展，信息传播的中心化程度可能会呈现新的演变形态，但传播权力的分散与聚合仍将是贯穿始终的核心矛盾。

2. 用户赋权

新媒体时代的用户赋权体现为技术发展带来的传播权力再分配。传统媒体时代，信息生产与传播的主导权集中于专业机构，普通公众主要扮演被动接收者角色。随着互联网尤其是社交媒体的普及，用户借助智能终端与内容平台获得了前所未有的传播自主性。例如，抖音、B站等平台允许用户自主创作短视频并直接面向全球受众传播，这种"去中心化"的传播模式打破了专业机构对内容生产的垄断，形成了"人人皆可发声"的传播新格局。

用户赋权在信息传播中表现为三重维度的扩展。首先是内容生产的自主化，用户通过图文、音视频等形式表达观点，形成UGC（用户生成内容）的重要组成部分。其次是传播渠道的多元化，社交平台、直播工具、自媒体账号等为用户提供了直接触达受众的通道。再者是互动参与的即时化，用户不仅能通过点赞、评论等方式反馈，还可通过弹幕、投票等功能深度介入内容创作。2024年巴黎时装周期间，某素人博主通过现场直播与百万观众实时互动，其发布的穿搭视频甚至影响了品牌的设计走向，展现了用户赋权在商业领域的实践价值。

用户赋权在推动传播民主化的同时，也带来了新的社会挑战。一方面，信息生产门槛的降低导致内容质量参差不齐，虚假信息与情绪化表达的传播风险加剧；另一方面，算法推荐机制在满足用户个性化需求的同时，可能强化信息茧房效应。因此，用户赋权并非简单的技术赋能，而是需要建立与之相适应的责任体系。这既要求平台完善内容审核机制，

---

① "信息茧房"（information cocoons）是指个体在信息获取过程中，因个人兴趣偏好或算法过滤机制，主动或被动地将自身局限于特定类型的信息环境中，导致认知视野逐渐狭窄的现象。其核心在于信息的个性化筛选使人们接触的观点趋向单一化，可能加剧偏见固化与群体极化。该概念由美国法学家、学者凯斯·桑斯坦在2006年出版的《信息乌托邦：众人如何生产知识》一书中首次提出。

也需要用户提升媒介素养，在享受传播权利的同时承担起信息甄别的义务，共同构建健康有序的数字传播生态。

第二节 新媒体环境下的学术沟通规范

一、尊重学术伦理

1. 知识产权意识与学术诚信

在学术研究和讨论中，知识产权意识和学术诚信是至关重要的原则。引用他人的观点或成果时，我们必须明确标注来源，以避免抄袭或剽窃。这不仅是对原作者的尊重，也是维护学术诚信的基本要求。同时，我们应坚决反对伪造数据和传播未经证实的信息，确保研究的真实性和可靠性。

2. 客观理性

此外，保持客观理性也是学术讨论中不可或缺的。我们应避免情绪化的表达，以事实和数据为依据展开讨论。这种严谨的态度有助于推动学术进步，促进知识的积累和发展。通过遵循这些原则，我们能够建立一个健康、公正的学术环境。

二、逻辑与结构化表达

1. 明确沟通目标

在进行沟通时，首先需要明确自己的沟通目标。这可以是提出问题、寻求合作机会，或者提供反馈。明确的沟通目标有助于确保信息传达的准确性和效率。避免使用模糊不清的表述，这样可以减少误解和沟通障碍，使对话更加顺畅。

2. 使用分点、标题等工具增强内容条理性

为了提高沟通内容的条理性，可以采用分点、标题等工具。通过分点列举，可以清晰地展示信息的各个部分，使读者更容易理解和记忆。使用标题则可以帮助读者快速把握段落或章节的主题，从而更快地找到他们感兴趣或需要的信息。这些工具的使用有助于提升沟通的清晰度和有效性。

三、学术写作中的新媒体工具应用

1. 文献管理工具的本土化实践

国内主流工具如 NoteExpress、CNKI 研学等，可实现文献采集、分类与引用自动化。例如 NoteExpress 支持从 CNKI、万方等数据库批量导入文献，自动生成 GB/T 7714 标准参考文献；CNKI 研学平台提供云端笔记、主题聚类等功能，帮助学生构建系统化知识图谱。使用时需注意：

（1）手动核查工具生成的引用格式，避免"格式陷阱"；

（2）建立"个人文献库—专题标签—精读批注"三级管理体系，提升文献利用率。

2. 协作平台的协同创作模式

针对小组论文、课题研究等场景，推荐使用 WPS 协作、腾讯文档、飞书多维表格等工具。例如：通过腾讯文档的"建议模式"可实现非破坏性修改，结合 @ 提醒功能确保沟通效率；飞书多维表格支持文献库、写作进度看板等模块化设计，适合复杂项目管理。需遵循"工具为思想服务"原则：

（1）重要修改通过"批注 + 邮件确认"双轨制；

（2）每周召开 15 分钟线上同步会，避免协作平台沦为"信息孤岛"。

3. 工具应用的伦理与边界

警惕技术依赖导致的学术异化：

（1）文献综述不可直接复制工具生成的摘要，需深度精读原文；

（2）协作中禁止"隐身潜水"，需明确标注贡献度；

（3）优先选择教育部教育信息化推荐工具（如超星学习通协作空间），规避数据安全风险。建议建立"工具能力成长档案"，通过完成课程论文、大创项目等任务，逐步掌握 NoteExpress 文献管理→WPS 协同写作→维普论文检测的全流程工具链。

四、在线学术讨论的礼仪与技巧

1. 在线学术讨论

在参与在线学术讨论时，应恪守"先思考再发言"的原则。撰写帖子时，建议采用"背景—观点—证据—提问"的四段式结构，例如，帖子标题应清晰地表明主题（例如："数字经济"平台算法对就业的影响，李华）。在正文部分，应引用《中国互联网发展报告 2024》等权威资料来支持你的观点，并在帖子末尾提出一个开放性问题以促进讨论的深入。在回复其他人的帖子时，应针对性地引用原文（例如 @ 王五），并使用"肯定—补充—建议"的逻辑顺序，同时避免带有情绪化的言辞。

2. 视频会议

在视频会议的背景下，技术规范与人文关怀的平衡至关重要。会议前，应利用腾讯会议等视频会议平台进行设备调试和虚拟背景的设置，确保出镜环境的整洁性；会议期间，应严格遵循"举手发言"规则，并利用飞书妙记等工具实时记录会议纪要，同时在发言时保持与镜头的对视，并控制发言时长。若遇到网络卡顿等突发状况，可以通过文字总结核心观点，或利用超星学习通讨论区同步补充相关材料。

针对常见沟通困境，建议采用"工具 + 制度"双轨策略：在论坛推行"发言贡献值"可视化榜单，在会议中实施"轮流主持制"；跨文化交流时使用"能否请您说明……"等委婉句式，避免网络梗表述；同时借助学习通"讨论区置顶"功能聚焦核心议题，通过虚拟背景、举手统计等工具提升专业性。最终通过模拟辩论、会议策划等实践，培养兼具技术素养与人文精神的在线学术沟通能力。

第三节 新媒体环境下的职场预备

在当前数字经济与职业教育深度结合的背景下，新媒体环境已经逐渐演变成为职场沟通的核心载体，这一现象在各个行业和领域中都得到了广泛的认可和应用。随着技术的不断进步，数字化工具和平台如社交媒体、即时通信软件以及在线协作工具等，已经成为日常工作中不可或缺的一部分。它们不仅提高了工作效率，还促进了信息的快速流通和知识的共享。在这样的新媒体环境中，无论是远程团队的协作，还是个人品牌建设，都显得更加便捷和高效。企业和教育机构也逐渐认识到，掌握新媒体技能对于职场竞争力的重要性。

一、职场沟通基本礼仪

职场沟通礼仪以"专业、尊重、高效"为核心理念，旨在通过规范化表达建立职业信任关系。在新媒体环境下，需遵循"三化"原则：

1. 表达精准化

为了实现表达的精准化，建议采用一种结构化的表述方式，即"结论先行—数据支撑—建议方案"的模式。这种模式首先明确地提出结论，然后用具体的数据来支撑这一结论，并在此基础上提出相应的建议方案。例如，可以这样表述："根据最新的数据分析，本季度我们的用户满意度有了显著的提升，具体增长了12%。这一积极变化主要得益于我们实施的××优化措施。鉴于此，建议我们继续推广并深化这些优化措施，以保持并进一步提升用户满意度。"

2. 场景差异化：

在不同的沟通场景中，我们需要采取不同的语言风格以适应环境，确保信息的准确传达和交流的顺畅。首先，在正式的场合，比如撰写电子邮件时，我们应该使用规范、严谨的语言，确保每一个字词都经过仔细斟酌，以体现专业性和尊重。其次，在半正式的沟通环境中，例如在钉钉工作群中交流时，我们可以采用稍微轻松一些的语气，但仍然需要保持一定的正式度，以便于团队成员之间的有效协作和信息共享。最后，在非正式的场合，如微信私信交流时，我们可以使用更加随意和个性化的语言风格，这样可以拉近与对方的距离，营造轻松的沟通氛围。

3. 工具适配化

在当前高速发展的商业环境中，沟通效率的提升对于团队协作的成效具有决定性作用。工具的优化使用策略能够显著提高工作效率。以腾讯会议中的"举手统计"功能为例，该功能允许会议参与者通过简单的操作来表达自己的意见或需求，从而使得会议讨论更加有序和高效。此外，飞书平台提供的"消息已读"功能，可以帮助团队成员了解信息传递的状态，确保每个人都能够及时接收到重要通知和更新，从而避免了信息滞后所带来的沟通障碍。通过这些功能的优化使用，团队成员可以更加专注于工作本身，而不是在沟通上耗费过多的时间和精力。

二、虚拟协作能力培养

在当前网络新媒体环境下，虚拟协作能力的培育对于职场人员而言具有至关重要的意义。随着远程工作和跨地域团队合作的日益普及，员工需要在缺乏物理接触的条件下与同事、客户及合作伙伴进行高效沟通与协作。虚拟协作能力涵盖了运用多种在线工具和平台进行项目管理、信息共享、实时沟通及团队协调的能力。

首先，虚拟协作能力的培育有助于消除地理界限，实现团队成员的无缝对接，无论他们身处何地。这种能力使得企业能够吸引和利用全球人才，从而提升团队的多样性和创新能力。其次，它能够提升工作效率，因为团队成员可以摆脱传统工作时间的限制，灵活安排工作与休息时间，实现全天候的工作流程。

其次，虚拟协作能力的培育还意味着员工能够更有效地管理自己的时间和任务，增强个人的自我驱动和责任感。在新媒体环境中，信息更新迅速，能够迅速适应并利用这些信息进行有效协作，对于保持竞争力至关重要。

最后，随着技术的持续进步，虚拟协作工具也在不断更新换代，培育这种能力有助于员工持续学习和适应新技术，保持个人技能的前沿性。因此，职场人员必须重视虚拟协作能力的培育，以适应不断变化的工作环境，实现个人职业发展和企业目标的双重成功。

1. 典型场景的协作规范与实践技巧

（1）跨部门项目协作：在飞书中创建"虚拟作战室"，通过"任务认领"功能明确责任边界。例如：市场部需在 3 月 15 日前提交用户画像，技术部同步提供数据接口支持。

（2）远程会议管理：使用腾讯会议"联席主持人"功能把控议程，启用"举手统计"与"字幕转写"提升参与度。国际会议采用"双轨制"沟通：英文 PPT 展示 + 中文纪要补充，关键决策需"投票 + 邮件确认"双重验证。

（3）即时通信优化：微信工作群推行"非工作时间免打扰"制度，紧急事项通过"短信 + 电话"双通道触达。使用企业微信"微盘"集中存储文件，避免"文件版本混乱"问题。

2. 虚拟协作困境与破局策略

（1）"隐身潜水"现象：建立"协作贡献值"可视化榜单，通过飞书"活跃指数"追踪参与度。设置"角色轮换制"，如每周指定不同成员担任"会议主持人"与"纪要整理员"。

（2）工具使用碎片化：制定《协作工具使用指南》，明确"飞书处理任务、腾讯文档沉淀知识、微信仅作紧急沟通"的功能分区。开展"工具马拉松"训练，要求 48 小时内仅使用指定工具完成完整项目。

（3）文化差异冲突：针对外企协作场景，采用"文化适配沟通法"：第一，邮件遵循"Directive Style"（直接表达需求）；第二，会议发言控制在 90 秒内；第三，反馈使用"Positive Sandwich"结构（肯定—建议—鼓励）。通过模拟联合国式线上谈判，训练跨文化协作能力。

第四节 案例讲解

一、学术沟通场景

◎ 案例一：

学术诚信与知识产权

1. 场景描述

某高校大一学生张某在《传播学原理》课程论文中，直接复制了知网某篇论文的核心观点（约 800 字），仅修改了部分语句顺序，并在参考文献中标注为"某学者访谈资料"。导师通过学术不端检测系统发现重复率高达 65%，要求其重写。

2. 问题分析

（1）知识产权侵权：未正确标注原文来源，构成剽窃。

（2）学术诚信缺失：故意混淆文献类型（将期刊论文伪造成访谈资料）。

（3）工具使用不当：未使用文献管理软件规范引用。

3. 解决方案

（1）建立"阅读—笔记—引用"三阶段工作流，实时标注文献来源。

（2）采用"观点重构 + 标注页码"的引用方式。

（3）学术伦理教育：通过《学术诚信承诺书》签署、抄袭案例模拟审判等活动强化认知。

◎ 案例二：

学术规范与结构化表达

1. 场景描述

在《人工智能伦理》线上论坛中，学生李某回复他人观点时写道："你的想法完全错误，AI 根本不可能替代教师！"此言论引发激烈争吵，讨论偏离"算法偏见"主题。

2. 问题分析

（1）情绪化表达：使用绝对化否定语句，缺乏学术理性。

（2）逻辑断层：未引用理论或数据支撑观点。

（3）偏离主题：未聚焦论坛预设的"技术伦理"讨论框架。

3. 解决方案

三段式回应模板：

（1）肯定合理性（例："认同您对 AI 技术局限性的关注"）。

（2）补充文献依据（例："根据《自然》杂志 2024 年研究，AI 在个性化教学场景中可提升 30% 效率……"）。

（3）提出建设性问题（例："如何平衡技术效率与人文关怀?"）。

◎ 案例三：

学术沟通礼仪与非语言表达

1. 场景描述

在"经济学前沿"线上会议中，学生王某穿着睡衣参会，发言时频繁低头看手机，导致导师误认为其态度不端。此外，王某在他人发言时多次打断，使用"你这个模型太落后了"等攻击性语言。

2. 问题分析

（1）形象管理失当：未注重虚拟空间职业形象（着装、背景杂乱）。

（2）非语言信号缺失：缺乏眼神交流（未注视镜头）、肢体语言僵硬。

（3）沟通礼仪缺失：打断他人发言、使用贬低性词汇。

3. 解决方案

（1）虚拟形象塑造：

① 设备调试：提前使用腾讯会议"虚拟背景"功能（如校园图书馆场景）；

② 肢体训练：通过手机前置摄像头练习"镜头微笑"与"点头回应"技巧。

（2）文明沟通规范：

① 发言前使用"举手"功能，每次发言注意控制时长；

② 采用"我建议……""可能需要考虑……"等委婉表达替代否定句式。

二、职场沟通场景

 新媒体环境下的职场礼仪沟通

第五节　实 践 训 练

一、学术沟通场景

题目：假如你是一名计算机科学专业的学生，正在参与一个跨学科的研究项目，团队成员包括生物学和数学专业的学生。你需要向团队成员解释一个复杂的算法，并讨论其在生物数据分析中的应用。请设计一个 10 分钟的演示，确保非计算机专业的成员也能理解。

◎ **答案示例：**

1. 明确目标

（1）沟通目的：

确保非计算机专业的团队成员理解算法的核心概念及其在生物数据分析中的应用。

（2）受众分析：

生物学和数学背景的成员可能不熟悉计算机科学术语，需简化表达。

2. 结构设计

（1）引言（1分钟）：

简要介绍算法及其在项目中的重要性。

说明演示的目标是帮助大家理解算法的基本思路和应用。

（2）核心内容（7分钟）：

What：用通俗语言描述算法的核心步骤，避免技术细节。

Why：结合生物数据分析的实际需求，解释算法为何适用。

How：通过类比（如"解谜游戏"或"拼图"）或可视化工具（如图表、流程图）帮助理解。

（3）互动与总结（2分钟）：

预留时间提问，确保理解。

总结算法的关键点及其对项目的贡献。

3. 沟通技巧

简化语言：避免使用专业术语，用日常语言解释复杂概念。

视觉辅助：使用图表、动画或流程图增强理解。

互动引导：通过提问（如"大家觉得这个步骤像什么？"）激发兴趣和增强参与感。

反馈确认：演示后主动询问"有没有不清楚的地方？"以确保信息传达。

4. 示例框架

引言：

"今天我要介绍一个算法，它能帮助我们更高效地分析生物数据。虽然它听起来复杂，但我会用简单的方式来解释。"

核心内容：

What："这个算法就像解谜游戏，通过一步步排除错误答案，最终找到正确结果。"

Why："在生物数据中，我们需要从大量信息中找到规律，这个算法能帮我们快速筛选出有用的部分。"

How："请看这张图，算法就像一条流水线，数据经过几个步骤后，最终输出我们需要的结果。"

互动与总结：

"大家有没有什么问题？或者有没有觉得哪一步不太清楚？"

"总结一下，这个算法能帮助我们更快地分析生物数据，对项目非常重要。"

5. 注意事项

（1）时间控制：确保每个部分的时间分配合理，避免超时。

（2）灵活调整：根据团队反应，适时调整讲解深度。

（3）自信表达：保持清晰、自信的语气，增强说服力。

二、职场沟通场景

题目：你是一名市场营销专业的实习生，需要向跨部门团队（包括技术、财务和设计）汇报新产品的市场推广计划。请准备一个 15 分钟的汇报，确保各部门理解并支持该计划。

◎ 答案示例：

1. 明确目标

（1）沟通目的：

让技术、财务和设计部门的成员理解市场推广计划的核心内容，并争取他们的支持。

（2）受众分析：

各部门关注点不同，需从他们的角度出发，突出计划的相关性和价值。

2. 结构设计

（1）引言（2 分钟）：

简要介绍新产品及其市场潜力。

说明推广计划的目标和重要性。

（2）核心内容（10 分钟）：

What：概述推广计划的主要策略（如广告、社交媒体、线下活动等）。

Why：结合数据或案例，说明计划如何提升产品销量和品牌影响力。

How：说明各部门的协作方式。

①技术部门：技术支持（如网站优化、数据分析工具）。

②财务部门：预算分配和投资回报分析。

③设计部门：广告素材和品牌形象设计。

（3）互动与总结（3 分钟）：

预留时间提问，解答疑问。

总结计划的关键点，并呼吁各部门支持。

3. 沟通技巧

分众化表达：

对技术部门：强调技术实现的可行性和数据支持。

对财务部门：突出成本效益和投资回报。

对设计部门：强调创意空间和品牌价值。

视觉辅助：使用 PPT、图表或案例展示，增强说服力。

互动引导：通过提问（如"技术部门觉得这个方案可行吗？"）激发参与。

反馈确认：汇报后主动询问"大家对哪部分还有疑问？"以确保理解。

4. 示例框架

引言：

"大家好，今天我要介绍新产品的市场推广计划。这个产品有巨大的市场潜力，我们的目标是让它快速占领市场。"

核心内容：

What："推广计划包括线上广告、社交媒体营销和线下活动三大策略。"

Why："根据市场调研，这些策略能帮助我们触达目标用户，预计提升销量30%。"

How：技术部门：我们需要优化网站性能，并开发数据分析工具来跟踪推广效果。财务部门：这是预算分配表，预计投资回报率为20%。设计部门：我们需要设计一系列广告素材，确保品牌形象一致。"

互动与总结：

"大家有没有什么问题？或者对哪部分有建议？""总结一下，这个计划需要大家的支持，我们一起努力，让新产品成功上市！"

5. 注意事项

（1）时间控制：确保每个部分的时间分配合理，避免超时。

（2）灵活调整：根据各部门的反应，适时调整讲解重点。

（3）自信表达：保持清晰、自信的语气，增强说服力。

第五章　网络新媒体中的沟通伦理与未来趋势

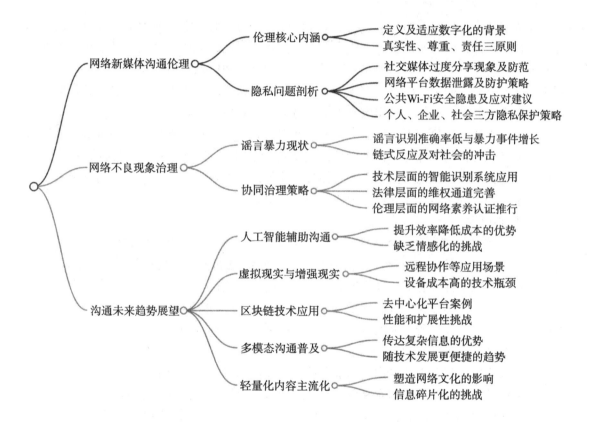

数字技术的革命性发展使人类步入"数字化生存"时代。社交媒体、短视频平台、即时通讯工具等网络新媒体，正以前所未有的广度和深度重构人际交往模式与社会关系网络。这种重构不仅体现为信息传播效率的几何级提升，更在于沟通主体身份、话语权力结构和价值判断标准的深层变革。当点赞替代握手、表情包消解修辞、算法推荐塑造认知时，传统伦理框架在虚拟与现实交织的场域中面临解构与重构的双重挑战。

当前，网络新媒体中的伦理困境呈现出复杂面相：匿名机制助长语言暴力，信息茧房加剧群体极化，数据采集威胁隐私边界，流量逻辑异化真实表达。这些现象折射出技术赋权与伦理失序的共生关系，也揭示了数字公民在技术理性与人文价值之间的认知断裂。当法国哲学家鲍德里亚预言的"超真实"逐渐成为沟通常态，如何在虚实交融的传播生态中建立新的伦理共识，已成为数字文明演进的关键命题。

第一节 概念阐释

一、网络新媒体沟通伦理的核心内涵

1. 定义与背景

在数字技术迅猛发展的当下，网络新媒体已经成为人们日常生活中不可或缺的组成部分。从社交媒体到即时通信软件，从短视频平台到虚拟现实应用，这些工具正在深刻地改变着人们的交流方式。然而，随着交流渠道的不断拓展和信息传播速度的显著提升，一系列伦理问题也相伴而生。网络新媒体交流伦理正是在这样的背景下应运而生，其目的在于探讨在数字空间中，个体和组织应当遵循的道德规范和行为准则。

网络新媒体交流伦理不仅涵盖了传统伦理中的诚实、尊重、责任等核心价值观，还需要适应数字化时代的特殊性。例如，信息的迅速传播和匿名性可能导致道德约束的弱化，因此需要更为明确的规范来指导人们的行为。此外，数据隐私、算法偏见、网络暴力等新兴问题也成为了网络新媒体交流伦理研究的重要议题。

2. 核心原则

（1）真实性原则。真实性原则构成了网络新媒体沟通伦理的基石，在信息泛滥的时代背景下，这一点显得尤为关键。在当前时代，虚假信息的传播可能引发一系列严重的后果，包括但不限于社会恐慌、经济损失，甚至可能触发政治动荡。因此，无论是个人还是组织，在进行信息传播时，都必须确保所传播的信息内容的准确性与真实性。唯有如此，我们才能规避虚假信息所带来的负面效应，维护网络新媒体沟通的健康秩序，并确保信息传播对社会产生积极的影响。

真实性原则不仅要求信息内容的准确性，还强调信息来源的可靠性。在信息传播过程中，我们应严格核实和筛选信息来源，避免传播来自不可靠或恶意制造虚假信息的源头。同时，真实性原则还要求我们在面对不确定或模糊的信息时，保持谨慎和理性的态度，不轻易相信和传播未经证实的消息。只有这样，我们才能确保所传播的信息真实可信，为网络新媒体沟通营造一个健康的环境。

（2）尊重原则。在当今网络新媒体沟通的环境中，尊重原则显得尤为重要。它要求我们在交流互动时，必须尊重对方的人格尊严、保护个人隐私，并且尊重他人的观点和意见。这意味着，在网络交流中，我们应当避免使用任何带有侮辱性质的语言，不发表任何歧视性的言论，同时也要确保不泄露或滥用他人的个人信息。通过这样的行为准则，我们能够营造一个更加健康、文明的网络沟通环境。

文化差异：在不同的文化背景下，人们在沟通方式和礼仪上可能会有所不同。为了促进相互理解和避免不必要的冲突，我们应当尊重这些差异。例如，在亚洲某些国家，人们在交流时更倾向于间接表达，而在西方国家，直接表达则更为常见。了解并尊重这些差异，可以帮助我们在跨文化交流中更加顺畅，避免因误解而产生不必要的摩擦。

隐私保护：在社交媒体上分享他人信息之前，一定要征得对方的同意。同时，我们应避免使用技术手段侵犯他人隐私，例如进行人肉搜索或恶意监控等行为。在当今数字化时代，个人隐私保护变得尤为重要。我们应当意识到，一旦信息被公开，就可能被不法分子利用，给个人带来潜在的风险。因此，保护他人隐私不仅是法律的要求，更是我们每个人应尽的道德责任。

（3）责任原则。责任原则强调个体与组织应对自身言论及其社会影响承担相应责任。在网络新媒体环境下，言论的影响力可能被放大，因此行使言论自由的权利需更为审慎。该原则要求我们在发表任何观点或信息时，必须深思其可能产生的后果与影响，无论是对个人、群体还是整个社会。

在数字时代，信息传播的速度与范围远超传统媒体，一条简单的推文或帖子就可能引发广泛关注与讨论。因此，我们每个人都应意识到自己在网络空间中的行为同样受到道德与法律的规范，必须对自己的言论负责，避免传播虚假信息、诽谤他人或煽动仇恨。同时，组织与企业亦应承担社会责任，确保其发布内容的真实、准确，不误导公众，维护良好的网络环境。

企业责任：网络平台应当建立健全内容审核机制，以确保网络环境的健康和安全，防止不良信息的传播和扩散；企业在进行网络营销时，应当严格遵守商业伦理和相关法律法规，避免进行虚假宣传和误导消费者，以维护消费者权益和市场秩序。

个人责任：个人在发表言论时，应当深思熟虑，考虑到自己的言论可能对他人和社会造成的影响；对于自己的错误言论，应当勇于承认并及时纠正，同时向受到影响的人士或群体表达诚挚的歉意，以维护良好的社会沟通环境。

二、网络新媒体中的隐私问题

1. 社交媒体过度分享现象

在当今数字化时代，社交媒体平台为个体提供了便捷的生活分享途径，然而，过度分享个人信息可能引发隐私泄露的风险。例如，发布含有地理定位信息的照片或个人行程规划，这些内容有可能被恶意行为者所利用。人们在享受社交媒体带来的便利和乐趣的同时，往往忽视了潜在的安全隐患。过度分享不仅限于地理位置和行程信息，还包括了个人的日常动态、家庭成员信息、工作细节等敏感数据。这些信息一旦被不法分子获取，可能会导致诸如身份盗窃、网络诈骗甚至个人安全威胁等一系列严重后果。因此，用户在享受社交媒体带来的便利时，需要提高隐私保护意识，合理控制分享的内容和范围，以避免不必要的风险。

防范措施：为了减少个人信息泄露的风险，建议用户定期检查并更新社交媒体上的隐私设置，确保只有经过自己授权的朋友或联系人才能查看到个人信息。同时，用户应该避免在公开的社交媒体平台上分享那些可能包含敏感信息的内容，比如家庭住址、电话号码、身份证号等。此外，对于任何要求提供个人信息的应用程序或服务，用户都应该仔细阅读其隐私政策，并谨慎考虑是否有必要提供这些信息。

2. 网络平台数据泄露

随着网络服务的普及，个人数据被大量收集和存储，数据泄露事件也时有发生。一些大型网络平台，由于拥有庞大的用户群体和丰富的用户数据，成为黑客攻击的重点目标。一旦这些平台的数据保护措施不到位，用户的个人信息就可能被非法获取和利用。此外，部分网络平台在收集用户数据时可能存在过度采集、滥用数据等行为，这也增加了用户隐私泄露的风险。因此，网络平台需要加强数据安全管理，采取先进的技术手段和保护措施，确保用户数据的安全和隐私。同时，用户在使用网络平台时，也应注意保护自己的个人信息，避免在不安全的网络环境下进行敏感操作。

防护策略：为确保个人信息安全，必须实施一系列有效的防御措施。首先，选择具有良好信誉的网络平台进行注册和交易至关重要，因为这些平台通常具备更为严格的安全措施以保障用户隐私。其次，定期更新密码是至关重要的安全习惯，这显著降低了账户遭受非法侵入的风险。此外，启用双重认证机制，例如短信验证码或移动应用认证，可为账户安全提供额外的保护层。一旦发现个人信息泄露，应迅速采取措施，立即向相关网络安全管理机构报告，并依照其指导执行相应的补救措施。通过这些策略，可以更有效地保护个人信息免受侵害。

3. 公共 Wi-Fi 安全隐患

公共无线局域网络，通常被称为公共 Wi-Fi，为用户群体提供了一种极为便捷的互联网接入方式。这种技术的普及使得人们无论身处何地，都能够轻松连接到互联网，享受在线服务和信息交流的便利。然而，在享受这些便利的同时，我们不得不面对一个不容忽视的问题，那就是公共 Wi-Fi 的安全性问题。

在公共 Wi-Fi 环境下，由于网络的开放性和共享性，攻击者可能会利用各种技术手段，如中间人攻击（Man-In-The-Middle，MITM）等，来非法截获用户的敏感信息。这些敏感信息的范围非常广泛，可能包括用户的银行账户信息、密码、个人身份信息以及其他各种私密数据。一旦这些信息落入不法分子之手，用户的财产安全和个人隐私将面临极大的风险。

（1）风险场景：在咖啡厅、机场等公共场所使用公共 Wi-Fi 进行网上银行交易、购物等操作时，容易成为黑客攻击的目标。

（2）安全建议：尽量避免在公共 Wi-Fi 环境下进行敏感操作；使用虚拟专用网络（VPN）来加密网络连接。

4. 隐私保护策略

（1）个人层面：

①增强隐私意识：了解个人信息的重要性，增强对隐私泄露风险的警惕性。

②谨慎授权：在使用网络服务时，仔细阅读隐私政策，谨慎授权第三方应用获取个人信息。

③定期清理：定期清理浏览器缓存、社交媒体上的历史记录等，减少个人信息的留存。

（2）企业层面：

①加强数据安全：网络平台应当采取先进的安全技术，保护用户数据的安全；建立数据泄露应急预案，一旦发生数据泄露事件，能够及时采取措施进行处理。

②透明化运营：向用户明确说明个人信息的收集、使用和存储方式，保障用户的知情权和选择权。

（3）社会层面：

①完善法律法规：政府应当加强对网络隐私保护的立法，明确网络平台和用户的权利和义务；加大对侵犯隐私行为的打击力度。

②加强教育宣传：通过学校、媒体等渠道，加强对公众的网络隐私保护教育，增强全社会的隐私保护意识。

第二节 网络谣言与暴力的协同治理：数字时代的清朗空间构建

网络谣言与网络暴力已成为影响社会秩序的新型公害。相关研究显示，网络谣言识别存在显著验证度，网络暴力事件屡禁不止。典型案例表明，虚假信息在技术手段助推下可迅速引发全网传输，形成"线上煽动—线下传导—二次伤害"的链式反应，暴露出技术发展与社会治理间的失衡问题。这种现象超越了传统人际冲突的范畴，不仅对信息真实性原则构成挑战，更对社会信任体系造成冲击。

网络谣言与暴力的治理需从技术、法律、伦理三维切入。技术层面，深度伪造技术使虚假内容生产成本降至千元级，AI 生成信息传播速度比真实信息更加快速法律层面，我国虽有《民法典》第 1024 条等规范，但维权存在举证难、周期长等问题；伦理层面，较多青年网络用户存在"情绪优先于事实"的转发行为，反映出数字素养的结构性缺失。面对这种多维困境，构建协同治理体系显得尤为必要：利用智能识别系统提高谣言拦截的效率，完善快速维权通道以降低司法成本，以及推行网络素养分级认证来加强伦理自律。

在数字化浪潮席卷全球的当下，构建一个综合性的防护体系显得尤为迫切。该体系应以"技术-法律-文化"为核心，形成一个坚固的三角支撑结构。在个体层面，我们提倡建立一个"技术过滤-法律认知-伦理审查"的三重防护机制，以确保个体在数字空间的安全与责任。技术过滤机制能够有效屏蔽不良信息，法律认知则要求个体对数字环境中的法律法规有充分的了解和认识，而伦理审查则是对个体行为的道德约束，确保其在数字世界中的行为符合社会伦理标准。

在组织层面，高校、企业、行业协会等不同主体应形成治理的合力，共同推动构建一个安全、有序的数字环境。高校作为知识传播和人才培养的基地，应加强相关课程的设置，提升学生和教师的数字素养；企业作为技术创新和应用的主体，应承担起社会责任，确保其产品和服务的安全性；行业协会则应发挥行业自律的作用，制定行业标准，引导行业健康发展。

社会层面的全民行动是营造清朗文化生态的关键。这不仅需要政府的引导和政策支持，还需要每一个公民的积极参与。通过教育普及、媒体宣传、公共讨论等多种形式，提高公众对数字化挑战的认识，鼓励大家共同参与到数字环境的治理中来，形成一个全民参与、共建共享的数字文化生态。

随着 Web3.0 的兴起，未来的治理将需要探索包括分布式信任体系在内的新技术路径，以实现技术创新与伦理规制之间的平衡。每一个数字公民既是治理的对象，也是责任的承担者。只有将技术理性、法治精神和人文关怀融为一体，我们才能在虚拟空间中坚守文明的底线，共同打造一个清朗的网络生态环境。

第三节 网络新媒体沟通的未来趋势

一、人工智能辅助沟通

随着人工智能技术的持续发展，人类的交流方式正经历着深刻的变革。智能客服系统与自动回复机制等创新应用已在商业领域获得广泛应用，显著提升了交流的效率与品质。展望未来，人工智能技术预期将在人际交流中扮演更为关键的角色。例如，自然语言处理技术的进一步发展，预示着更加智能化的对话系统即将出现，这些系统将能够更加流畅、自然地与人类进行互动。此外，情感计算技术的演进将使机器更深入地理解用户的情绪状态，从而提供更加贴心和个性化的交流体验。

（1）优势：引入人工智能技术，服务行业得以实现全天候无间断的服务模式。该技术具备持续工作的能力，能够不间断地为用户提供支持。其应用显著提升了工作效率，原因在于其处理大量重复性问题的能力，从而大幅减轻了人工客服的工作压力。此外，通过人工智能的自动化处理，企业能够显著降低人力成本，因为它们减少了对大量人力的依赖，尤其是在处理标准化和例行公事性质的任务时。

（2）挑战：尽管人工智能在提升效率和降低成本方面展现出显著优势，但其亦带来了新的挑战，特别是在沟通的情感化方面。人工智能系统通常缺乏人类的情感理解和表达能力，这可能导致用户在与之交流时感到缺乏温度和人性化。因此，如何在利用人工智能提高工作效率的同时，保持沟通的人性化和情感化，成为了一个亟待解决的重要问题。这需要技术开发者和企业共同努力，通过不断优化算法和界面设计，力求在效率和情感之间找到一个平衡点。

二、虚拟现实与增强现实技术

虚拟现实（Virtual Reality，VR）与增强现实（Augmented Reality，AR）技术为用户提供了沉浸式的交流体验。通过这些先进的技术手段，人们可以享受到一种前所未有的互动方式。例如，借助 VR 会议技术，参与者能够体验到一种强烈的在场感（presence），仿佛他们真的置身于同一物理空间内进行交流，这种感觉就像是跨越了空间的界限，将人们紧密地联系在一起。而 AR 技术则能够将虚拟信息与现实世界融合，创造出一个全新的互动环境。它通过在用户的现实视野中叠加虚拟图像或信息，从而增强沟通的直观性和趣味性，使得信息传递更加生动和有效。无论是教育、娱乐还是商业领域，VR 和 AR 技术都在不断地推动着交流方式的革新，为用户带来更加丰富和多元的体验。

（1）应用场景：远程协作、在线教育、虚拟社交等领域都可能因 VR/AR 技术的发展而发生重大变革。

（2）技术瓶颈：目前 VR/AR 技术还存在设备成本高、使用不便等问题，需要进一步的技术突破。

三、区块链技术的应用

区块链技术，作为一种新兴的数字技术，它具备去中心化、不可篡改以及透明度高等特点。这些特性使得区块链技术在网络新媒体沟通领域中，有可能发挥出极其重要的作用。举例来说，通过应用区块链技术，我们可以实现更加安全可靠的信息存储和传输过程。这样一来，不仅能够保障信息的安全性，还能确保信息的真实性和完整性，从而为网络新媒体沟通提供一个更加可信的环境。

（1）案例：一些区块链项目正在尝试建立去中心化的社交媒体平台，用户可以在这些平台上拥有自己的数据所有权，避免数据被中心化平台垄断和滥用。

（2）挑战：区块链技术的性能和扩展性问题仍然是制约其广泛应用的瓶颈。

四、多模态沟通普及

多模态沟通是指将文字、语音、图像、视频等多种表达方式融合在一起，形成更加丰富和立体的沟通效果。例如，在社交媒体上，用户可以通过文字、表情符号、图片和短视频等多种方式表达自己的观点和情感。这种沟通方式不仅提高了信息的传递效率，而且能够跨越语言和文化的障碍，实现更广泛的交流。在多模态沟通中，每一种模态都承载着特定的信息和情感色彩，它们相互补充，共同构建出一个多层次的交流平台。例如，文字可以提供精确的语义信息，而图像和视频则能够传递非言语的情感和氛围，表情符号则在轻松的语境中传达微妙的情感变化。这种综合性的沟通手段在当今的数字时代变得尤为重要，它不仅丰富了人们的交流体验，还促进了信息的快速传播和理解。

（1）优势：多模态沟通可以更好地传达复杂的信息，增强沟通的趣味性和吸引力。

（2）趋势：随着 5G 技术的普及和智能设备的发展，多模态沟通将变得更加便捷和普及。

五、轻量化内容成为主流

在当今社会，随着互联网技术的飞速进步和移动设备的普及，网络新媒体已成为人们日常沟通交流的重要平台。表情包、短视频、短文字等轻量化内容形式，以其独特的魅力和便捷性，逐渐成为这一平台上的主流沟通载体。这些内容形式之所以受到广泛欢迎，主要得益于它们的制作过程简便快捷，能够在短时间内迅速制作完成；同时，它们的传播速度极快，能够在社交网络中迅速扩散，触及广泛的受众群体；此外，这些内容形式通常直观易懂，能够跨越语言和文化的障碍，使得信息的接收和理解变得更为高效。这些特点与现代人快节奏的生活方式不谋而合，满足了人们在紧张忙碌的生活中寻求快速、高效沟通的需求。因此，轻量化内容不仅丰富了网络新媒体的表达方式，也反映了当代社会沟通方式的演变趋势。

（1）文化影响：轻量化内容正在塑造新的网络文化，例如"梗文化""弹幕文化"等。

（2）挑战：轻量化内容可能导致信息的碎片化和浅薄化，如何在保证信息质量的同时满足用户对轻量化内容的需求是一个重要课题。

第四节 案例讲解

◎ 案例一：

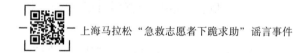 上海马拉松"急救志愿者下跪求助"谣言事件

◎ 案例二：

杭州女子取快递被造谣出轨事件：网络暴力的链式反应与司法破冰

案例背景：2020 年 7 月，杭州某小区女子吴女士在取快递时被便利店店主郎某偷拍。郎某与朋友何某编造"已婚少妇出轨快递小哥"的聊天记录，并将视频和虚构对话发至业主微信群。谣言迅速扩散至微博、抖音等平台，吴女士被贴上"荡妇""不检点"等标签。

1. 施暴手段分析

（1）影像篡改：截取正常取件视频进行恶意剪辑。

（2）对话伪造：使用 P 图软件编造暧昧聊天记录。

（3）群体煽动：在业主群制造"抓奸现场"话题引发讨论。

（4）地域攻击：将事件与"杭州少妇"标签绑定引发地域歧视。

2. 受害者影响评估

（1）心理创伤：出现抑郁症状，就医诊断为"创伤后应激障碍"。

（2）社会关系：被原单位劝退，求职遭拒 20 余次。

（3）经济损失：维权产生公证费、律师费等支出超 5 万元。

3. 治理措施分析

（1）法律追责：两名造谣者被以"诽谤罪"提起公诉（全国首例自诉转公诉案），法院判决有期徒刑 1 年，缓刑 2 年。网络平台封禁相关账号 127 个。

（2）技术防控：微信加强群组发言审核。微博上线"不实信息拦截"功能。

（3）社会支持：妇联提供法律援助，公益组织开展"网络谣言受害者援助计划"。

通过本案例的学习，我们应当构建起应对网络暴力的"三重认知"体系。首先是技术认知层面，需深入了解"深度伪造"等新型造谣技术的运作原理，掌握视频篡改、AI换脸等技术手段的识别方法，从而提升对虚假信息的辨别能力。其次是法律认知层面，要熟悉《民法典》《网络安全法》等法律法规，明确名誉权、隐私权等权利边界，掌握包括公证取证、平台投诉、司法诉讼在内的5种网络侵权救济途径，学会运用法律武器维护自身权益。

在此基础上，更需筑牢伦理认知防线。网络发言应遵循"三问"原则：信息是否真实可靠？表达是否善意理性？传播后果能否承担？每个ID背后都是真实个体，看似微小的转发可能引发蝴蝶效应。唯有将技术理性与人文关怀相结合，以法律为盾、以道德为尺，才能在虚拟空间坚守文明底线，共同营造清朗的网络生态。

◎ 案例三：

联邦快递数据泄露事件：全球化背景下的数据安全挑战

案例背景：2022年7月，国际物流巨头联邦快递（FedEx）宣布其欧洲分部遭遇数据安全事件。黑客通过伪装成供应商的钓鱼攻击，入侵了联邦快递的东欧分公司服务器，窃取了包含15万客户的敏感数据，包括姓名、联系方式、地址及包裹追踪信息。这些数据被非法转卖给竞争对手及营销公司，用于精准营销和商业间谍活动。

1. 泄密手段分析

黑客攻击分为三个阶段：

（1）渗透阶段：通过发送伪装成供应商的钓鱼邮件，诱导员工点击恶意链接或下载附件，从而获取系统访问权限。这种手段利用了员工对合法供应商的信任，风险等级较高。

（2）数据窃取阶段：入侵后，黑客利用未及时打补丁的Windows系统漏洞，快速遍历并窃取服务器中的客户数据。由于系统漏洞未被修复，数据窃取的风险等级极高。

（3）信息倒卖阶段：黑客通过加密聊天软件（如Telegram）与买家进行交易，将窃取的数据转卖给竞争对手和营销公司。尽管交易过程相对隐蔽，但仍存在被追踪的风险，风险等级为中等。

2. 影响评估矩阵

（1）个人层面：超15万客户的个人信息被泄露，导致他们频繁遭遇定向诈骗电话、垃圾邮件和营销骚扰。长期来看，这不仅侵犯了个人隐私，还可能引发心理创伤，影响客户对企业和整个物流行业的信任。

（2）企业层面：事件曝光后，联邦快递股价单日下跌4.8%，并因违反欧盟《通用数据保护条例》（GDPR）面临1.2亿欧元的罚款。此外，企业需投入5000万美元升级安全系统，以弥补漏洞并重建客户信任。长期来看，品牌声誉受损可能导致客户流失和市场份额下降。

（3）行业层面：该事件引发了全球物流行业对供应链安全的全面审查，促使企业加强数据保护措施。同时，国际标准化组织（ISO）加速更新了 ISO 27031 物流数据安全标准，推动整个行业提升数据安全水平。

3. 应对措施分析

（1）技术防御：联邦快递部署了 AI 驱动的异常行为检测系统，实时监控网络流量和用户活动，以识别潜在的攻击行为。采用零信任架构（Zero Trust Architecture），对所有访问请求进行严格验证，确保只有授权用户和设备能够访问敏感数据。实施数据访问双因素认证（2FA），进一步增强系统的安全性，防止未经授权的访问。

（2）法律追责：依据欧盟 GDPR，联邦快递被处以 1.2 亿欧元的罚款，以儆效尤。国际刑警组织成功逮捕了 3 名涉案黑客，并对其提起刑事诉讼。第三方安全审计公司因未能及时发现系统漏洞而被追责，承担相应的法律责任。

（3）社会共治：欧盟启动"数字盾牌 2023"专项行动，加强对网络安全的监管和打击力度。成立全球物流数据安全联盟（GLDSA），促进行业内企业共享安全信息和最佳实践。推出"数据安全大使"公众教育计划，提高公众对数据安全的意识和防护能力。

通过本案例学习，我们应建立应对数据安全风险的"三重防护"体系。首先是技术防护层面，需掌握数据保护的基础技能，包括个人信息防护和工作信息防护。其次是法律防护层面，要熟悉我国《网络安全法》《数据安全法》《个人信息保护法》等法律法规，明确企业数据安全义务与个人信息权利，学会运用法律武器维护权益。在此基础上，更需强化伦理防护意识，在数据收集、存储、使用全流程嵌入伦理考量。

在数字经济蓬勃发展的中国，数据安全已成为国家安全体系的重要组成部分。从移动支付到智慧物流，从政务服务到产业互联网，每个数据点都关乎公民权益与国家发展。近年来我国持续开展"清朗行动""护网行动"等专项治理，正是为了筑牢网络安全防线。作为新时代大学生，我们既要提升技术防护能力，也要增强法律意识和伦理自觉，在参与数字生活时做到"三个主动"：主动学习网络安全知识，主动防范数据泄露风险，主动举报违法违规行为，共同守护网络空间的安全与清朗，为建设网络强国贡献力量。

第五节　实　践　训　练

◎ 训练一：

沟通场景模拟

1. 任务描述

将学生分成小组，模拟以下场景的沟通策略：

场景 1：在班级群中委婉提醒同学注意作业截止时间。

场景 2：反驳网络上的不实言论，同时保持理性态度。

2. 实施步骤

分组准备：每个小组选择一个场景，讨论并制定沟通策略。

角色扮演：小组内部分别扮演不同角色，进行场景模拟。

3. 评价标准

语言表达：是否清晰、礼貌、得体。

沟通效果：是否达到了沟通目的，如提醒同学注意作业时间、有效反驳不实言论。

伦理意识：是否体现了尊重他人、责任意识等伦理原则。

◎ 训练二：

隐私保护自查

1. 任务目标

了解自己在网络新媒体环境中的隐私保护状况，制订隐私保护行动计划。

2. 实施步骤

隐私设置检查：登录自己的社交媒体账号，检查隐私设置，包括好友可见范围、地理位置分享、个人信息公开程度等。

隐私行为回顾：回顾过去一个月中在网络上的行为，列出可能暴露隐私的行为，如晒火车票、定位打卡、分享家庭照片等。

制订行动计划：根据自查结果，制订"隐私保护行动计划"，例如每周清理不必要的公开内容、限制陌生人查看个人信息等。

◎ 训练三：

信息真伪辨别工作坊

1. 活动目标

提高对网络信息真伪的辨别能力，掌握信息核实的方法和技巧。

2. 实施步骤

信息提供：教师提供若干网络信息，包括谣言、真实新闻、广告等。

分组辨别：分组对这些信息进行真伪辨别，并记录辨别理由。

◎ 训练四：

网络暴力应对策略

1. 任务描述

探讨如何应对网络暴力，保护自己和他人免受伤害。

2. 实施步骤

案例分析：教师展示网络暴力案例，引导学生分析网络暴力的成因和危害。

策略讨论：分组讨论应对网络暴力的策略，包括个人应对措施、平台责任、社会支持等。

◎ 训练五：

AI 伦理辩论工作坊

1. 任务目标

理解 AI 伦理争议中的沟通逻辑；

培养批判性思维与说服能力；

掌握多立场辩论技巧。

2. 实施步骤

议题选择（20 分钟）。

推荐辩题：

"AI 生成内容是否应承担法律责任？"

"算法歧视是否属于系统性偏见？"

3. 角色分配（30 分钟）

正方：技术中立派。

反方：伦理批判派。

媒体组：模拟新闻发布会。

4. 辩论实战（60 分钟）

5. 复盘总结（30 分钟）

撰写《AI 伦理沟通白皮书》；

分析跨专业视角差异。

第六章 职场沟通

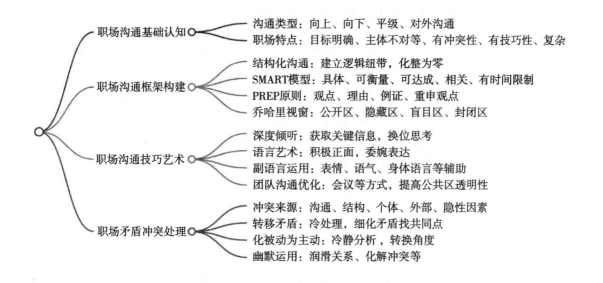

天下熙熙，皆为利来；天下攘攘，皆为利往。

——《史记》

早上8点，熙熙攘攘挤地铁上班的人群，已经成为任何一个一、二线城市靓丽的风景线。来自五湖四海、不同背景、不同个性的人，聚集在单位，每天朝九晚五，忙忙碌碌。在办公室、会议室、茶水间的方寸之间，上演着各种喜怒哀乐。据数据统计，一个人一生在单位呆的时间，远远超过陪伴家人的时间。单位的核心资产是人才，目标是实现资源调配的效益最大化。为确保各项工作有条不紊地运行，必须依靠人际沟通与协作。

第一节 职场与沟通

根据沟通对象的不同，职场沟通可分为向上的沟通、向下的沟通、平级的沟通以及对外的沟通（如与客户的沟通）。职场沟通是全方位的、多角色的，涉及业务流程的整个生命周期和方方面面，其必然也是复杂的。

◎ 案例一：

华为公司的端到端拉通

只有对上下游都进行充分的沟通，才能保证流程的畅通和持续推进。没有沟通，一个单位无法生存，更无法发展和壮大。沟通能力，是所有企事业单位对员工的基本要求之一。进入任何一个招聘网站，每一个职位的招聘要求上除了列举对于学历、技术、经验的要求外，最后往往都会加上一句："具备良好的团队合作与人际沟通能力。"

一个技术性人才能力再强，也无法一个人搞定整个项目的设计、研发和交付，他必须与客户沟通原始需求，与主管沟通个人绩效承诺，与其他技术人员沟通产品或服务的质量改进。现代职场是基于劳动的精细分工和高效合作，沟通无处不在，你只能用积极心态对待沟通，用合理的方法来促进沟通，用理性的手段处理沟通中出现的方方面面的问题。

人本主义心理学先驱、个体心理学的创始人阿尔弗雷德·阿德勒（Alfred Adler）曾经提出过一个观点：一切烦恼都是人际关系的烦恼。阿德勒指出个体没有办法脱离社会关系而存在。只要置身于社会关系之中，就会有沟通的需求。

例如，对于一个办公室主任，其职业定位是上传下达。有人形象地将这个岗位称为"各部门之间的润滑剂"，可见该岗位对于沟通与协调能力具有相当高的要求。

◎ 案例二：

51job 上某公司对于办公室主任的职位描述

办公室主任需负责以下主要职责：负责公司行政事务的管理，包括制定公司行政管理制度、公司员工福利计划等；协助公司领导处理行政事务，包括对外接待、公司网站管理等；与其他部门密切合作，确保公司各部门的协调与沟通。

职场是一个以结果为导向的地方，这里的结果不是指单纯的成功或失败。现实中，一个企业的各种产品开发、项目投标、市场决策都不可能完美，商业没有常胜将军。这里说的结果导向，是指任何职场行为和业务流程，都会有一个闭环，都会对业务的下一个节点负责。所以相比于我们日常的人际交往和人际沟通，职场沟通更加收敛、更加具体、容易量化，更加注重高效。

◎ 案例三：

小李的站立会议

在职场中，每个员工都有精准的角色定位，每个人的时间都非常宝贵。在以上这样的短小会议中，其实就是一个工作对齐的作用，与会者只要尽量客观描述工作事实，不要占用大家的时间去谈主观感受、个人情感等和项目推进无关的内容。小李作为一个刚从学校进入职场的新员工，需要进行一个角色定位的转换。

整体来讲，职场沟通具有以下特点：

1. 明确的目标性

明确的目标，最好是具体量化的目标。有具体的负责人、工作内容、时间节点。后面讲到的 SMART 沟通目标制定原则，旨在通过结构化的方法，制定具体的沟通目的。

2. 主体的不对等性

职场沟通的不对等性是普遍存在的现象，主要体现在权力、信息、表达机会等方面的差异。这种不对等可能影响团队协作、员工积极性甚至组织效率。

3. 沟通过程的矛盾冲突性

职场沟通中涉及各部门之间、个人之间的利益关系，如客户需求与产品经理的矛盾、部门内部的矛盾、个人与组织的矛盾等。有人的地方就会有矛盾，更何况是在以效益驱动为最终目标的职场。

4. 沟通的技巧性

职场沟通是否高效，取决于沟通者是否能够准确、清晰地传递信息，是否做到深度倾听，是否充分利用非语言，是否选择合适的时机，是否充分了解你的沟通对象等诸多因素。虽然复杂，但有可供学习的技巧。

5. 沟通的复杂性

职场沟通的复杂性源于多维度因素的交叉影响，它不仅涉及信息传递的准确性，还包含人际关系、权力结构、文化差异等多重挑战。

第二节 职场沟通框架

讲你又唔听，听你又唔明，明你又唔做，做你又做错，错你又唔认，认你又唔改，改你又唔服。

——香港电影《江湖》刘德华台词

新加坡总理在一次公开演讲中，使用香港电影《江湖》中刘德华先生的台词："讲你又唔听，听你又唔明，明你又唔做，做你又做错，错你又唔认，认你又唔改，改你又唔服。"这句粤语台词，生动地阐述了人与人之间沟通的难度、沟通达成一致的艰辛，以及从沟通到实践落地的差距。

从心理学的角度来看，沟通的本质是自我认知与他人认知之间的传递与映射。每个人在沟通的过程中，都会基于自我的客观认知、知识体系和行为方式进行语言的组织、信息的传递、情感的表达，每个人都有自己独立的沟通路径与沟通逻辑。

根据沟通漏斗模型（见图 6.1），实际沟通的过程中，自我认知不可能百分百映射到他人认知。信息会因为各种原因出现不同程度的减损、失真，而信息减损、失真的结果就会导致沟通双方的误解、冲突，导致沟通过程的暴力中断。

在职场中，由于每个人不同的角色定位，对于信息的关注角度、关注程度不同，在绩

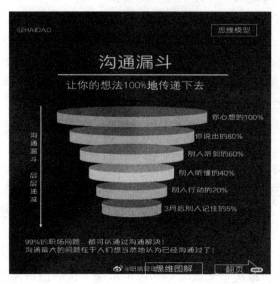

图 6.1　沟通漏斗原理

效考核中的指标评价体系不同，导致在沟通过程中每个人会强调信息的片面性，将沟通路径导向有益于自己的一面。比如一个部门主管在与基层员工沟通工作分配时，主管应该是站在项目全局和完成工作的角度来沟通，而普通员工更多地是站在自己的角度，更多地考虑工作量和绩效。

　　例如，某公司的质量部主管 A 计划针对某产品的质量问题与研发部主管 B 进行沟通，A 已经准备好了沟通的内容，但在沟通过程中，主管 B 认为该质量问题也牵扯到生产部的生产计划，于是邀请生产部主管 C 加入谈话。而 C 本身是一个性格比较急躁的人，他意识到质量问题可能会对生产流水线产生影响，于是情绪非常激动。在沟通中瞬时从被邀请者变成了绝对的主角。所以，A 精心准备的沟通内容，因为 C 的引入，完全被破坏了。

　　相比较日常的人际交往沟通，职场沟通过程中，信息失真、沟通不畅的情况会更加严重。那么如何保证沟通的有效性呢。归根结底，需要从源头上深入地分析信息是如何减损、失真的。是由于信息量太大、沟通语言的不得体、沟通过程中的情绪噪音，还是由于沟通双方的差异性？虽然每一次沟通中，真正影响信息减损、失真的原因可能不一样，但是可以用科学的方法，提炼出共性的因素，并做针对性的分析和改进，从而尽量减少沟通漏斗带来的负面影响。

　　综上所述，解决沟通中的信息、减损失真问题，核心就是针对职场沟通的特点，建立一定的沟通体系，包括沟通框架、沟通技巧、原则等，让沟通有章可循。

一、结构化沟通的意义

谈话犹如演奏竖琴：既需要拨弄琴弦奏出音乐，也需要用手按住琴弦不让其出声音。

——霍姆斯

当提到职场沟通方法和技巧的时候，很多人不以为然，认为沟通谈方法论是把简单的问题复杂化。很多人片面地认为沟通无非就是信息的传递和分享，只要使用准确得体的语言，将关键信息描述、传达就可以，不需要太多的章法与技巧。还有人认为，沟通讲究的是个人口才、个人魅力和情商，而机械死板的框架，反而束缚了沟通的顺利进行。

以上两种观点，本质上都是机械的沟通认知论，忽略了职场沟通中的动态性、矛盾性。如果沟通只是信息的传达和传递，那职场中就不会出现反复协商的业务、争论不休的会议。沟通不是即兴演讲，职场沟通是在信息传递的基础上，追求信息流的闭环，在各沟通主体之间达到一致性。沟通的整个过程是一个从无序到有序的过程，是一个熵减的有机运动过程。一个完美的沟通应该是：沟通前双方或多方各抒己见，沟通后大家交换了信息，达成一致意见。职场沟通是个复杂的过程，要全面有序地疏通信息流、业务流、情绪流，需要遵循一定的结构化框架。

美国通用汽车公司管理顾问查尔斯·吉德林认为："杂乱无章的思维，不可能产生有条有理的行动。"人类的语言、思维和情绪都是具有天然的发散性的，如果没有框架的约束，随意地发散，效率势必大大降低。

◎ 案例四：

雷军的结构化营销

小米作为一个具有核心技术的高科技公司，其销售策略、销售技巧、销售艺术被业界视为典范。雷军本人也是公司的一张名牌，他经常通过一些很接地气的粉丝互动，来提升小米品牌的影响力。

早期的雷军做技术出身，是一个不折不扣的程序员，不会做销售，也不会沟通。雷军就使用程序员的算法思维对销售流程进行包装，每一次销售时都做详尽的销售策略制定，甚至对于拜访客户穿什么颜色的西装，打什么颜色的领带，都精准而细致的提前设计，就像在调试计算机高级语言代码。

如同雷军用程序员思维做销售一样，结构化沟通让你可以从零开始构建沟通框架，逐步迭代、完善，并在沟通中发现问题、解决问题。结构化沟通就是在各个沟通环节之间建立逻辑纽带，通过理性的分析与设计，将一个复杂的沟通问题化整为零，变成一个个可以具体实施、运作的逻辑单元。

目前，学界有很多的沟通模型和方法论，具体使用哪种，取决于职场应用场景。例如，如果你沟通的目的是说服性的，希望大家认可你的提议、观点，就可以采用 PREP 模型。

二、使用 SMART 模型确定沟通目标

万事开头难，每一次职场沟通都会基于一个特定的目标，为了解决一个特定的问题。从一个单位运作的宏观角度来看，沟通的目标就是为了业务流程的有序推进，但是落实到每一个具体的沟通场景，其沟通目的有时候很难精准描述。例如，当一个人力资源主管要和一位绩效较差的员工沟通绩效时，他会制定什么样的目标呢？这次绩效沟通的完美目标应该是：该员工认可该绩效结果，意识到自己工作的不足；该员工表现出积极态度，日后将通过多方位改进优化绩效；我给出了很多改善提议，该员工积极响应。

以上是一个理想的沟通目标，实际上会尽如人意吗？在沟通之前，人事主管的头脑中可能会存在各种顾虑，如员工对于绩效结果会不会不认可并反应激烈？员工会不会投诉自己考评不公正？员工会不会表现出要离职的意愿？

基于上述考虑，完美的沟通目标势必会打折扣，最后的目标可能变成：尽量让该员工认可该绩效结果；通过具体的多方位改进，来优化绩效。

所以，每一次沟通，其终极目标应该是明确的。那么，如何确定一个精准的、可量化的目标呢，特别是在具有博弈性的商务沟通如合同谈判等，以及具有差异性的指标分配中如工作分配、绩效考核等。这些场景的沟通都会涉及方方面面的利益，完美的沟通目标是不可能轻而易举地达成，而现实的目标又很难精准量化，同时沟通中可能出现的各种矛盾冲突也无法精准预测。

职场沟通中，我们在制定目标的时候，应该充分考虑到具体性、可行性和收敛性。哪怕是再复杂的沟通场景，也要有时间限制和闭环，不要陷入无穷无尽的死循环。如以上的场景，沟通目标可以明确为通过主管提供的实际工作量、客户投诉次数等具体的数据，向员工阐述清楚他绩效低的原因；针对以上数据，深入分析改进点。

某些时候，面临工作中出现的问题，很多人会出现急躁情绪，无法对问题先做清晰的梳理，就迫不及待地开展组织与实施沟通。结果是，导致沟通中不能抓住主要矛盾，无的放矢，事倍功半。

◎ 案例五：

失败的软件项目

实际上，80%的软件项目的失败都是由于客户需求的问题。由于前期并没有完全与客户沟通到位、充分理解客户需求，导致最后将产品放在客户面前时，客户失声大叫："怎么会这样？这根本不是我要的东西。"

奇特的是，在软件项目中，其实连客户最开始都不能清晰地描述自己的需求。这就需要产品经理引导。如微信聊天软件中的文字撤销功能，客户很难在最开始就提出来。客户的原始需求就是给我开发一个聊天软件，而里面的隐含需求是需要产品经理与客户经过无数次的沟通，才能最终敲定。

问题本身应该是对客观事实的描述，但是问题在被描述的过程中，总会无意识地加入主观判断。所有沟通开始的基础一定是事实，而事实是指客观存在着的状态和数据。很多人在沟通时，会先入为主，用观点、感受代替事实。如此，客观问题甚至会变成情绪问题，接下来的沟通就不是分析问题、解决问题，而是变成了各说各话，相互推诿甚至指责。

所以，在职场中，当我们定义一个沟通问题时，应该使用客观化的描述语言，如什么时间、什么地点、发生了什么事情、该事情目前的状态等。尽量少使用我断定、我推测、我感觉等这样主观化的词语，也不要在抛出问题的时候，立刻开始追责，甚至进行人身攻击。实际上，当沟通各方能对于问题本身有清晰一致的定义时，后面的分析问题环节就会畅通很多，而各责任主体的问题就会一览无遗。为了清晰、精准地勾勒出沟通目标，我们可以借用结构化的 SMART 模型。

SMART 模型首次出现被认为是在 20 世纪 80 年代乔治·T. 多兰（George T. Doran）的书中（也有认为是管理学大师彼得·杜拉克于 1954 年首先提出）。作为一种目标设定工具，它旨在帮助管理者和团队制定清晰、可行且具有挑战性的目标。

SMART 模型在今天已经被普遍应用在管理工作中。尽管 SMART 模型的概念相对简单，但在实际应用中仍然存在诸多挑战。职场情形复杂多变，具体如何应用需要因地制宜。

SMART 是五个英文单词的首字母的缩写，分别代表：Specific（具体）、Measurable（可衡量）、Attainable（可达成）、Relevant（相关性）、Time-bound（时间限制）。每个要素都强调了在目标设定过程中应考虑的关键方面，确保目标不仅明确且可执行，还能引导团队达成理想的结果。下面依次来讲解 SMART 模型中的各个指标：

1. Specific（具体）

职场沟通应该设置具体的、可行的目标，而不应该设置一些空洞的、抽象的目标。沟通目标不应该是企业愿景、个人价值观这样宏大的内容，而应该是一个具体的任务。

2. Measurable（可衡量）

在沟通中，我们都非常反感对方说假大空的话，因为这些话语言之无物，对解决问题没有意义，对于确立目标也是如此。职场沟通中，设定的目标应该是可以评估和测量的。只有可衡量的目标，才能被追踪，才能通过持续优化来改进工作、逼近目标。

在与对方沟通具体的目标时，也要同时沟通该目标对应的指标体系、评价机制。要让对方清晰地知道：需要我干什么；如何评价我干得好不好；评价和考核机制的合理性、可行性和独立性。

比如在团队竞技比赛中，裁判员的角色相当于目标中的一个评价体系，所以教练员和球员要积极与裁判进行动态的沟通，积极了解裁判的判罚原则和尺度，甚至通过沟通，向裁判施压，从而影响比赛。

◎ 案例六：

篮球场的裁判评价机制

在高级别的篮球比赛中，教练员会临场指挥，与球员沟通每一次的进攻战术、防守策略。除了组织好进攻和防守，裁判员也是赢球的一个非常重要的因素。裁判员的吹罚习惯、吹罚尺度都会影响比赛的走向。所以，教练员除了与球员沟通外，也会经常与裁判沟通，而球员也会适时地与裁判进行互动和沟通。我们在比赛中经常看到这样的场景：当某个球员被判罚防守犯规后，他会主动找裁判沟通，将自己的想法表达出来，这样也会在一定意义上影响裁判后续的判罚，从而为自己争取一个有利的形势。

在职场沟通中，不仅是给对方提出目标，更是要与对方一起梳理出目标的量化指标和评估体系。通过沟通，与对方建立信任，并制定切实可行的目标，并使用沟通好的评价指标体系对目标达成度进行过程进程跟踪。

3. Attainable（可达成）

职场沟通中设置的具体目标必须是可行的，是符合业务现状的。在职场中，我们有可能陷入理想主义，将目标设置的过高，想借此来激励对方，挖掘员工的潜力。换位思考一下，假如你的直接主管与你沟通时，给你设定了一个不可能完成的目标，你肯定优先考虑的是如何应付，如何交差，甚至于如何规避责任，而不是积极地、主动地去寻找解决方案。

某些企业，在公司业绩出现断崖式下跌时，会采用一些比较极端的方式来淘汰员工，最常用的一个方式就是为员工设定一个几乎不可能完成的绩效目标，并且没有相应的资源配置与支撑，从而让员工知难而退，最后主动提出离职。

实际上，可行性目标与激励员工积极性并不矛盾，可以将目标进行分层，设置目标的门槛值、目标值、挑战值来激励员工挖掘潜力，这是很多企业常用的一种绩效目标设定方法。

◎ 案例七：

通过设定绩效目标级别来激发员工积极性

某高校在制定各部门的绩效目标时，将目标分为门槛值、目标值、挑战值三个级别，从而调动各部门的工作积极性，挖掘其业绩潜力和动力。

4. Relevant（相关性）

沟通中设定的目标应该与公司的战略目标、部门的发展目标和业务的交付目标是一致的。当然，对于每一个员工，个人的职业规划和职业发展会有一个清晰的目标，而这个目标应该是与组织的目标高度统一的。每个员工都应该是通过组织目标的实现来体现个人价值，同时获得个人收益。

所以，在良好的职场沟通中，应该能有机地将组织目标和个人目标有机结合。职场沟通中，不能一味地只讲组织目标，而忽略个体的发展，这样的沟通就会显得形式化。如果能从个体目标入手，充分考虑个体利益，在此基础上衍生发展出团体目标，这样的沟通就很容易获得沟通对象的信任，更加接地气。

◎ 案例八：

宫鲁鸣指导的沟通艺术

在亚洲杯篮球赛中，中国球员郭艾伦作为中国队的核心组织后卫，才华横溢，表现非常积极，他的突破能力非常出众。但是在某场比赛中，郭艾伦拿球就突破，对手有空位机会他也不传球，在对方的紧逼下还出现了很多不必要的失误。

中国国家队主教练宫鲁鸣发现问题后，及时与郭艾伦进行了沟通。这次沟通非常真诚、接地气，宫指导没有从团队精神、为国增光这些角度开展沟通，而是从运动员的职业生涯发展出发，结合运动员的发展规律，为运动员设身处地考虑而进行沟通。宫指导说："小郭啊，你拿球就突，年轻的时候可以，年纪大了可是一身伤病啊，职业生涯长不了。你多传传球，给队友创造机会，自己也能少受伤，以后去俱乐部还能拿高薪啊。你仔细想想，是不是这个道理啊。"

通过这次沟通，郭艾伦深刻认识到自己的问题，并且对于自己的运动员职业规划有了更加清晰的认识。

5. Time-bound（时间限制）

沟通目标必须包含一定的时间限制。在企业的项目运营中，任何项目交付、各个阶段，都有严格的时间限制。质量和进度是企业最重视的两个指标。客户对于产品和服务的交付有严格的进度要求，而这个进度指标分解到各个环节、各个部门，各个员工，就会导致事无巨细，任何事务都会有严格的时间节点。对于每一个沟通目标，都应该设置严格的时间节点。

比如在确定某个学习目标时，我们一定要细化，并绑定严格的时间节点。以下是某企业要开展墨西哥的业务，某部门主管对于下属设定的学习西班牙语的目标：

◎ 案例九：

使用 SMART 原则确定学习一门语言（西班牙语）的目标

S：我要通过某个在线课程学习西班牙语。

M：我要在六个月内达到能够进行基本对话的水平。

A：每天学习 1 小时，每周参加一次外语角交流活动。

R：学习西班牙语可以帮助我在工作中与西班牙语客户更好地沟通。

T：在六个月内完成初级课程，每月进行一次进度评估

三、借助 PREP 原则传递信息

PREP 模型是一种结构化的表达方法，它包括 Point（观点）、Reason（理由）、Example（实例）和 Point（重申观点）四个核心步骤。这种模型可以帮助我们构建逻辑清晰、条理分明的表达框架，使我们的观点更加易于被理解和接受。

首先，Point（观点）是表达的核心，应该简洁明了地阐述我们的主张或结论。这一步非常关键，因为它为整个表达定下了基调，也决定了听众是否能够迅速抓住我们的核心意思。

其次，Reason（理由）是支撑观点的重要依据。我们需要提供充分的理由来证明我们的观点是合理的、有说服力的。这些理由可以是事实、数据、逻辑推理等，它们能够增强观点的可信度，使听众更加信任我们的表达。

再次，Example（实例）是进一步证明观点的有效手段。通过具体的案例或故事，我们可以让观点更加生动、具体，让听众更容易产生共鸣和认同感。实例的选择应该与观点紧密相关，能够直观地展示观点的实际应用效果。

最后，Point（重申观点）是对整个表达的总结和强调。通过重申观点，我们可以加深听众的印象，确保他们真正理解和接受了我们的主张。同时，这也是一个机会，让我们根据听众的反馈进行微调，使表达更加完善。

◎ **案例十：**

产品经理的发言

虽然 PREP 模型是一个强大的沟通工具，但在实际应用中还需要注意一些技巧和细节。

首先，要注意表达的简洁明了。在使用 PREP 模型时，尽量用简洁的语言来阐述观点和理由，避免冗长的句子和复杂的词汇。这样可以使你的表达更加清晰易懂，也更容易吸引听众的注意力。

其次，要注重实例的选择和呈现。实例是支撑观点的重要依据，因此选择具有代表性、生动具体的实例非常重要。同时，在呈现实例时，要注意用简洁明了的语言进行描述，避免过多的细节和背景信息，以免分散听众的注意力。

再次，还要注意语气和语调的运用。在表达过程中，要根据内容和情境的变化来调整语气和语调，使表达更加生动有力。例如，在阐述理由时可以用肯定的语气来增强说服力；在讲述实例时可以用生动的语调来吸引听众的兴趣。

最后，要注意与听众的互动和反馈。在表达过程中，要时刻关注听众的反应和反馈，根据需要进行调整和改进。同时，也要积极与听众进行互动，鼓励他们提出问题和建议，以便更好地完善自己的表达。

掌握 PREP 模型是提升沟通能力的有效途径之一。通过构建逻辑清晰、条理分明的表达框架，可以更加自信、有力地表达自己的观点和想法。

四、利用乔哈里视窗学会引导

如果最初问用户想要什么，他们会说想要一匹更快的马，而不是汽车。

——亨利·福特（福特汽车的创始人）

乔哈里视窗是关于沟通信息论的一个非常经典的模型，是由两位心理学家乔瑟夫·勒夫（Joseph Luft）和哈里·英格拉姆（Harry Ingram）在 20 世纪 50 年代提出。在该模型中，信息被分成四个维度（见图 6.2）：

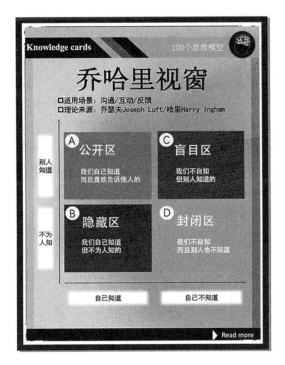

图 6.2　乔哈里视窗模型

1. 公开区

我知道的，并且乐于或者有义务分享的区域。公开区是沟通中透明的区域，是信息自由流动、交互的地方，也是沟通最容易、最顺畅的地方。一般来说，沟通中的公共区越多，沟通效果越好、沟通成本越低、沟通效率越高。试想一下，如果你非常唐突地将某个领导拉入会议，他很可能是一头雾水，会一股脑地提出很多问题。但是如果你提前将会议资料发给他，他有所准备之后再来参会，整个会议就顺畅很多。这就是因为公开区的大小即信息的透明性会很大程度地影响沟通的效率。

2. 隐藏区

我知道，但是不方便告诉别人的。隐藏区的信息可能是由于个人隐私、角色定位、业务边界等各种原因，不方便直接告诉别人。所以，基于各种各样的原因，沟通中会出现一些隐藏区。而这些隐藏区不能直接公开，但其隐秘状态又会影响沟通，这就需要一定的沟通技巧。

3. 盲目区

别人知道，自己不知道。如果沟通中存在盲目区，就会让你无的放矢，沟通偏离方向，而对方也会听得一头雾水。为了减少盲目区，应该在沟通前做好信息收集工作，保证信息的一致性，打破信息茧房。

4. 封闭区

封闭区是沟通双方都不知道的信息角落，是未开发的处女地。很多时候，封闭区是沟通的目标，通过沟通双方能挖掘出更多的潜在信息，从而提供更多客观的数据支撑，制定更加合理有效的策略。

根据乔哈里视窗理论，在沟通中，隐藏区和未知区的信息是需要沟通双方共同去引导彼此，共同去挖掘探索的地方。如果挖掘出更多的公共区，尽量减少隐藏区和未知区，则意味着信息更加透明流畅，同时也意味着沟通双方取得了更多的共识。

在沟通中，有一个"最小路径原则"，即每个人总是会说出自己最直接的需求和感受，人总是基于本能、潜意识、原始需求进行表达，很少会主动去挖掘其背后深层次的东西。特别是与客户沟通中，往往很难精准地获取客户需求。很多时候并不是客户不说，而是客户也并不完全知道自己的需求。如能明确基本功能性的需求，但很多拓展性的需求没被提出来或者不明确，就需要你进行引导。

◎ 案例十一：

产品经理的引导式沟通

某客户想让某软件公司给他开发一个即时通信的聊天软件，以下是客户与公司产品经理的对话：

客户："帮我做一个企业内部的即时通信软件，支持文字、语音、视频。"

项目经理："需要有建群的功能吗？比如某个项目组单点建一个群沟通……"

领导："对，对，考虑得很周到。"

产品经理："需要消息撤销功能吗？比如某个人不小心发了一句不合时宜的话……"

客户："对，对，很有必要。"

产品经理："需要发红包的功能吗？比如项目成功了，领导表示一下，群发红包……"

客户："很好，必须有，你考虑得很周到！"

引导式沟通，就是通过特定的场景和问题引导，帮助对方建立思维纽带，从而将隐形的信息表达出来，减少乔哈里视窗中的隐藏区。引导式沟通，最好是通过场景式的、讲故事的方式，将对方引导到具体的案例、情景、痛点中，快速建立思维导图，而不要使用抽象的、命令的、生硬的方式进行引导。

引导式沟通，不只是场景构建引导，也会通过积极的情感和心理干预，让对方放下戒备，与自己建立沟通信任，从而保证沟通的流畅。例如，警察在审讯罪犯时，罪犯是不会轻易将所有的犯罪事实交代出来的，警察会通过各种技巧对罪犯施加压力，同时晓之以情动之以理，在沟通博弈中占领主动地位，打破罪犯的心理防线。又如一个青春期的孩子，在遇到一些学习生活中的烦恼时，很多是不愿意直接说给父母听的，但他在日常生活中会表现出莫名其妙地烦躁、抑郁，父母在捕获到这些信息后，可以采用引导式的方式，跟孩子沟通，建立信任，获取更多信息，帮助孩子解决问题。

第三节 职场沟通技巧与艺术

与人打交道，我们面对的不是绝对的理性动物，而是充满了情绪变化、满腹成见、受自负和虚荣驱使的生物。

——卡耐基《人性的弱点》

沟通不是即兴演讲，自说自话。沟通与说话是两个概念，沟通是为了使双方共同解决某个特定问题，而不是单方面传递信息。有些人片面地认为只要有好的口才、外向的性格，就是一个好的沟通者。这是误区。

职场沟通也不是 AI 中的人机交互，可以不用考虑 AI 的情绪，只通过理性和逻辑与之进行交互。在人与人的沟通中，如果只关注理性，而不重视人性，就会导致沟通缺乏温度、从而缺乏力度。

在职场中，人人都渴望被尊重、被认可，也都希望自己的利益最大化。因此，在职场沟通中，要充分站在对方的角度思考问题、考虑对方的感受和利益。即使是向下沟通，也不能傲慢无礼、简单粗暴。

人性化沟通是真诚的沟通，能站在对方的角度分析解决问题。如原中国篮球国家队主教练宫鲁鸣与球队后卫郭艾伦的一次沟通，非常有效。宫指导在发现问题后，没有一味地去指责对方，而是站在对方职业生涯发展的角度，通过真诚的态度，讲事实、论道理，与对方建立了感情上的共鸣。

好的沟通者应该是深谙人性，通过温柔而有力量的沟通，与对方建立信任和情感上的共鸣。

一、学会深度倾听

沟通是双向的，你首先要能准确地从对方那里获取到信息，然后对信息进行处理，在此基础上生成你要传递给对方的信息。如果你完全没有领会对方的意图，完全没有顾及对方的感受，只在那里高谈阔论，这不是沟通，这是暴力式的抢话。

试想一个初入职场的推销人员，一直喋喋不休、天花乱坠地给你介绍产品，而完全不考虑你的感受，你会对他的产品感兴趣吗？而另一位资深的金牌销售，他总是能先引导你说出你的痛点，安静地、细心地听你讲完，最后在合适的时机给出自己的解决方案，而产品只是解决方案的一部分。好的销售就像是客户的一个老朋友，而老朋友往往是忠实的倾听者。

倾听是对他人的一种尊重，一种理解和认可。在生活中，朋友来找你倾诉，有时并不一定是为了得到一个具体的解决方案，纯粹是需要一个倾听者，分享他的想法、感受，获得情感上的共鸣。

好的沟通者，首先必须是好的倾听者。职场沟通中，要善于在倾听中获取关键信息。除了及时准确领会对方传递的语言信息，也善于通过捕捉对方的语音、语调、语速，通过观察对方说话的表情、动作，判断对方的情绪变化，从而即时、动态地调整沟通策略和沟通内容。

深度倾听，就是耳、脑、心的全方位深度参与，能够做到与沟通对象换位思考，富有同理心，且尝试与对方共情。深度倾听像是一位心理医生面对自己的病人，医生会全情投入，获取病人的信任，让病人放松下来，完全向自己打开心扉，从而获取更多的信息，给出有效的治疗方案。

在深度倾听中，不要急着说出主观感受，或者给出意见，可以通过眼神、点头、重述等方式向对方做出回应，与对方建立信任。

二、妙用语言艺术

耶和华说："看哪，他们成为一样的人民，都是一样的言语，如今既作起这事来，以后他们所要作的事就没有不成就的了。我们下去，在那里变乱他们的口音，使他们的言语彼此不通。"于是，耶和华使他们从那里分散在全地上；他们就停工，不造那城了。

——《圣经·创世纪》

语言是沟通中传递信息的主要载体，在职场沟通中，主要依靠语言、图表、数据等进行传递。语言除了能对事物进行描述外，其本身又可以反作用于客观事物。

职场沟通，有时候一句构思巧妙的语言，胜过严密的逻辑、华丽的数据和详尽的案例。例如，苹果公司总裁斯蒂芬·乔布斯当时用一句非常震撼性的话，说服可口可乐公司的销售总裁加入苹果公司。这句话就是："你是愿意卖一辈子糖水，还是愿意和我一起改变世界。"通过对比传统行业和高科技行业，使用一句对比性、反差性很强的选择疑问语，瞬间给听者很强的震撼感，仿佛是一种来自灵魂深处的自我反省，让对方快速建立一种认同。

实际上，中国共产党的很多领袖人物都很擅长使用语言艺术进行沟通，尤其是在与基层人民群众的沟通中，善于用接地气的语言很形象地讲道理，通俗易懂，又耐人寻味，切实把工作做到了百姓心里。

◎ **案例十二：**

毛主席的语言艺术

善于使用语言艺术，是职场沟通中的催化剂和润滑剂。特别是对于职场中的管理者，好的语言表达能力，会让你充满魅力，更好地推进沟通进度。

好的职场沟通语言应该是积极的、正面的。面对职场中的同事，应该积极地肯定对方，即使要指出对方的问题，只要不是问责性、问题复盘性的沟通场景，一般都要委婉地组织语言，如"我觉得你这个方案非常棒，但是可以有一些小小的改进"，"你今年的个人绩效已经明显取得了进步，但是还有很大的潜力"。向下沟通，管理者切忌不择场合地、指责式的批评。

三、融合副语言

副语言沟通是指通过非语言的声音元素、表情、语气（如语调、音速、停顿等）、身体语言、空间语言传递信息的沟通方式。这类沟通不依赖具体词汇，而是通过声音的微妙变化传达情感、态度甚至隐含意义，在人际交流中起到补充或强化语言信息的作用。

例如，同样的句子"我理解你"，若用柔和语调表达，可能传递同情；若语速加快、音调上扬，则可能隐含不耐烦。副语言沟通的应用场景广泛，在职场谈判中可通过调整语气展现权威或亲和力，在人际交往中则能通过声音细节传递真诚或疏离感。

空间语言是合理运用空间位置、距离、变化来传递信息的一种方式。具体包括沟通者身体之间的相对位置、头部相对位置、眼神相对位置。人与人在沟通的过程中，各沟通者之间的空间距离会发生动态的变化。例如老板在开会时，如果一直正襟危坐在 C 位，头部和眼神一直保持直视不动，那就会给下属传递一种很严肃的态度。

在沟通过程中，有意识地调整空间位置，可以向对方传递不同的信息。比如对对方的话题不感兴趣时，会调整头部的方向，用余光来与对方交流。如果将头部与目光调整到与对方直视，则表示对于对方的谈话非常重视。同样，在沟通中拉近与对方的距离，则表示要向对方传递很重要的信息。

四、优化团队沟通

在当今精细化管理的工业化生产中，团队合作是一种最基本的生产关系。在职场中，总会存在着形形色色的团队。有些团队是长期存在的，如具体的业务部门、领导小组、生产流水线等。有些是因为项目原因临时生成的，如项目交付小组、施工组、项目临时办公室等。不管是何种形式的团队实体，团队合作的优势是可以让不同的业务并发运行，提高效率。但是，事物往往存在两面性，团队合作又必然会增加沟通、协调的成本。因为团队存在的必要条件肯定是存在一个统一的、整体的业务目标，所以在团队中每个人虽然有独立的业务，但是这些并发流程中存在着各种各样的依赖、交互和竞争。

合作与竞争是团队中存在着的两种最基本的关系。广义地讲，竞争其实也是一种形式上的合作，因为竞争意味着通过一种积极的互补、互比的方式更加深入的合作。从组织的角度来看，竞争会提高团队工作的积极性，并通过相对评估考核机制来增强团队整体的战斗力。

由于合作和竞争，团队会在各成员之间开展各种形式、各种级别的沟通。根据信息传输的漏斗原则，在单向单维的沟通中，总会出现信息的变形和丢失。那么在团队中，因为成员众多，各成员的背景不一样，同一个信息可能会被衍生出多个版本。按照乔哈里视窗模型，公共区的建立就更加困难。

相比于单点沟通，团队沟通更加复杂。团队沟通一般以正式会议或者非正式会议的形式展开，由于在团队沟通中涉及的沟通主体比较多，团队沟通一般存在沟通主体差异性更大、信息的不同步、分歧点更多更杂、沟通中的噪声更多等问题。

由于团队沟通的复杂性，一般会采用集中式的方式进行沟通，如会议、封闭开发等。实际上，任何这种集中式的团队沟通方式虽然可以提高专注性和沟通效率，但都存在一些弊端。如很多大型企业采用的封闭开发模式，让项目组成员取消通勤，直接住在一个酒店，这样对于任何问题，可以立即展开沟通，减少了沟通的发起、召集等环节。实际上，会议的召集、预定、准备确实是一个非常繁琐的工作，需要协调很多资源，因此很多企业都会用信息化来提高效率，如引入一个会议预定系统等。封闭开发可以大大减少会议召集的成本，让沟通立刻原地展开，但缺点是牺牲了员工的个人生活。

◎ 案例十三：

封 闭 开 发

对于一些非常紧急重要的项目，很多企业（特别是大型互联网公司）会取消项目组成员的通勤，采用封闭开发的方式。封闭开发，也称为封闭式开发，是一种将开发人员集中在一个封闭环境中，专注于完成特定项目的工作方式。其核心特点包括：物理集中，开发人员吃住都在一个地方，减少外界干扰；高效沟通，团队成员可以面对面交流，减少沟通成本，快速解决问题；信息安全，通过封闭环境防止项目信息泄露和数据外流。

会议是团队沟通最高效的一种模式。为了提高团队沟通中公共区的透明性，降低信息沟通维度。人们发明了会议这样一种沟通模式。会议是一种相对集中、高效的沟通模式。会议发起人是整个会议的核心节点，这个核心节点的功能包括但不限于下列两种作用：

（1）广播功能：作为核心节点，通过公共信息的广播，增加公共区的透明性和一致性，防止信息来源多样化导致失真。

（2）集中化管理：会议发起人可以针对某个话题让某个人，或者某几个人进行发言，然后自己进行点评，或者要求其他人点评。会议发起人起到一个信息发起、终结和中转的功能，这样可以很好地防止会议中大家随意私自交流，导致会议效率低下。

但在当今职场中，会议的过度使用成为了组织工作效率低下的一个主要原因之一。会议过于频繁是过度管理的表现，也提高了管理成本，造成一定程度的资源浪费。

第四节　矛盾与冲突处理

一切事物中包含的矛盾方面的相互依赖和相互斗争，决定一切事物的生命，推动一切事物的发展。没有什么事物是不包含矛盾的，没有矛盾就没有世界。

——《毛泽东选集》

一、职场冲突的来源

在职场中，冲突的来源可以从多个角度进行分析，主要包括以下几个方面：

1. 沟通因素

沟通不畅是冲突的常见来源之一。信息传递不完整、语义误解、文化背景差异以及沟通过程中的噪声干扰都可能导致冲突。例如，组织内部沟通渠道不畅或工作流程不顺，容易引发冲突。

2. 结构因素

组织结构中的分工、目标差异和资源分配问题也是冲突的重要来源。具体包括：

目标差异：不同部门或个体的工作目标不一致，例如销售与市场部门因 KPI 不同而产生冲突。

专业化：高度专业化的工作可能导致成员之间难以理解彼此的角色，从而引发冲突。

资源有限：组织内部资源有限时，争夺资源或利益分配不均容易导致冲突。

3. 个体因素

个体之间的差异，如社会背景、教育程度、价值观和性格等，也可能成为冲突的根源。例如，个人之间因立场或思维方式不同而产生矛盾。

4. 外部环境因素

在更宏观的层面，冲突可能源于外部环境的复杂性，例如国际政治中的权力争夺、冷战思维遗留问题以及全球治理体系的不足。西方国家试图控制全球进程的行为，势必加剧冲突。

5. 隐性冲突

隐性冲突是指未明确表现出来的矛盾，例如上级对下级绩效的不满或下级对上级期望的误解。这种冲突一旦爆发，往往具有破坏性。

冲突的来源是多方面的，既包括组织内部的沟通、结构和个体因素，也涉及外部环境的复杂性。理解这些来源有助于更好地预防和解决冲突。

二、巧妙转移矛盾

日常生活中的沟通不会永远是和风细雨的。实际上，很多职场沟通中的矛盾不是谁对谁错的问题，而是大家站在不同的角度、立场，有不同的利益驱动，所以会在一些问题上据理力争、互不妥协，导致出现沟通死锁。

沟通死锁是沟通中矛盾的不可协调性，沟通双方都不作任何的妥协让步，导致沟通进入一种毫无意义、无穷无尽的纠缠之中，浪费时间、消耗情绪，没有任何实际产出。

商场如战场，在很多职场沟通中，都会因为利益关系出现针锋相对，甚至剑拔弩张的情况。比如这样的场景：两个人为了争一个市场总监的职位暗暗较劲；两个部门之间为了争夺客户资源闹得不可开交；某产品质量问题会议上，研发和生产代表相互指责、不依不饶；甚至一个基层员工因为财务不给报销费用而气急败坏、大吵大闹。这背后其实都是被各种错综复杂的利益关系所影响。

因此，在职场沟通中出现矛盾是再平常不过的。只要有业务和流程在推进，只要部门之间在合作，员工之间在沟通，肯定会出现一些不和谐的因素。因为组织的资源是有限的，最后的收益也是有限的。部门和员工都想占着最好的资源，获取最大的利益，这本身就是一个必然的、本质的矛盾。

既然在职场的沟通中，出现矛盾是必然的，就要保持平常心，通过积极的心态、有效的方法，来规避矛盾、缓和矛盾、解决矛盾。

一旦矛盾变成沟通死锁的时候，就需要采用更加直接有效的方法来打破这种僵持状态。比如可以采取冷处理，通过转移矛盾，让双方冷静下来，让气氛缓和下来，暂时搁置，为下一次沟通创建良好的情绪基础。

比如1971年，美国总统尼克松的特使基辛格秘密来到中国，与周恩来总理会谈。由于这是双方的第一次见面，再加上当时的舆论气氛非常紧张，因此大家都很谨慎，会议进展也不十分顺利。到了中午，双方仍然没有取得任何的一致意见，周恩来话锋一转："我们不如先吃饭，烤鸭要凉了。"

午饭共有十二道菜，唱主角的是北京烤鸭。周恩来向基辛格介绍烤鸭的吃法，并亲自为他夹上片好的鸭肉，放在荷叶饼上。也许是美食征服了基辛格，一顿烤鸭大餐之后，双方的会谈异常顺利，促成了尼克松的访华，中美关系揭开了新的一页。

所以，在职场一旦出现沟通死锁，即在某个问题上大家都坚持己见，互相不做任何让步的情况下，为了促进沟通的继续进行，可以暂时将问题搁置，比如作为一个遗留问题留待下一次沟通，或者作为一个待决策问题上报更高级别的会议来讨论。具体转移矛盾的言辞，在职场中可能会经常使用以下几种：

"这个问题我们意见不统一，先讨论其他问题吧，晚点再讨论这个。"

"这个问题看来今天我们很难达成一致了，不如下次再组织会议，让财务部的代表也加入进来，毕竟活动经费是一个主要因素。"

"这个问题看来不是我们两个基层人员能决定的，再吵也没用，还是上报领导决策吧。"

"不如先去喝杯咖啡吧，回头我们重新把这个问题的利弊再好好捋一捋。"

当然，除了暂时搁置矛盾，转移和缓和矛盾的手法也很多，比如可以采用结构化的方法，将矛盾进一步细化，直到分解出可以沟通的共同点。

◎ 案例十四：

王工到底该去哪？

两个部门主管都想要技术骨干王工加入自己的项目组。他们展开了一次沟通：

项目经理 A："我的项目时间紧，王工熟悉这块业务，换了别人肯定会影响交付时间。"

项目经理 B："我的客户是 VIP，合同金额大，而且客户点名必须王工参与。"

两位项目经理足足争吵了一个小时，互相都说服不了对方。但今天这个问题必须要有个结论。

后来大家冷静下来，先放下王工加入哪个项目的问题，开始对每个人的项目资源、计划、方案、技术选型进行细致分析，发现了很多相同点，最后敲定一个方案：让王工带领几个技术骨干，成立一个项目部，由王工对关键技术把关，而各个技术骨干可以具体地去支撑项目 A 或者项目 B。

三、化被动为主动

职场中会碰到形形色色的人，工作内容千头万绪，沟通中出现磕磕碰碰是常态。碰到有些场景，有人会刻意地制造矛盾和冲突。多数情况下并不是这个人的道德品质问题，而是对方想在气势上压倒你，先声夺人，将你置于被动的困境，从而为自己在后面的沟通中取得更多筹码。当然，这种沟通主要是出现在像商务谈判、部门协调、资源调度、奖金分配等与团队或个人利益息息相关的场景下。

当有人在职场沟通中刻意制造矛盾时，首先要冷静，控制情绪，仔细分析对方的意图和目的。事物往往都是具有辩证性的，被动有时候能转换为主动，逆境也可以变成顺境。如果你能巧妙地利用对方给你制造的困境，换个角度，会打破困境，化被动为主动。

外交工作是党和政府最重要、最核心的工作之一。外交无小事，在外交战场，一次不得体的表现、一句不合时宜的外交辞令，甚至一个微表情，都会被国际舞台无限放大，做出多重解读。外交上的沟通工作讲究既互相尊重、平等友好，也讲究策略。周恩来总理是一位具有卓越能力和非凡魅力的外交家。在风云多变的外交战场上，周总理总能运筹帷幄，泰然处之。对于某些外国记者、政客不怀好意的问题和陷阱，总理能立刻识破，一笑之后能化被动为主动，给予对手致命一击，利用对方的问题狠狠地将对方一军，让对手的阴谋在谈笑间便一览无余地暴露在大庭广众之下，瞬间瓦解。

四、用好幽默这一润滑剂

幽默语言的核心作用在于促进人际和谐、缓解矛盾、提升沟通效果，并在心理和社交层面产生积极影响，具体表现在以下五个方面：

1. 润滑人际关系

幽默能快速拉近社交距离，化解尴尬。例如，萧伯纳被撞后以"撞死萧伯纳的好汉"自嘲，既化解了矛盾又展现豁达。在亲密关系中，超过 90％ 的夫妇认为幽默能增进婚姻关系，通过笑声减少日常压力并促进积极沟通。

2. 化解冲突与批评

幽默可作为非对抗性批评手段，如歌德用"而我恰相反"回应挑衅，既维护尊严又温和反击。工作中适度的幽默还能提升团队凝聚力，被称作职场实力的一部分。

3. 缓解心理压力

通过打破预期产生的笑点，能有效降低焦虑感，如登山途中讲幽默故事可提振情绪。研究显示家庭幽默氛围能增强抗压能力，通过资源保存理论积累心理资源应对压力。

4. 激发思维活力

幽默语言常包含双关、反讽等技巧，如"饭菜真好吃（却吃了三碗白饭）"这类语言幽默，能促进创造性思考。在商务谈判等场景中，幽默还能打破僵局，激发新思路。

5. 提升身心健康

心理学证实幽默具有疗愈作用，听笑话能缓解忧郁症状，符合"笑一笑十年少"的健康理念。家庭幽默氛围更与幸福感呈正相关，通过增强情感联系提升生活质量。职场也是如此。

本章针对职场沟通的特点，基于沟通漏斗原理，乔哈里视窗模型，系统化地阐述了结构化沟通的框架、方法和技巧，重点介绍了 SMART 目标确定模型和 PREP 结构化沟通方法。以会议为主的团队沟通进行了论述。

第七章　表达训练

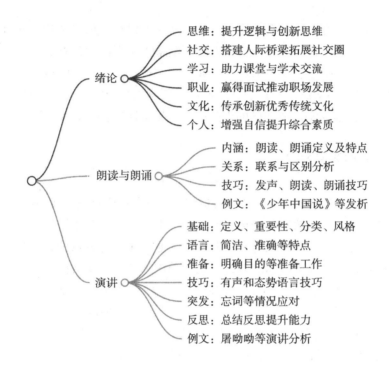

绪论
- 思维：提升逻辑与创新思维
- 社交：搭建人际桥梁拓展社交圈
- 学习：助力课堂与学术交流
- 职业：赢得面试推动职场发展
- 文化：传承创新优秀传统文化
- 个人：增强自信提升综合素质

朗读与朗诵
- 内涵：朗读、朗诵定义及特点
- 关系：联系与区别分析
- 技巧：发声、朗读、朗诵技巧
- 例文：《少年中国说》等发析

演讲
- 基础：定义、重要性、分类、风格
- 语言：简洁、准确等特点
- 准备：明确目的等准备工作
- 技巧：有声和态势语言技巧
- 突发：忘词等情况应对
- 反思：总结反思提升能力
- 例文：屠呦呦等演讲分析

语言是内心想法和情感的外在表现，对于大学生来说，提升口语表达能力不仅仅是掌握说话的技巧，更重要的是通过良好的表达，展现自己的内心世界、思想观点和情感态度，让他人更好地了解自己，从而促进人际交往和个人的全面提升。口语表达能力的系统训练，能够帮助大学生在成长的多个方面发挥关键作用。

一、思维：逻辑与敏捷的同步提升

口语表达并非简单的语言输出，其本质是思维过程的外在体现。通过语言的系统性训练，可以使逻辑思维与创新思维得到显著强化。例如，在学术演讲中，学生需要对研究背景、核心问题、方法论、结果及结论进行结构化梳理，这一过程能有效提升演绎推理与归纳总结能力，同时培养批判性思维习惯。在即兴表达训练中，面对随机话题，学生需要迅速突破思维定势，整合知识储备并提出创新观点。此类训练不仅激发创造力，也为学术研究、创业实践等领域奠定思维基础。

同时，口语表达训练鼓励大学生在表达中融入创新思维。在即兴表达训练中，面对随机给定的话题，学生需要迅速调动知识储备，突破常规思维定势，从独特视角提出新颖观点。这种训练激发了学生的创新潜能，培养他们在短时间内整合信息、生成创意的能力，为其在学术研究、创新创业等领域的发展奠定坚实的思维基础。

二、社交：搭建人际桥梁

从语用学与社会语言学视角看，语言的核心功能不仅在于信息传递，更在于构建社会关系。在校园环境中，优秀的口语表达能力能帮助学生实现高效沟通，减少因文化背景或心理差异导致的表达意图与接收效果偏差。如马克·吐温所言："取得领先的秘诀在于开始行动。"学生通过主动交流，可拓展社交圈层，积累人脉资源。此外，遵循"尊重他人，清晰表达"的原则，学生能营造和谐的人际关系，提升团队协作效率。

三、学习：开启知识大门

毛泽东在《实践论》中强调："知识的问题是一个科学问题，来不得半点虚伪和骄傲，需要的倒是其反面——诚实和谦逊的态度。"口语表达能力强的学生更勇于参与课堂讨论，通过观点阐述与辩论，深化对知识的理解。他们在表达观点的过程中，不断加深对知识的理解，提升思维和分析问题的能力。正如培根所说："读书使人充实，讨论使人机智。"这样的学生往往能给师生留下深刻的好印象，有力地促进学业成绩的提升。在学术交流与合作方面，"科学是到处为家的，不过，在任何不播种的地方，是决不会得到丰收的"。大学生若能清晰阐述自己的研究思路、成果和观点，就能与专业人士展开有效交流与合作，顺利获取学术资源和信息，进而拓宽自己的学术视野。

四、职业发展：铺就成功之路

"说话周到比雄辩好，措辞适当比恭维好。"精准的口语表达是赢得面试官青睐的关键工具。进入职场后，"我们沟通得很好，并非决定于我们对事情述说得很好，而是决定于我们被了解得有多好"。拥有优秀口语表达能力的大学生，能够在团队协作中准确传达信息，清晰表达自己的想法和建议，有力推动工作的顺利进行，同时建立起良好的工作关系，为自身职业发展创造极为有利的条件。

五、文化传承与创新：延续文化脉络

"文化开启了对美的感知。"大学生通过训练有素的口语表达，能够成为优秀传统文化的传承者。他们可以像讲述动人故事一般，将传统文化讲述给更多人，让民族自豪感和文化自信在人们心中生根发芽。正如鲁迅先生所说："有一分热，发一分光，就令萤火一般，也可以在黑暗里发一点光，不必等候炬火。"大学生还能凭借创新的口语表达，将传统文化与现代元素巧妙融合，创造出更具吸引力和影响力的文化作品，为文化的创新发展贡献自己的独特力量。

六、个人成长：塑造强大自我

"自信是走向成功的第一步，缺乏自信是失败的主要原因。"当大学生凭借出色的口语表达能力获得他人的认可和赞赏时，自信心便会油然而生。他们会更加积极主动地参与各类活动，勇敢地挑战自我，从而实现个人的成长与进步。而且，口语表达训练的过程，也是培养思维能力的过程。"思维是灵魂的自我谈话。"为了使表达有条理、有逻辑，大学生需要不断锻炼思维能力，学会快速分析问题、整理思路，进而全面提升个人综合素质。

第一节　朗读与朗诵

一、概述

正如富兰克林所言："说话和事业的发展有很大的关系，是一个人力量的主要体现。"在当下竞争激烈且多元文化深度交融的时代，口语表达能力已成为大学生核心素养体系的关键构成部分。它广泛贯穿于大学生的校园生活，在日常社交场景中，有助于拓展人脉，构建良好人际关系；在未来的职场环境里，能够精准传达观点，高效推动工作开展。在传承与创新文化的进程中，大学生可凭借充满活力的口语表达，展现文化独特魅力；在丰富多彩的艺术活动中，还能借此充分彰显个人风采。标准、流利且富有感染力的口语表达，无疑是大学生立足社会、实现自我价值的必备技能。

本章节着重聚焦于朗读与朗诵这两种极具代表性的口语表达形式，旨在为大学生的口语训练提供一定的指导。戴尔·卡耐基说过："一个人的成功，约有 15% 取决于知识和技能，85% 取决于沟通 —— 发表自己意见的能力和激发他人热忱的能力。"通过深入剖析朗读与朗诵的内涵、二者间的关系以及相关技巧，助力大学生深入理解其内在逻辑与外在规范，熟练掌握科学的发声方法，实现声音的优化与塑造。同时，致力于提升大学生口语表达时的自信心，强化团队协作中的沟通配合能力，使其能够在各类场景中应对自如。

期望大学生通过本章节的学习，精准把握朗读与朗诵的差异，熟练运用相关技巧，以标准流利的普通话诵读古今中外经典作品。"语言，是一个民族神经，贯穿世世代代，并将他们联结成为一个共同的、持久的和进步的实体。"无论是在校园内的课堂展示、文化活动竞赛，还是未来步入社会后的各类实际场景中，都能展现出卓越的口语表达水平，为个人学业进步、职业发展以及文化传承与创新筑牢坚实基础。

二、朗读与朗诵的内涵

（一）朗读

1. 定义

朗读是一种将书面语言精准且富有艺术感地转化为清晰、流畅的有声语言的公开阅读行为。朗读者基于对书面文本深入且精准的理解，遵循语言学、音韵学、发声学以及表演学等多学科原理，运用规范且标准的语音，借助语调的抑扬顿挫、节奏的疏密缓急、语气的丰富变化，将文字符号系统地转化为流畅、生动且富有感染力的有声语言，并通过恰当的肢体语言辅助，在公开场合向听众清晰呈现文本内容、情感与思想，以实现高效信息传递与深度情感共鸣的语言艺术表达行为。

2. 特点

语音精准：严格遵循普通话发音规范体系，对每个字词读音精准校准，杜绝发音偏差。普通话有声、韵、调的明确规范，朗读时需精准把控声母发音部位与方法、韵母发音口型与动程、声调高低升降变化。例如，"教室"的"室"应准确念作"shì"，不少人容易误读成"shǐ"。

吐字清晰：要求每个字发音清晰可辨，杜绝含混模糊，保障信息传递准确。发音时需充分调动口腔肌肉，完整呈现每个字的字头、字腹、字尾。以"吃饭"一词为例，"吃"字的字头"ch"发音时气流送出有力，部位准确，字腹"ī"发音饱满，字尾归音利落；"饭"字的"f"发音清晰，"àn"发音动程完整，从元音到韵尾过渡自然。

理解深入：深入研读作品，通过综合分析词汇、语法、语境等，精准把握语义内涵，透彻领会作者创作意图与情感倾向。大学生朗读前，应全面了解作品创作背景、时代特征及作者个人经历等信息，以便更好理解作品深层含义。比如朗读老舍的《济南的冬天》，了解老舍对济南这座城市的情感以及当时的社会环境，就能在朗读中精准传达出文中对济南冬天温暖、舒适氛围的喜爱之情。

语流连贯：确保语流自然顺畅，朗读过程无停顿卡顿、歧义，犹如行云流水般连贯。这需要大学生合理运用停顿、连读等技巧，依据句子语法结构、语义逻辑及情感表达需求，科学安排气息与声音衔接。例如朗读"我喜欢唱歌，也喜欢跳舞，还喜欢画画"，"我喜欢"后稍作停顿，"唱歌""也喜欢""跳舞""还喜欢""画画"各自连读，中间停顿短促，以体现并列的节奏感。

情感恰当：借助声音高低起伏、强弱变化等手段，恰如其分地传递作品情感信息，使听众产生强烈情感共鸣。大学生要依据作品情感基调，灵活调整声音音色、音量、语速等要素。在朗读普希金的《假如生活欺骗了你》时，应以温和、鼓励的音色，适中的音量和舒缓的语速，展现出面对生活困境时乐观、积极的态度。

3. 选材与功能

朗读选材范围极为广泛，囊括文学作品、学术文章、新闻报道等各类文本。其核心功能是精准还原原作思想内容，通过平实自然的语音风格与相对平稳的语调，确保受众能清晰接收朗读所传递的信息。鉴于此特性，实际操作中，除特殊教学场景外，朗读通常无需脱稿，朗读者可随时参考文本进行朗读，且通常无需借助夸张肢体语言、面部表情或眼神交流辅助表达。

在大学校园日常教学场景里，朗读常被教师用于课堂教学，借助朗读课文帮助学生理解文本要义。例如，文学课上教师朗读经典文学作品片段，引导学生品味语言之美；外语课上，教师通过朗读外文原文，帮助学生培养语感、熟悉发音规则。在一些语言类社团活动中，成员们会组织诗歌朗读会，在抑扬顿挫的朗读里感受诗歌的韵律与情感。

广播传媒领域，播音员运用朗读技巧向听众传递各类资讯，如校园广播中对新闻稿件的朗读，及时为师生传达校园动态与社会热点。在校园举办的演讲比赛筹备过程中，参赛选手会反复朗读演讲稿，调整语速、重音，力求以最佳状态呈现内容。

（二）朗诵

1. 定义

朗诵是一种有机融合了语言艺术与表演艺术特质的口头表达形式，相较于朗读，它对朗诵者的综合素养提出了更高的要求。朗诵者需凭借清晰准确的语言表达、洪亮饱满的声音质感、优雅得体的体态举止以及精准恰当的动作设计，满怀深情地将文学作品进行有声化呈现，以此高效传达作品的思想精髓，深度激发听众的强烈情感共鸣。

2. 特点

（1）情感性：

深度情感融合：朗诵者深入研读作品是达成情感深度融合的基石。在这一过程中，需全面挖掘作品情感内核，涵盖作者生平经历、创作意图以及作品诞生的时代背景等要素对情感表达的影响。以舒婷的《祖国啊，我亲爱的祖国》为例，诗人成长于特殊历史时期，作品饱含对祖国过往苦难的悲悯、当下艰难探索的关切，以及对未来光明前景的热切期盼。朗诵者唯有深度共情，将自身代入历史情境，方能借由声音，把诗歌中错综复杂、深沉浓烈的爱国情感精准且充沛地传递给听众，引发强烈共鸣。

丰富情感层次呈现：一部优秀作品往往蕴含多元情感层次，需要朗诵者具备敏锐感知与细腻表达能力。以朱自清的《荷塘月色》为例，表面描绘月下荷塘美景，实则蕴含作者内心的诸多情绪。朗诵时，从开篇"这几天心里颇不宁静"的隐忧起调，到漫步荷塘时对自然美景的陶醉，再到因蝉声蛙鸣打破宁静引发的思绪飘远，以及结尾回归现实的怅惘，朗诵者需运用语调的抑扬顿挫、语速的缓急变化，将这些情感层次逐步推进、细腻呈现，完整还原作者情感的动态变化过程。

（2）艺术性：

多元声音技巧的运用：声音技巧是朗诵艺术性的关键体现。音高可用于塑造不同人物形象或情感状态，如表现激昂情绪常采用高音，而低沉音则适配深沉、忧郁的情感。音量方面，通过强弱变化营造氛围，强音量展现宏大、热烈场景，弱音量营造静谧、私密氛围。音色可模拟不同环境或角色特质，如清脆音色表现活泼场景，沙哑音色塑造沧桑形象。节奏上，快速节奏传递紧张、兴奋情绪，缓慢节奏则渲染宁静、哀伤氛围。以岑参的《白雪歌送武判官归京》为例，朗诵塞外雪景时，用高亢明亮音色、较慢节奏描绘壮丽雪景；在送别友人时，降低音量、放缓语速，以低沉音色传递依依惜别之情，全方位增强作品艺术感染力。

突出韵律美感：对于具有韵律特征的诗歌、韵文等作品，朗诵者需深入研究韵律规则，包括押韵方式（如押头韵、尾韵、腹韵等）、节奏划分（如古诗的平仄格律、现代诗的自然节奏）。以李清照的《声声慢·寻寻觅觅》为例，全词押入声韵，韵脚密集且多为开口呼字，朗诵时通过精准把握韵脚，配合节奏停顿，在"寻寻觅觅，冷冷清清，凄凄惨惨戚戚"等句中，加重韵脚读音，突出入声字短促、急切特点，将词人愁苦孤寂心境与韵律美感紧密结合，给听众带来独特的听觉审美体验。

（3）表演性：

肢体语言辅助表达：肢体语言是朗诵表演性的重要组成部分，能直观强化情感表达与作品感染力。手势方面，向上伸展手势可表达希望、赞美；向下压手势表示否定、压抑情绪；指向性手势可引导听众注意力。面部表情需与作品情感紧密契合，喜悦时眉开眼笑，悲伤时蹙眉垂目。例如，在朗诵毛泽东的《沁园春·雪》时，朗诵"山舞银蛇，原驰蜡象"时，通过大幅度、舒展的手势模拟山峦舞动、原野奔驰，配合豪迈自信的面部表情，将诗人对祖国壮丽山河的赞美之情直观展现，增强视觉冲击力。

营造舞台效果：舞台布置、灯光音效等元素为朗诵营造情境，助力听众深度沉浸。舞台布置可依据作品主题设计，如朗诵田园题材作品，布置模拟田园风光场景；灯光方面，暖色调灯光营造温馨、欢快氛围，冷色调灯光烘托忧郁、悲伤氛围；音效可添加自然音效（风声、雨声）、音乐等辅助。在朗诵历史剧选段时，通过布置具有时代特色的舞台道具，配合暗淡冷光与低沉背景音乐，营造凝重、肃穆的历史氛围，让听众仿若置身历史情境之中。

（4）文学性：

深入文本理解：对文学文本的深入理解涵盖作品主题挖掘、背景探究、人物形象分析以及语言风格把握。以托尔斯泰的《战争与和平》选段朗诵为例，需了解作品反映的拿破仑战争时期俄国社会动荡背景，分析人物在战争与和平不同环境下的性格转变、内心冲突，把握托尔斯泰宏大叙事、细腻心理描写的语言风格。只有这样，才能在朗诵中精准还原作品所描绘的社会画卷与人物情感，将作品内涵完整传达给听众。

传递文化内涵：文学作品承载丰富文化内涵，朗诵是传递这一内涵的重要途径。以朗诵日本俳句为例，俳句简洁凝练，蕴含日本独特的自然观、美学观与禅宗思想。朗诵者通过对俳句字词、意境的准确解读，在声音表达中融入对日本文化的理解，如在描绘自然景物时，以轻柔、空灵的声音展现日本文化对自然的敬畏与崇尚，让听众感受异国文化魅力，拓宽文化视野。

（5）创造性：

个性化诠释：不同朗诵者基于自身生活阅历、文化素养与艺术感悟，对同一作品会产生独特理解与诠释方式。以朗诵莎士比亚的《哈姆雷特》经典独白"生存还是毁灭"为例，有的朗诵者从青年视角出发，着重表现哈姆雷特面对困境时的迷茫与挣扎；有的朗诵者凭借丰富人生经验，更突出其内心的深沉思考与复仇抉择的艰难。这种个性化诠释为作品注入新活力，展现朗诵艺术的多元魅力。

艺术加工创新：朗诵者可结合现代艺术形式对传统作品进行创新加工。例如在朗诵古典诗词时，融入现代音乐编曲，以古典乐器与现代电子音乐结合，打造全新听觉体验；或利用多媒体技术，在朗诵过程中展示与作品相关的影像资料、动画特效，从视觉层面辅助作品呈现。如在朗诵李白的《将进酒》时，搭配节奏强烈的古风音乐，同时在背景屏幕播放古代饮酒作乐、山川壮丽等影像，为传统诗词赋予现代活力，适应现代受众审美需求。

3. 选材与表现要求

在选材范畴，朗诵侧重于选取文辞典雅优美、意境深邃幽远、意蕴丰赡醇厚的经典文学佳作，诗歌、散文等体裁尤为典型。这一表达形式能使听众在语言审美、思想启迪、情感体验等多元维度，接受深度的濡染与滋养。

为达成上述目标，朗诵对语言表达技巧有着更为严苛的要求。朗诵者需悉心打磨停连、重音、语气、节奏等语言关键要素。并且，在忠实于原作精神内核的前提下，可适度开展契合艺术创作规律的艺术加工。

在实践操作中，为呈现更为出色的艺术表演成效，朗诵通常要求朗诵者脱稿。朗诵者在精准施展声音技巧之际，还必须充分斟酌体态、表情与肢体动作的协同配合。同时，常借助背景音乐、舞台布景、灯光效果等辅助手段，从全方位营造出更为浓郁、强烈的艺术氛围。

作为一种表演艺术形式，朗诵常见于校园文化艺术节、朗诵比赛等活动。大学生们于舞台之上，凭借朗诵经典作品，尽情彰显自身的艺术修养与青春风貌。

三、朗读与朗诵的关系

（一）联系

1. 同源的语言基础
朗读和朗诵都高度依赖对语言文字的精准解析与运用。参与者都需要深入剖析文本。
语音方面：要精准掌握字词发音，严格遵循标准的声韵调规则。
语法层面：需清晰理解语句结构，保证表达符合语法规范。
语流处理上：要合理安排语调的抑扬变化和停顿的位置及时长，以便把书面语言顺畅、准确地转化为有声语言。

2. 一致的信息宗旨
从功能角度看，朗读和朗诵的核心任务都是把书面语言转化为能被听觉感知的有声语言，进而向受众传递文本中的信息、情感与思想。

无论是在课堂教学中朗读课文辅助知识传授与理解，还是在舞台表演时朗诵文学作品引发情感共鸣与交流，本质上都是围绕信息传递展开。比如在校园文化节活动里，学生朗读历史事件相关文章，或者朗诵缅怀先辈的诗词，都是为了让其他参与者深入了解历史事实，真切感受其中的情感内涵。

3. 共通的技巧逻辑

在声音塑造和表达策略上，朗读和朗诵有很多相同点。

发声时：二者都要掌握科学系统的发声方法，注重吐字归音清晰圆润，通过合理有效的气息控制，保证声音输出稳定、响亮且流畅。

表达技巧方面：都要依据文本的语义逻辑和情感脉络，灵活恰当地运用重音突出关键信息、停顿调节节奏韵律、语调传达情感态度等手段，增强语言的表现力和感染力。

以散文为例，为突出文本的核心观点或重要意象，朗读和朗诵都可以加重特定字词读音来强调；为营造特定氛围或情绪，也都能借助巧妙停顿把控节奏，引导受众的情感体验。

（二）区别

1. 表现形式差异

朗读：重点在于对文本的忠实还原与客观展现，一般用平稳、自然、质朴的方式诵读文本内容。在表现过程中，很少使用大幅度、夸张的肢体动作和丰富多变的面部表情，主要靠纯粹的声音要素来传递和交流信息。

比如大学生参加英语课堂朗读实践，主要任务是清晰、标准、流畅地读出英文课文语句，让教师和同学准确理解课文知识内容，无须过多引入表演元素。

朗诵：具有明显的表演艺术属性。除运用声音诠释文本外，还会充分调动肢体语言、面部表情等多种非语言手段，同时结合舞台灯光、音效等外部辅助条件，全方位、立体地塑造作品艺术形象，营造极具感染力和沉浸感的艺术氛围。

例如，在校园组织的诗歌朗诵比赛中，参赛选手会根据诗歌的情感特质，巧妙配合富有张力的肢体动作，像挥舞手臂、伸展身姿表现豪迈之情，用灵动的眼神、细腻的面部表情传递情感细微变化，再借助舞台灯光的明暗变化、音效的烘托渲染，让整个朗诵表演极具观赏性和艺术冲击力。

2. 文本选择倾向

朗读：适用的文本范围非常广泛，涵盖各种体裁和功能的文字材料，包括教材、学术著作、新闻报道、实用文件等，其核心价值在于高效、准确地实现信息传递与理解。

比如普通话水平测试中的朗读环节，测试文本可能涉及记叙文、议论文、说明文、散文等多种文体，风格多样，目的是全面考查朗读者对普通话语音规范的掌握程度，以及对不同类型文本的基本理解和口头表达能力。

朗诵：在文本选择上有明显倾向，通常偏爱文学性强、情感丰富且富有韵律美感的作品，像经典诗词、优美散文、文学名著选段等，更注重作品蕴含的艺术价值和情感张力。

在校园举办的各类朗诵活动中，常能看到学生选择李白的浪漫主义诗篇、杜甫的现实主义佳作，或者朱自清、冰心等现代作家的抒情散文进行朗诵，通过演绎这些经典文学作品，充分展现作品独特的艺术魅力和文化内涵。

3. 情感表达区分

朗读：情感表达比较克制、平实、客观，主要遵循文本自身设定的情感基调，以精准传达文本内容信息为首要任务，不过分追求情感的强烈渲染和夸张表现。

例如，朗读专业领域的学术文献时，朗读者重点是清晰阐述文献中的专业知识、理论观点和逻辑论证过程，情感色彩相对较淡，只在必要时根据文本语境适当体现情感倾向，辅助信息传达。

朗诵：情感表达丰富、浓烈、夸张。朗诵者需要深入挖掘作品深层情感内涵，借助多样化表现手段，如声音的高低起伏、强弱变化、节奏急缓，以及肢体动作幅度、面部表情丰富度等，全方位、深层次展现情感，力求引发听众强烈的情感共鸣。

以朗诵爱国主题的诗歌为例，朗诵者往往用高亢激昂的语调、饱满充沛的情感、富有感染力的声音，尽情抒发对祖国的热爱、赞美之情，让听众在情感激荡中获得深刻的心灵触动。

四、发声与表达技巧

（一）发声技巧

呼吸控制

（1）腹式呼吸。腹式呼吸堪称发声体系的根基。吸气时，腹部犹如慢慢被吹胀的气球，圆润地向外隆起，气息像灵动的丝线般，顺畅且深入地沉降至腹部深处，实现充分充盈。呼气时，腹部则缓缓收缩，将气息均匀、徐缓地推送出体外。比如练习时，你可以平躺在舒适的瑜伽垫上，把一只手轻柔地放在腹部，闭上眼睛，专注地感受呼吸过程中腹部的起伏变化。熟练掌握腹式呼吸后，在长时间朗读经典名著《平凡的世界》，或是朗诵长篇抒情诗时，它能为发声提供稳定且充足的气息支持，有力确保声音持续、平稳，不会因气息不稳导致声音中断。就像路遥在创作时的笔耕不辍，腹式呼吸让你的表达也能一气呵成。

（2）胸腹式联合呼吸。这种呼吸方式融合了腹式与胸式呼吸的长处。吸气时，胸部与腹部协同扩张，气息如同汹涌的浪潮，迅速充盈整个胸腔与腹腔，获取更为饱满的气量。呼气时，精准调控横膈膜与腹部肌肉，实现气息匀速、有力地输出。例如，你可以想象自己身处花园，用闻花香般的快速吸气动作，真切感受胸腹同时扩张的状态，随后缓慢呼气，尽量延长呼气时间。经过反复练习，能显著增强呼吸控制能力。在需要展现强烈情感，如朗诵爱国题材的《我爱这土地》，或是长时间进行演讲发声时，胸腹式联合呼吸能发挥关键作用，可以维持声音的强度与持久度，让你像英勇的战士般，毫无顾虑地充分抒发情感。

2. 发声器官运用

（1）声带振动原理。声带位于喉部，是发声的核心部件。发声时，气息从肺部迅猛冲出，如同高速列车般冲击声带，促使其振动。发高音时，声带像被拉紧的琴弦，振动频率加快；发低音时，声带则似松弛的橡皮筋，振动频率降低。日常中，你可以通过哼鸣练习，仔细感受声带的振动状态，逐渐掌握在不同音高与音色要求下声带的调整方法。如此，发声会更加自然、流畅，有效避免因声带使用不当引发声音嘶哑等问题。就像熟练的琴师能精准调试琴弦，你也能掌控声带发出美妙声音。

（2）共鸣调节。口腔共鸣：口腔在声音共鸣中扮演着关键角色。发声时，口腔需适度打开，呈类似"打哈欠"的半开状态，上颚优雅抬起，下颚放松，舌头自然放置。通过"i、u、ü"等元音发音练习，能真切感受口腔共鸣效果，让声音在口腔前部集中反射，显著增强声音的明亮度与清晰度。在朗读新闻稿件，或是朗诵现代诗歌时，口腔共鸣能让字音圆润、饱满，清晰地传递信息。比如朗读央视新闻稿件时，播音员运用口腔共鸣，字字清晰，如同明亮的信号灯指引听众接收资讯。

鼻腔共鸣：鼻腔共鸣赋予声音柔和、丰满的独特韵味。发音时，软腭轻轻下垂，打开鼻腔通道，使部分气息进入鼻腔产生共鸣。发"ing、eng、ong"等后鼻音时，能明显感知鼻腔的振动，将这种感觉融入其他发音中，可增强声音共鸣效果。不过要注意控制鼻腔共鸣程度，防止鼻音过重影响发音清晰度。在朗诵如《雨巷》这类抒情性文本时，鼻腔共鸣能像轻柔的微风，更好地烘托出那种朦胧、哀怨的情感氛围。

胸腔共鸣：胸腔共鸣可使声音低沉、浑厚，增添独特质感。发声时，降低喉头位置，使气息下沉，引发胸部的轻微振动。通过发低音"嗯"声，把手置于胸部感受振动，逐步掌握胸腔共鸣技巧。在表现庄重、深沉情感，如朗诵悼念逝者的文章，或是演绎经典历史故事时，胸腔共鸣能像强大的气场，有力增强声音的表现力与感染力，更好地传递情感深度，仿佛带领听众穿越历史长河。

（二）朗读表达技巧

1. 语音规范

（1）声母韵母精准：普通话有着特定的声母韵母发音部位与方法。准确掌握这些发音要点是清晰朗读的基础。比如声母"z、c、s"与"zh、ch、sh"，发音部位不同，发音方法也有差异。只有精准发音，才能避免语义误解。例如在朗读科技文献时，准确的声母韵母发音能确保专业术语的准确传达，让听众清晰理解复杂的科学概念，像解读基因编辑技术相关文本时，"基因"的"jī yīn"发音准确，才能避免混淆。

（2）声调准确把握：普通话的阴平（ˉ）、阳平（ˊ）、上声（ˇ）、去声（ˋ）四个声调决定了字音的高低升降变化。声调错误会改变字义，如"妈（mā）、麻（má）、马（mǎ）、骂（mà）"。在朗读时，严格遵循声调规范，能让朗读富有节奏感与韵律美。比如朗读古典诗词，像李白的《静夜思》，准确的声调能还原诗歌的韵律，助力听众理解诗意，感受古典文学的魅力。

2. 停顿与连读

（1）语法停顿：依据标点符号确定停顿位置与时长是朗读的基本准则。句号（。）、问号（?）、叹号（!）处停顿较长，标志句子完整结束；分号（;）、冒号（:）停顿次之，用于分隔并列分句等；逗号（,）停顿较短，分隔句子内部成分；顿号（、）停顿最短，用于并列词语间。合理的语法停顿能清晰划分句子结构，增强朗读条理性。

（2）逻辑停顿：为突出句子逻辑关系或强调特定内容而设置的停顿即逻辑停顿。比如"因为他坚持锻炼，所以身体很健康"，在"因为""所以"后停顿，能凸显因果逻辑。在朗读推理小说时，逻辑停顿可依据情节发展与线索，灵活设置在关键语句处，增强表现力与感染力，引导听众关注重要信息，沉浸于紧张的推理氛围。

（3）连读技巧：连贯朗读时，某些相邻音素会自然连读，让朗读更流畅。掌握连读规则需熟悉常见模式，并通过大量练习培养语感。在朗读日常对话文本时，连读能使朗读更贴近生活，自然流畅，就像朋友间轻松的交谈。

3. 重音运用

（1）语法重音：句子中某些语法成分通常读为重音，突出句子结构与语义重心。一般来说，谓语动词、表示性状和程度的补语、修饰名词的定语以及修饰动词、形容词的状语等，若无特殊语境，常作语法重音。在朗读记叙文时，语法重音有助于听众快速把握句子核心信息，理解基本内容。

（2）逻辑重音：根据表达需求，为强调特定信息或突出逻辑关系而设的重音即逻辑重音。比如，"我今天去北京"，强调"我"，重音在"我"，突出行为主体；强调"今天"，重音在"今天"，突出时间。在朗读辩论稿时，逻辑重音可根据论点与论据的重点，灵活调整，增强信息传递的针对性与有效性，使朗读更契合表达需求，如"我们主张的是公平（gōng píng）竞争，而不是恶意打压"。

（3）情感重音：为表达强烈情感，将体现情感的关键词语读为重音即情感重音。例如，"我真的爱你，祖国！"中的"爱"字读重音，强烈抒发爱国之情。在朗读歌颂英雄的文章时，情感重音能使朗读更具感染力，引发听众共鸣，增强文本情感冲击力。

4. 语速控制

（1）匀速朗读：多数常规文本朗读时，保持相对匀速的语速很重要。匀速并非绝对不变，而是在一定范围内稳定，避免忽快忽慢。比如朗读科普文章介绍植物生长过程时，以平稳适中的语速朗读，能确保信息准确流畅传达，为听众营造舒适的听觉体验，使听众轻松跟上节奏理解内容，就像植物生长般有条不紊。

（2）语速调整：依据文本内容与情感变化灵活调整语速，可增强朗读表现力。描述紧张场景，如"快跑！地震了，房子要塌了"，加快语速营造紧迫感；表达深沉情感，如"他缓缓地闭上了眼睛，带着一生的回忆"，放慢语速体现凝重氛围。在朗读故事性文本时，语速调整能生动展现情节，增强层次感与生动性，引导听众深入理解内涵，感受情感变化，如同故事的跌宕起伏。

5. 语调变化

（1）陈述语调：陈述语调用于陈述句，语调平稳，句末略降，给人陈述事实的直观感受。例如，"今天的天气晴朗"，以平稳语调朗读，句末音调稍降，客观传达信息，像平静的湖面如实呈现景象。

（2）疑问语调：疑问句使用疑问语调，句末一般上扬，表达询问语气。比如，"你知道明天的会议时间吗？"句末语调升高，明确传达疑问，引发听众回应与思考，如同抛出问题等待解答。

（3）感叹语调：感叹语调用于感叹句，语调强烈，常伴随音高升高、音量增大，表达强烈情感。例如，"这风景真是太壮观了！"朗读时语调上扬，音量加大，突出感叹情绪，增强情感表达力度，使听众深切感受句子中的强烈情感，像激昂的乐章震撼人心。

（三）朗诵艺术技巧

1. 文本理解与分析

（1）创作背景研究。深刻理解作品创作背景，是精准把控朗诵情感与风格的关键。例如，鲁迅的《从百草园到三味书屋》创作于新文化运动时期，彼时社会对教育革新的讨论热烈非凡。当朗诵者知悉这一背景后，便能深切体会文中对童年自由生活的怀念，以及对传统教育的复杂情感。如此一来，为朗诵奠定温馨又略带思索的情感基调，赋予朗诵以时代的深度，让听众仿佛身临其境，置身于那个教育变革的时代浪潮之中。

（2）主题与情感脉络梳理。明确作品主题并梳理情感发展脉络，堪称朗诵准备工作的核心所在。以徐志摩的《再别康桥》为例，其主题围绕对康桥的爱恋与不舍。情感从初见康桥时的欣喜，逐步过渡至离别时的惆怅。朗诵过程中，按照这样的情感脉络，在描述欣喜时，语气轻快活泼；表达惆怅时，舒缓哀伤。如此使得情感表达流畅自然，引导听众深入理解作品内涵，真切感受情感的层层递进。

2. 声音塑造与情感表达

（1）音色运用。根据作品风格与角色特性灵活运用音色，能极大地提升艺术表现力。在朗诵儿童故事《三只小猪》时，采用稚嫩、可爱的音色，生动展现小猪们的天真无邪；朗诵边塞诗，如岑参的《白雪歌送武判官归京》，运用豪迈、粗犷的音色，营造雄浑壮阔的氛围；朗诵小说《家》中不同人物对话，通过变换音色区分角色，像用沉稳的音色塑造觉新，用活泼的音色表现琴，使角色形象鲜明生动，增强朗诵的角色辨识度与艺术感染力，让听众仿佛走进小说所描绘的世界。

（2）音高与音量变化。巧妙调节音高与音量，能够生动展现作品的情感起伏。在表达激昂振奋的情绪，比如朗诵"长风破浪会有时，直挂云帆济沧海"时，提高音高、增大音量，尽显豪迈自信的气势；表现温婉细腻的情感，如"此情可待成追忆，只是当时已惘然"，降低音高、减小音量，体现含蓄深沉之感。在朗诵情感丰富的现代诗时，音高与音量的巧妙变化为朗诵增添丰富层次与感染力，使听众更易沉浸于作品情境，感受情感的细微变化。

（3）节奏把握。依据作品内容与情感变化合理把控朗诵节奏。在紧张刺激的情节，例如朗诵冒险小说中主人公遭遇危险的场景时，加快节奏；在抒情、深沉的段落，像表达对故乡思念的散文里，放慢节奏。节奏变化与情感表达紧密配合，使朗诵富有韵律感与节奏感，增强艺术表现力，引导听众感受作品的情感节奏，更好地融入朗诵营造的氛围。

3. 肢体语言与舞台表现

（1）面部表情运用。面部表情是情感传递的重要途径。朗诵时，通过丰富多样的面部表情，如眼神的流转、嘴角的牵动，直观展现作品情感。朗诵欢快愉悦的作品，如《欢乐颂》，展现灿烂的笑容、明亮的眼眸；表达哀伤悲痛的情感，如朗诵《纪念刘和珍君》，眉头紧锁、眼神凝重。举例来说，朗诵《春》时，面部洋溢着喜悦，展现春天的蓬勃生机；朗诵《祝福》中祥林嫂悲惨命运的片段，面容哀伤，传达出对她的同情。面部表情与声音完美配合，使朗诵更加生动、富有感染力，增强情感传递效果。

（2）肢体动作设计。恰当的肢体动作能显著提升朗诵的舞台表现力。朗诵豪迈壮阔的诗词，如"大江东去，浪淘尽，千古风流人物"，伸展手臂、身姿挺拔，用大幅度动作展现豪迈气魄；表现清幽宁静的场景，如"人闲桂花落，夜静春山空"，动作轻柔舒缓，身体平稳，营造宁静氛围。肢体动作与声音、面部表情协同一致，共同塑造鲜明的艺术形象，为听众带来丰富、立体的视听体验，使朗诵更具视觉冲击力。

（3）舞台空间运用。合理利用舞台空间能有效增强表演效果。在舞台上适度走动，如朗诵激情澎湃的演讲时，从舞台一端走向另一端，吸引观众注意力，增强与观众互动；根据作品情境在不同位置朗诵，如靠近舞台前方表达热烈的情感诉求，在舞台后方营造含蓄的氛围。在朗诵长篇叙事诗时，巧妙运用舞台空间，使朗诵更具层次感与空间感，提升舞台表演的整体效果，为观众呈现更丰富、多元的表演体验。

五、拓展例文

◎ 例文一：

家国情怀主题诵读——《少年中国说》梁启超①

（一）作家简介

梁启超（1873—1929 年），字卓如，号任公，广东新会人，中国近代思想家、政治家、教育家、文学家，戊戌变法核心领导人，与康有为并称"康梁"。他早年师从康有为，倡导维新改良，主张变法图强，著有《变法通议》《饮冰室合集》等。梁启超不仅是维新运动的核心人物，更是近代启蒙思想的先驱，其文风激昂澎湃，以政论散文见长，被誉为"舆论界之骄子"。他的思想深刻影响了中国近代化进程，其子女亦秉承家国情怀，投身新中国建设。

（二）创作背景

《少年中国说》创作于 1900 年，时值梁启超因戊戌变法失败流亡日本期间。此文的诞生之际，八国联军侵华（庚子事变），列强污蔑中国为"老大帝国""东亚病夫"，鼓吹瓜分中国，而国内部分人亦散播悲观论调，认为中国"三日可亡"。梁启超为驳斥列强与国内投降派的谬论，唤醒国人自信，通过《清议报》发声，强调中国并非衰老之国，而是充满希望的"少年中国"。戊戌变法失败后，梁启超未放弃改革理想，试图以文字激发青年

---

① 选自《饮冰室合集》，中华书局 2015 年版。

活力，呼吁接受先进制度文化，改变中国积贫积弱之现状。

（三）历史影响与当代意义

1. 近代思想启蒙

文章发表于《清议报》后风行海内，成为反帝反封建的思想武器，"少年"一词被赋予革命先锋的内涵。激励五四运动等青年运动，为近代中国转型注入精神动力。

2. 当代价值

青年教育：传递"责任与担当"的核心价值观。

文化自信：重申"少年精神"对创新与民族复兴的意义，呼应"中国梦"的时代主题。

◎ 附原文

少年中国说

日本人之称我中国也，一则曰老大帝国，再则曰老大帝国。是语也，盖袭译欧西人之言也。呜呼！我中国其果老大矣乎？梁启超曰：恶是何言！是何言！吾心目中有一少年中国在！

欲言国之老少，请先言人之老少。老年人常思既往，少年人常思将来。惟思既往也故生留恋心；惟思将来也故生希望心。惟留恋也故保守；惟希望也故进取。惟保守也故永旧；惟进取也故日新。惟思既往也，事事皆其所已经者，故惟知照例；惟思将来也，事事皆其所未经者，故常敢破格。老年人常多忧虑，少年人常好行乐。惟多忧也，故灰心；惟行乐也，故盛气。惟灰心也，故怯懦；惟盛气也，故豪壮。惟怯懦也，故苟且；惟豪壮也，故冒险。惟苟且也，故能灭世界；惟冒险也，故能造世界。老年人常厌事，少年人常喜事。惟厌事也，故常觉一切事无可为者；惟好事也，故常觉一切事无不可为者。老年人如夕照，少年人如朝阳；老年人如瘠牛，少年人如乳虎。老年人如僧，少年人如侠。老年人如字典，少年人如戏文。老年人如鸦片烟，少年人如泼兰地酒。老年人如别行星之陨石，少年人如大洋海之珊瑚岛。老年人如埃及沙漠之金字塔，少年人如西比利亚之铁路；老年人如秋后之柳，少年人如春前之草。老年人如死海之潴为泽，少年人如长江之初发源。此老年与少年性格不同之大略也。梁启超曰：人固有之，国亦宜然。

梁启超曰：伤哉，老大也！浔阳江头琵琶妇，当明月绕船，枫叶瑟瑟，衾寒于铁，似梦非梦之时，追想洛阳尘中春花秋月之佳趣。西宫南内，白发宫娥，一灯如穗，三五对坐，谈开元、天宝间遗事，谱《霓裳羽衣曲》。青门种瓜人，左对孺人，顾弄孺子，忆侯门似海珠履杂遝之盛事。拿破仑之流于厄蔑，阿剌飞之幽于锡兰，与三两监守吏，或过访之好事者，道当年短刀匹马驰骋中原，席卷欧洲，血战海楼，一声叱咤，万国震恐之丰功伟烈，初而拍案，继而抚髀，终而揽镜。呜呼，面皱齿尽，白发盈把，颓然老矣！若是者，舍幽郁之外无心事，舍悲惨之外无天地，舍颓唐之外无日月，舍叹息之外无音声，舍待死之外无事业。美人豪杰且然，而况寻常碌碌者耶？生平亲友，皆在墟墓；起居饮食，待命于人。今日且过，遑知他日？今年且过，遑恤明年？普天下灰心短气之事，未有甚于老大者。于此人也，而欲望以擎云之手段，回天之事功，挟山超海之意气，能乎不能？

呜呼！我中国其果老大矣乎？立乎今日，以指畴昔，唐虞三代，若何之郅治；秦皇汉武，若何之雄杰；汉唐来之文学，若何之隆盛；康乾间之武功，若何之烜赫。历史家所铺叙，词章家所讴歌，何一非我国民少年时代良辰美景、赏心乐事之陈迹哉！而今颓然老矣！昨日割五城，明日割十城，处处雀鼠尽，夜夜鸡犬惊。十八省之土地财产，已为人怀中之肉；四百兆之父兄子弟，已为人注籍之奴，岂所谓"老大嫁作商人妇"者耶？呜呼！凭君莫话当年事，憔悴韶光不忍看！楚囚相对，发发顾影，人命危浅，朝不虑夕。国为待死之国，一国之民为待死之民。万事付之奈何，一切凭人作弄，亦何足怪！

梁启超曰：我中国其果老大矣乎？是今日全地球之一大问题也。如其老大也，则是中国为过去之国，即地球上昔本有此国，而今渐渐灭，他日之命运殆将尽也。如其非老大也，则是中国为未来之国，即地球上昔未现此国，而今渐发达，他日之前程且方长也。欲断今日之中国为老大耶？为少年耶？则不可不先明"国"字之意义。夫国也者，何物也？有土地，有人民，以居于其土地之人民，而治其所居之土地之事，自制法律而自守之；有主权，有服从，人人皆主权者，人人皆服从者。夫如是斯谓之完全成立之国，地球上之有完全成立之国也，自百年以来也。完全成立者，壮年之事也。未能完全成立而渐进于完全成立者，少年之事也。故吾得一言以断之曰：欧洲列邦在今日为壮年国，而我中国在今日为少年国。

夫古昔之中国者，虽有国之名，而未成国之形也。或为家族之国，或为酋长之国，或为诸侯封建之国，或为一王专制之国。虽种类不一，要之，其于国家之体质也，有其一部而缺其一部。正如婴儿自胚胎以迄成童，其身体之一二官支，先行长成，此外则全体虽粗具，然未能得其用也。故唐虞以前为胚胎时代，殷周之际为乳哺时代，由孔子而来至于今为童子时代。逐渐发达，而今乃始将入成童以上少年之界焉。其长成所以若是之迟者，则历代之民贼有窒其生机者也。譬犹童年多病，转类老态，或且疑其死期之将至焉，而不知皆由未完成未成立也。非过去之谓，而未来之谓也。

且我中国畴昔，岂尝有国家哉？不过有朝廷耳！我黄帝子孙，聚族而居，立于此地球之上者既数千年，而问其国之为何名，则无有也。夫所谓唐、虞、夏、商、周、秦、汉、魏、晋、宋、齐、梁、陈、隋、唐、宋、元、明、清者，则皆朝名耳。朝也者，一家之私产也。国也者，人民之公产也。朝有朝之老少，国有国之老少。朝与国既异物，则不能以朝之老少而指为国之老少明矣。文、武、成、康，周朝之少年时代也。幽、厉、桓、赧，则其老年时代也。高、文、景、武，汉朝之少年时代也。元、平、桓、灵，则其老年时代也。自余历朝，莫不有之。凡此者谓为一朝廷之老也则可，谓为一国之老也则不可。一朝廷之老且死，犹一人之老且死也，于吾所谓中国者何与焉。然则，吾中国者，前此尚未出现于世界，而今乃始萌芽云尔。天地大矣，前途辽矣。美哉我少年中国乎！

玛志尼者，意大利三杰之魁也。以国事被罪，逃窜异邦。乃创立一会，名曰"少年意大利"。举国志士，云涌雾集以应之。卒乃光复旧物，使意大利为欧洲之一雄邦。夫意大利者，欧洲之第一老大国也。自罗马亡后，土地隶于教皇，政权归于奥国，殆所谓老而濒于死者矣。而得一玛志尼，且能举全国而少年之，况我中国之实为少年时代者耶！堂堂四百余州之国土，凛凛四百余兆之国民，岂遂无一玛志尼其人者！

龚自珍氏之集有诗一章，题曰《能令公少年行》。吾尝爱读之，而有味乎其用意之所存。我国民而自谓其国之老大也，斯果老大矣；我国民而自知其国之少年也，斯乃少年矣。西谚有之曰："有三岁之翁，有百岁之童。"然则，国之老少，又无定形，而实随国民之心力以为消长者也。吾见乎玛志尼之能令国少年也，吾又见乎我国之官吏士民能令国老大也。吾为此惧！夫以如此壮丽浓郁翩翩绝世之少年中国，而使欧西日本人谓我为老大者，何也？则以握国权者皆老朽之人也。非哦几十年八股，非写几十年白折，非当几十年差，非捱几十年俸，非递几十年手本，非唱几十年喏，非磕几十年头，非请几十年安，则必不能得一官、进一职。其内任卿贰以上，外任监司以上者，百人之中，其五官不备者，殆九十六七人也。非眼盲则耳聋，非手颤则足跛，否则半身不遂也。彼其一身饮食步履视听言语，尚且不能自了，须三四人左右扶之捉之，乃能度日，于此而乃欲责之以国事，是何异立无数木偶而使治天下也！且彼辈者，自其少壮之时既已不知亚细亚、欧罗巴为何处地方，汉祖唐宗是那朝皇帝，犹嫌其顽钝腐败之未臻其极，又必搓磨之，陶冶之，待其脑髓已涸，血管已塞，气息奄奄，与鬼为邻之时，然后将我二万里山河，四万万人命，一举而界于其手。呜呼！老大帝国，诚哉其老大也！而彼辈者，积其数十年之八股、白折、当差、捱俸、手本、唱喏、磕头、请安，千辛万苦，千苦万辛，乃始得此红顶花翎之服色，中堂大人之名号，乃出其全副精神，竭其毕生力量，以保持之。如彼乞儿拾金一锭，虽轰雷盘旋其顶上，而两手犹紧抱其荷包，他事非所顾也，非所知也，非所闻也。于此而告之以亡国也，瓜分也，彼乌从而听之，乌从而信之！即使果亡矣，果分矣，而吾今年七十矣，八十矣，但求其一两年内，洋人不来，强盗不起，我已快活过了一世矣！若不得已，则割三头两省之土地奉申贺敬，以换我几个衙门；卖三几百万之人民作仆为奴，以赎我一条老命，有何不可？有何难办？呜呼！今之所谓老后、老臣、老将、老吏者，其修身齐家治国平天下之手段，皆具于是矣。西风一夜催人老，凋尽朱颜白尽头。使走无常当医生，携催命符以祝寿，嗟乎痛哉！以此为国，是安得不老且死，且吾恐其未及岁而殇也。

梁启超曰：造成今日之老大中国者，则中国老朽之冤业也。制出将来之少年中国者，则中国少年之责任也。彼老朽者何足道，彼与此世界作别之日不远矣，而我少年乃新来而与世界为缘。如僦屋者然，彼明日将迁居他方，而我今日始入此室处。将迁居者，不爱护其窗棂，不洁治其庭庑，俗人恒情，亦何足怪！若我少年者，前程浩浩，后顾茫茫。中国而为牛为马为奴为隶，则烹脔鞭棰之惨酷，惟我少年当之。中国如称霸宇内，主盟地球，则指挥顾盼之尊荣，惟我少年享之。于彼气息奄奄与鬼为邻者何与焉？彼而漠然置之，犹可言也。我而漠然置之，不可言也。使举国之少年而果为少年也，则吾中国为未来之国，其进步未可量也。使举国之少年而亦为老大也，则吾中国为过去之国，其渐亡可翘足而待也。故今日之责任，不在他人，而全在我少年。少年智则国智，少年富则国富，少年强则国强，少年独立则国独立，少年自由则国自由，少年进步则国进步，少年胜于欧洲则国胜于欧洲，少年雄于地球则国雄于地球。红日初升，其道大光。河出伏流，一泻汪洋。潜龙腾渊，鳞爪飞扬。乳虎啸谷，百兽震惶。鹰隼试翼，风尘翕张。奇花初胎，矞矞皇皇。干将发硎，有作其芒。天戴其苍，地履其黄。纵有千古，横有八荒。前途似海，来日方长。美哉我少年中国，与天不老！壮哉我中国少年，与国无疆！

◎ 例文二：

<h2 style="text-align:center">经典诵读主题诵读——《赤壁赋》 苏轼①</h2>

（一）作家简介

苏轼（1037—1101 年），字子瞻，号东坡居士，北宋文学家、书法家、画家、政治家，与其父苏洵、弟苏辙并称"三苏"，位列"唐宋八大家"。他出身书香世家，早年以才华闻名，21 岁中进士，因反对王安石变法及直言敢谏的个性，屡遭贬谪。

苏轼是北宋文坛全才，其诗、词、散文、赋均成就斐然，风格豪放洒脱又兼具哲理深度。代表作《赤壁赋》《念奴娇·赤壁怀古》等创作于他被贬谪黄州期间，融合个人命运与宇宙思考，成为中国古代文学的经典作品。

（二）创作背景

《赤壁赋》写于宋神宗元丰五年（1082 年）七月十六日，苏轼因"乌台诗案"被贬黄州（今湖北黄冈）的第三年。此时的苏轼经历了人生重大转折。元丰二年（1079 年），苏轼因诗文中流露对新法的批评，被诬陷"谤讪朝廷"，入狱 103 天，几近丧命，史称"乌台诗案"。出狱后贬为黄州团练副使，形同流放，不得签署公文。贬谪期间，苏轼生计艰难，曾躬耕东坡，自号"东坡居士"。他陷入对仕途的绝望与人生的虚无感，借佛道思想寻求解脱，同时与田夫野老交往，逐渐贴近现实。苏轼借古抒怀，在两次泛舟赤壁（另一次为十月十五日，作《后赤壁赋》）中，将历史、自然与哲思熔于一炉。

（三）历史意义与影响

（1）文学地位：被誉为"千古绝唱"，与《后赤壁赋》并称"双璧"，开创了"文赋"新范式，影响后世散文、诗词创作。将个人际遇升华为人生哲思，成为文人逆境中精神突围的典范文本。

（2）文化传承：文中的"水月之喻""清风明月"等意象成为中国文化中超脱精神的象征。后世书法、绘画常以《赤壁赋》为题材，如文徵明、赵孟頫的书法作品。

（3）现代启示：在当代快节奏社会中，《赤壁赋》启示人们以豁达心态面对困境，从自然与历史中汲取精神力量。

---

① 选自《苏轼文集》卷一，中华书局 1986 年版。

◎ 附原文

赤壁赋

壬戌之秋，七月既望，苏子与客泛舟游于赤壁之下。清风徐来，水波不兴。举酒属客，诵明月之诗，歌窈窕之章。少焉，月出于东山之上，徘徊于斗牛之间。白露横江，水光接天。纵一苇之所如，凌万顷之茫然。浩浩乎如冯虚御风，而不知其所止；飘飘乎如遗世独立，羽化而登仙。

于是饮酒乐甚，扣舷而歌之。歌曰："桂棹兮兰桨，击空明兮溯流光。渺渺兮予怀，望美人兮天一方。"客有吹洞箫者，倚歌而和之。其声呜呜然，如怨如慕，如泣如诉；余音袅袅，不绝如缕。舞幽壑之潜蛟，泣孤舟之嫠妇。

苏子愀然，正襟危坐，而问客曰："何为其然也？"客曰："'月明星稀，乌鹊南飞。'此非曹孟德之诗乎？西望夏口，东望武昌，山川相缪，郁乎苍苍，此非孟德之困于周郎者乎？方其破荆州，下江陵，顺流而东也，舳舻千里，旌旗蔽空，酾酒临江，横槊赋诗，固一世之雄也，而今安在哉？况吾与子渔樵于江渚之上，侣鱼虾而友麋鹿，驾一叶之扁舟，举匏樽以相属。寄蜉蝣于天地，渺沧海之一粟。哀吾生之须臾，羡长江之无穷。挟飞仙以遨游，抱明月而长终。知不可乎骤得，托遗响于悲风。"

苏子曰："客亦知夫水与月乎？逝者如斯，而未尝往也；盈虚者如彼，而卒莫消长也。盖将自其变者而观之，则天地曾不能以一瞬；自其不变者而观之，则物与我皆无尽也，而又何羡乎！且夫天地之间，物各有主，苟非吾之所有，虽一毫而莫取。惟江上之清风，与山间之明月，耳得之而为声，目遇之而成色，取之无禁，用之不竭。是造物者之无尽藏也，而吾与子之所共适。"

客喜而笑，洗盏更酌。肴核既尽，杯盘狼籍。相与枕藉乎舟中，不知东方之既白。

◎ 例文三：

经典诵读主题诵读——《岳阳楼记》范仲淹①

（一）作家简介

范仲淹（989—1052 年），字希文，谥号文正，苏州吴县（今江苏苏州）人，北宋著名政治家、文学家、军事家。范仲淹出身寒微，幼年丧父，随母改嫁。但他刻苦读书，27岁中进士，此后历任陕西四路经略安抚招讨副使、参知政事等职。范仲淹在政治上以刚正敢言著称，其"宁鸣而死，不默而生"的精神，展现了他作为士人的担当与勇气。他主张改革弊政，主持"庆历新政"，试图扭转北宋积贫积弱的局面，却因触犯保守派利益而失

---

① 选自《范仲淹全集》，凤凰出版社 2004 年版。

败，晚年被贬至邓州、杭州等地。在文学领域，范仲淹成就卓著，其散文、诗词皆具雄浑气魄。他的作品突破了当时文学创作的一些局限，为宋代文学的发展注入了新的活力，代表作有《岳阳楼记》《渔家傲·秋思》等。

（二）创作背景

《岳阳楼记》创作于庆历六年（1046 年），时值范仲淹因"庆历新政"失败被贬邓州期间。新政失败后，范仲淹被贬邓州，好友滕子京亦因支持改革被贬岳州（今湖南岳阳）。滕子京在岳州重修岳阳楼，寄《洞庭晚秋图》及诗文向范仲淹求记，以借文抒怀。文章表面为楼作记，实为范仲淹与滕子京的互勉之作，旨在以"先忧后乐"精神鼓舞逆境中的士大夫群体。

（三）历史意义与当代价值

《岳阳楼记》被誉为"千古第一楼记"，与王勃《滕王阁序》并称。但《岳阳楼记》更侧重于思想深度的表达，而非单纯追求辞藻的华丽堆砌，将散文从单纯写景抒情推向思想表达的高度。"先忧后乐"成为士大夫精神标杆，激励后世如文天祥、林则徐等仁人志士。在个人主义盛行的今天，《岳阳楼记》重申集体责任与家国情怀，呼应"中国梦"的核心价值观。岳阳楼因文成名，成为中国文化地标，文章被收入教材，成为语文教育与廉政文化的重要文本。

◎ 附原文

岳阳楼记

庆历四年春，滕子京谪守巴陵郡。越明年，政通人和，百废具兴。乃重修岳阳楼，增其旧制，刻唐贤今人诗赋于其上。属予作文以记之。

予观夫巴陵胜状，在洞庭一湖。衔远山，吞长江，浩浩汤汤，横无际涯，朝晖夕阴，气象万千。此则岳阳楼之大观也，前人之述备矣。然则北通巫峡，南极潇湘，迁客骚人，多会于此，览物之情，得无异乎？

若夫淫雨霏霏，连月不开，阴风怒号，浊浪排空；日星隐曜，山岳潜形，商旅不行，樯倾楫摧，薄暮冥冥，虎啸猿啼。登斯楼也，则有去国怀乡，忧谗畏讥，满目萧然，感极而悲者矣。

至若春和景明，波澜不惊，上下天光，一碧万顷，沙鸥翔集，锦鳞游泳，岸芷汀兰，郁郁青青。而或长烟一空，皓月千里，浮光跃金，静影沉璧，渔歌互答，此乐何极！登斯楼也，则有心旷神怡，宠辱偕忘，把酒临风，其喜洋洋者矣。

嗟夫！予尝求古仁人之心，或异二者之为，何哉？不以物喜，不以己悲，居庙堂之高则忧其民，处江湖之远则忧其君。是进亦忧，退亦忧。然则何时而乐耶？其必曰："先天下之忧而忧，后天下之乐而乐"乎！噫！微斯人，吾谁与归？时六年九月十五日。

第二节　演　讲

一、演讲的定义与重要性

演讲，指的是演讲者在特定场合，借助有声语言和态势语言，向听众发表意见、抒发情感，进而感召听众并促使其采取行动的信息交流活动。它并非简单的说话，而是一门综合性的表达艺术。

在当今时代，演讲能力对大学生而言至关重要。不管是课堂上的小组汇报、竞选学生会职位，还是未来进入职场后的项目展示、商务洽谈，出色的演讲能力都能让你在人群中崭露头角。相关调查显示，超过 80% 的企业在招聘时，会把良好的表达能力列为重要考量因素，而演讲能力正是表达能力的集中体现。它不仅能展现个人的专业素养，还能传递独特的个人魅力，帮助大学生在各种场合自信地展示自我，赢得他人的认可与支持。例如，在大学生创新创业大赛的项目路演环节，具备优秀演讲能力的团队成员，能够清晰、生动地阐述项目的创意、市场前景和竞争优势，吸引投资人的关注，从而获得更多的资源和支持。

二、演讲的分类

（一）按内容分类

1. 政治演讲

这类演讲主要围绕政治议题展开，包括政策解读、竞选拉票、外交声明等。在校园里，参与学校社团干部竞选的同学，发表关于社团发展规划、活动创新的演讲也属于此类。他们通过清晰阐述自己的理念和计划，吸引社团成员投票支持，就像某位同学在竞选演讲中说道："如果我当选社团主席，我将组织更多与社会热点相关的实践活动，让大家在锻炼能力的同时，增强社会责任感。"

2. 学术演讲

多在学术会议、高校课堂等场合进行，以传播专业知识、分享研究成果为目的。大学生在参与专业学术讲座时，经常能听到教授们分享前沿的研究成果。比如在计算机专业的学术讲座上，教授讲解人工智能算法的优化研究，从研究背景、实验过程到结论分析，详细且严谨地呈现专业内容。而大学生自己在课程汇报中，展示某一学科课题的研究成果，也是学术演讲的体现。这要求同学们运用专业术语准确表达观点，逻辑严密地论证研究结论。

3. 经济演讲

聚焦经济领域，涵盖市场分析、企业战略规划、金融产品推介等内容。例如，在学校举办的模拟商业挑战赛中，团队成员需要向评委和观众分析市场趋势，介绍自己的企业运营策略："我们通过市场调研发现，大学生对个性化文创产品的需求日益增长，所以我们计划推出一系列以校园文化为主题的文创产品，精准定位目标客户群体，打开市场。"在这类演讲中，数据的准确性和分析的客观性至关重要，以此来影响听众的决策。

4. 生活演讲

与日常生活紧密相关，包括励志分享、情感故事讲述、生活经验交流等。比如在学校组织的"梦想起航"主题活动中，一位同学讲述自己从对专业学习感到迷茫，到通过参加实践活动找到兴趣方向，最终明确职业目标的经历，激励其他同学勇敢探索自己的未来。在小组活动中，大家分享各自的生活小窍门，这也是生活演讲的一种轻松形式，通过分享真实的生活点滴，引发彼此的共鸣。

（二）按目的分类

1. 说服型演讲

核心目的是改变听众的态度、观念或行为。在学校组织的垃圾分类宣传活动中，演讲者通过展示校园垃圾堆积的现状以及对环境的危害数据，呼吁同学们养成垃圾分类的好习惯，如"同学们，我们每天产生的垃圾如果不分类处理，会占用大量土地资源，还会污染环境。让我们从现在开始，做好垃圾分类，为校园环境贡献一份力量"。在演讲过程中，运用有效的论证方法和情感引导，突破听众原有的认知防线。

2. 告知型演讲

重点在于向听众传递信息，让他们了解新知识、新事物或新情况。例如，学校举办的考研经验分享会，考上研究生的学长学姐向学弟学妹们介绍考研的流程、各个科目的复习方法、如何选择合适的院校等信息，帮助准备考研的同学少走弯路。在这个过程中，信息准确、清晰的传递至关重要，以便听众理解和吸收。

3. 娱乐型演讲

旨在为听众带来欢乐和愉悦体验，活跃气氛。常见于校园晚会主持、班级脱口秀表演等场合。比如在班级元旦晚会上，主持人用幽默风趣的语言介绍节目，调侃同学们在排练过程中的趣事："接下来这个节目可不得了，听说某位同学在排练舞蹈的时候，舞步堪称'独特'，让我们一起拭目以待！"通过巧妙的语言和生动的演绎吸引听众注意力，营造轻松愉快的氛围。不过，幽默型演讲要注意把握分寸，避免低俗或过度夸张，以免影响演讲的主题表达。

（三）按场合分类

1. 正式场合演讲

如大型会议、重要仪式等，对演讲者的着装、语言规范、内容深度等都有较高要求。如在学校的开学典礼上，校长发表的致辞，着装需要正式得体，语言庄重且富有内涵，内容既要回顾学校的发展历程、欢迎新生的到来，又要对新生的大学生活提出期望和建议。在专业学术论坛上，学生代表进行学术成果汇报时，也要以专业、严谨的态度呈现，展现学校的学术水平和学生的专业素养。

2. 非正式场合演讲

多在朋友聚会、小组讨论等轻松氛围中进行。在朋友聚会上，大家分享自己假期旅行中的奇闻趣事，着装随意，语言轻松活泼，注重与朋友间的互动交流。小组学习讨论时，针对某一问题发表观点，无需过于拘谨，可自由表达想法，促进思想碰撞。比如在分享阅读的文学作品时，同学们各抒己见，分享自己对作品人物和情节的独特理解。

三、演讲的风格

（一）激昂型

激昂型演讲风格的特点是情感热烈、气势磅礴。演讲者往往借助高亢的语调、有力的手势以及富有激情的语言表达，迅速点燃听众的情绪，营造出强烈的现场氛围。如在学校举办的"青春无畏，逐梦飞扬"主题演讲比赛中，一位选手讲述自己克服重重困难参加体育比赛的经历，他激情澎湃地说道："每一次跌倒，我都告诉自己，这是通往成功的必经之路！我要像勇士一样，勇往直前，向着梦想冲刺！"配合极具感染力的肢体动作和激昂的声音，让台下的同学热血沸腾，深受鼓舞。

（二）沉稳型

沉稳型风格注重逻辑严谨、条理清晰。演讲者以平稳的语速、坚定的眼神和简洁明了的语言，有条不紊地阐述观点。在专业课程的小组展示中，当小组代表讲解复杂的专业课题时，会按照课题背景、研究方法、成果分析的顺序依次阐述，用专业且冷静的语言，配合精确的数据和图表，让同学们能够清晰地理解研究内容，感受到学术的严谨性。比如在讲解经济学案例时，通过对市场数据的详细分析，理性地得出结论和建议，让听众信服。

（三）幽默型

幽默型演讲风格充满趣味性，演讲者通过巧妙的段子、诙谐的语言和夸张的表演，让听众在轻松愉快的氛围中接受信息。在校园脱口秀表演中，演员讲述自己在学习和生活中的各种趣事，比如模仿老师上课的经典动作和口头禅，对考试前临时抱佛脚的场景进行夸张演绎，引得观众笑声不断。在班级活动中，主持人用幽默的语言介绍游戏规则，调侃同学们的表现，使整个现场气氛活跃，大家沉浸在欢乐之中。不过，幽默型演讲要注意把握分寸，避免低俗或过度夸张，以免影响演讲的主题表达。

（四）温情型

温情型风格以情感细腻、真挚动人见长。演讲者通过讲述温暖的故事、表达内心深处的情感，引发听众的情感共鸣。比如在学校举办的"感恩有你"主题演讲活动中，一位同学讲述自己在生病期间，室友们悉心照顾的点点滴滴，从帮忙打饭、买药到陪伴去医院，用饱含深情的语言描绘出同学之间真挚的友谊，让台下的听众不禁回忆起自己与同学相处的美好时光，深受感动。在毕业季的班级聚会上，班长回顾大家一起度过的四年美好时光，分享那些难忘的瞬间，共同的回忆，点点滴滴，唤起大家对校园生活的不舍和对未来的期待，这种温情的表达能触动听众内心最柔软的部分，激发大家的情感共鸣。

四、演讲的语言特点

（一）简洁性

演讲语言要简洁明了，避免冗长复杂的表述。简洁的语言能让听众快速理解演讲者的核心观点，提升信息传递效率。例如，在倡导大学生参加志愿服务活动的演讲中，演讲者说"参与志愿活动，传递爱与温暖"，短短一句话，直接点明行动的意义，清晰易懂。若使用繁琐表述，不仅让听众抓不住重点，还容易产生厌烦情绪。在时间有限的演讲中，简洁性尤为关键，每个字、每句话都应服务于核心主题，剔除不必要的冗余信息。

（二）准确性

准确性是演讲语言的基石。演讲者必须精准地运用词汇和语句来表达思想，确保信息传达无误。在涉及专业知识、数据、事实等内容时，用词准确至关重要。例如在数学建模课程的汇报演讲中，讲解模型建立和求解过程时，对数学概念、公式推导等的表述必须精确，每个符号、步骤都不能出错，否则会误导听众，影响演讲的专业性和可信度。在日常演讲中，描述事件、表达观点同样要准确，避免模糊不清或产生歧义的表述，以免听众对演讲内容产生误解。

（三）生动性

生动的语言能使演讲更具吸引力和感染力，让听众身临其境，增强对演讲内容的感受。可以运用多种修辞手法来实现生动性，如比喻、拟人、排比等。例如，在描述大学生活的丰富多彩时，"大学生活就像一场绚丽的冒险，每一次社团活动都是新的挑战，每一次课堂讨论都是思想的碰撞，每一次朋友聚会都是温暖的港湾"。通过比喻和排比的运用，将大学生活的特点生动地展现出来，让听众更易理解和感受。此外，使用形象化的词汇、引用有趣的故事或案例，也能提升演讲的生动性，吸引听众注意力，使演讲更具魅力。

（四）口语化

演讲语言应贴近日常口语，避免过于书面化和文绉绉。口语化的表达自然流畅，能拉近演讲者与听众的距离，让听众感到亲切。例如，在讲述自己参加社团活动的收获时，用"我在社团里可真是学到了好多实用的技能，认识了一群超有意思的小伙伴"，比"于社团活动中，我收获颇丰，结识了诸多志同道合之人"更易被听众接受。当然，口语化并不是随意粗俗，而是在保持语言规范的基础上，运用通俗易懂、贴近生活的词汇和表达方式，使演讲如同与朋友聊天般轻松自然，让听众在轻松氛围中理解演讲内容。

（五）逻辑性

演讲语言要有清晰的逻辑结构，各部分内容之间过渡自然、衔接紧密。从提出问题、分析问题到解决问题，或是按照时间顺序、因果关系等逻辑顺序组织语言，能帮助听众跟上演讲者的思路，更好地理解演讲内容。比如在分析大学生拖延现象的演讲中，先阐述拖延现象在学习、生活中的具体表现，如作业总是拖到截止日期前才匆忙完成、计划好的锻炼总是被各种借口推迟等，再剖析背后的原因，像缺乏时间管理能力、自律性不足等，最后提出应对策略，如制定详细的计划、设置合理的奖励机制等。清晰的逻辑链条使演讲内容层次分明，让听众能系统地理解演讲者的观点和论证过程，增强演讲的说服力。

五、演讲前的充分准备

（一）明确演讲目的

每一次演讲都要有清晰的目标，是为了传递知识、说服听众接受某种观点，还是为了激发听众的情感共鸣、呼吁行动？例如，在一场关于推广阅读的演讲中，如果目的是传递知识，就需要详细介绍阅读的好处、不同类型书籍的特点等内容；若旨在呼吁行动，重点则应放在如何培养阅读习惯、学校和班级可以组织哪些阅读活动等方面。明确的目的能为演讲内容的组织和呈现指明方向。

（二）了解听众

不同的听众群体有着不同的背景、兴趣和需求。在面对大学一年级新生进行一场关于大学生活规划的演讲时，他们可能更关注如何适应新环境、如何平衡学习和社团活动；而向即将毕业的大四学生演讲时，就业选择、职业发展规划等内容或许更能引起他们的兴趣。通过提前了解听众的年级、专业、知识水平等信息，能够调整演讲的语言风格、内容深度和案例选择，确保演讲与听众"无缝对接"。

（三）精心构思内容

1. 确定主题

主题应简洁明了、具有吸引力且与演讲目的紧密相关。例如"探寻大学学习的奥秘"这一主题，既清晰传达核心内容，又能引发听众对如何高效学习的兴趣。

2. 搭建结构

演讲结构通常包括开头、主体和结尾。开头要迅速抓住听众注意力，可以采用提问、讲述有趣故事或引用震撼数据等方式。比如在关于大学生心理健康的演讲中，开头提问"你是否在某个瞬间感到压力巨大，却不知道如何释放？"主体部分是演讲的核心，需有条理地阐述观点，可运用"问题—解决方案""原因—结果"等逻辑结构。结尾则要简洁有力，总结要点并给听众留下深刻印象，如发出呼吁、展望未来等。

3. 选择案例和数据

生动具体的案例和准确的数据能增强演讲的可信度和说服力。在讲述如何提高英语学习效果的演讲中，列举某位同学通过坚持每天练习口语，在英语演讲比赛中获奖的案例，以及一些关于英语学习时间与成绩提升关系的数据，能让听众更直观地理解观点。

（四）撰写演讲稿

演讲稿的语言应简洁易懂、生动形象且富有感染力。避免使用过于复杂的句子结构和生僻词汇。同时，要注意语言的节奏感，合理运用停顿、重音等技巧。例如在表达重要观点时加重语气，在列举要点之间适当停顿，让听众有时间理解和思考。撰写完成后，要反复修改，确保内容流畅、逻辑严密。

（五）反复练习

练习是提升演讲水平的关键。可以先进行自我练习，对着镜子或使用录音录像设备，观察自己的表情、动作和语言表达，及时发现并纠正问题。然后进行模拟演讲，邀请同学、朋友作为听众，收集他们的反馈意见，进一步优化演讲表现。练习次数应根据演讲的复杂程度和个人熟练程度而定，一般不少于 5～10 次，直到能够自然流畅地完成演讲。

六、演讲中的技巧运用

（一）有声语言技巧

1. 发音准确清晰

确保每个字的发音标准，避免因发音错误影响听众理解。对于容易混淆的发音，如"z"和"zh""n"和"l"等，要特别注意区分和纠正。可以通过跟读标准发音材料、进行绕口令练习等方式提高发音准确性。

2. 控制语速语调

语速不宜过快，以免听众跟不上节奏；也不能过慢，否则会显得拖沓。一般情况下，每分钟 150～180 字较为适宜，但在表达激动情绪或强调重点内容时，可适当加快或放慢语速。语调要有起伏变化，通过升调、降调、平调的运用来表达不同的情感和语气，使演讲更具吸引力。例如，在提出问题时使用升调，在总结结论时采用降调。

3. 合理运用停顿

停顿能起到强调重点、给听众留出思考时间以及调整演讲节奏的作用。在句子之间、段落之间以及重要观点前后都可适当停顿。例如，在讲述一个重要案例前停顿一下，能引起听众的注意力，让他们更专注于后续内容。

（二）态势语言技巧

1. 肢体动作

肢体动作要自然、大方且与演讲内容相配合。站立时应保持挺胸抬头，展现自信的姿态；手势要简洁明了、富有表现力，可用于强调观点、指示方向或辅助描述事物。例如，用手掌向上抬起的动作表示邀请，用握拳的手势强调坚定的决心。但要避免过多无意义的小动作，以免分散听众注意力。

2. 面部表情

面部表情应丰富且真实地反映演讲者的情感。微笑能拉近与听众的距离，展现亲和力；在讲述悲伤或严肃的话题时，要展现出相应的凝重表情。通过眼神与听众进行交流，眼神要坚定、自信，扫视全场，与不同位置的听众都有目光接触，让他们感受到被关注。

七、应对演讲中的突发情况

（一）忘词

演讲过程中，忘词是较为常见的突发状况。一旦遭遇，切勿惊慌失措。演讲者可先行短暂停顿，充分利用这转瞬即逝的间隙，在记忆中快速检索下一句的内容。倘若一时难以忆起，不妨依据对演讲主题的深刻理解，灵活运用自身语言，对前文进行精准总结或适度拓展，进而不着痕迹地过渡到下一个要点。比如，在阐述某个关键议题时，忘词后可以这样表述："正如我刚才着重强调的，此议题意义重大，不仅直接左右我们当下的决策，更与未来发展的走向紧密相连。紧接着，让我们一同聚焦与之相关的另一关键层面……"通过这种方式，既能巧妙化解忘词的尴尬，又能保障演讲的连贯性，使其顺畅推进。

（二）设备故障

当投影仪、麦克风等设备突发故障，演讲者务必保持冷静。若故障是因为投影仪连接不当等简单操作问题，应迅速着手重新连接，并及时向听众清晰说明正在处理设备异常，以此稳定现场秩序。若故障短期内无法修复，演讲者需果断调整演讲方式。例如，投影仪无法使用时，可借助板书，将关键信息条理清晰地呈现出来；麦克风失灵时，则适当提高音量，确保后排听众也能听清内容。整个过程中，演讲者要始终保持积极的心态，绝不能让设备故障破坏演讲的良好氛围，更不能影响自身情绪，以沉稳自信的姿态完成演讲。

（三）听众反应不佳

在演讲时，有时会出现听众注意力不集中、交头接耳的现象。此时，演讲者可通过灵活调整演讲节奏，如突然停顿，制造悬念，引发听众的好奇心；也可提出与演讲内容紧密相关的开放性问题，鼓励听众积极参与回答；或者开展简单的互动调查，引导听众以举手等方式参与其中。例如，在一场关于社会热点问题的演讲中，若发现听众有些心不在焉，演讲者可突然停顿数秒，待听众注意力有所集中后，提问道："结合我们刚才探讨的社会现象，大家认为在日常生活中，个人可以采取哪些具体行动来推动社会的积极变革？欢迎分享各自的见解。"或者进行调查："认为加强社区教育对解决当前社会问题具有重要作用的听众，请举手示意。"通过这些互动手段，能够有效吸引听众的注意力，让他们重新投入到演讲中，增强参与感，提升演讲效果。

八、演讲后的总结与反思

演讲结束后，及时且全面地进行总结与反思，是演讲者提升演讲能力的关键环节。回顾演讲全程，演讲者应深入思考哪些方面表现出色，哪些地方存在不足。可从内容的完整性、逻辑的清晰度、语言表达的流畅性、态势语言的运用以及对突发情况的处理等多个维度进行剖析。同时，积极收集听众的反馈意见，全面了解他们对演讲内容和表现的评价。基于总结与反馈，制订切实可行的改进计划，有针对性地进行训练与提升。例如，若发现自己在演讲中语速过快，下次练习时便着重控制语速；若听众反映对某个观点理解困难，就进一步优化内容的表达方式。通过持续不断地总结反思与改进，演讲者的演讲水平将逐步得以提高。

九、拓展例文

◎ 例文一：

 屠呦呦《青蒿素的发现：传统中医献给世界的礼物》（2015 年诺贝尔奖演讲）①

◎ 例文二：

 莫言《讲故事的人》（2012 年诺贝尔文学奖演讲）②

◎ 例文三：

 单霁翔《让传统文化活在当下》（节选）③

---

① 屠呦呦：《青蒿素：中医药给世界的礼物》，载国家中医药管理局：http://www.natcm.gov.cn/bangongshi/gongzuodongtai/2018-03-24/1606.html。

② 莫言：《讲故事的人》，载中国新闻网：https://www.chinanews.com.cn/cul/2012/12-08/4392599.shtml.

③ 单霁翔：《用一个小时详谈"经营"故宫之道》，载搜狐新闻：https://www.sohu.com/a/295587307_467197。

板块三
应用文写作

第八章 应用文概述

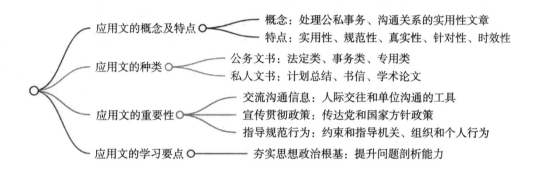

应用文是人类在长期的社会实践活动中逐渐形成并发展起来的一种实用性文体，主要用于处理公私事务、传递信息、解决实际问题。它具有明确的写作目的和特定的使用场景，直接服务于具体的事务处理或问题解决，与人们的生活、工作、学习等各个方面紧密相连。从公务活动中的公文往来，到商务领域的合同协议，再到日常生活中的书信便笺，应用文贯穿于社会活动的各个领域，成为现代社会不可或缺的沟通工具。

对大学毕业生而言，具备扎实的实用文章写作能力是一项重要的职业技能，也是适应现代社会发展的基本要求。随着社会的不断进步和人际交往的日益频繁，应用文的使用范围越来越广，其重要性也愈发凸显。然而，现实中许多人对应用文的掌握情况并不理想。例如，部分大学毕业生在撰写个人简历、求职信时，往往存在逻辑不清、语言表达不准确等问题；参加公务员考试的考生中，也有不少人对国家机关公文的基本格式和写作规范缺乏了解。这些问题不仅影响了个人职业发展的效率，也在一定程度上制约了社会事务的顺利开展。

因此，学习应用文写作对当代大学生具有重要的现实意义，应用文写作不仅是大学教育的重要组成部分，更是当代大学生走向社会、服务社会的必备技能。首先，掌握应用文写作技能有助于提升个人的职业竞争力，为未来的工作和生活打下坚实基础；其次，规范的应用文写作能够提高沟通效率，减少信息传递中的误解和偏差；最后，应用文写作能力的培养也有助于增强大学生的逻辑思维能力和语言表达能力，从而更好地适应社会发展的需求。

一、应用文的概念及特点

（一）应用文的概念

应用文是国家机关、企事业单位、社会团体或个人在处理公私事务、沟通相互关系时，使用的具有直接价值和惯用格式的实用性文章。

从文体分类的角度来看，文章可分为文学作品和非文学作品两大类。文学作品以满足审美需求为主要目的，注重艺术性和创造性，包括诗歌、小说、散文、戏剧等体裁；非文学作品则与实际工作、生活密切相关，以实用性为核心，涵盖记叙文、说明文、议论文和应用文等文体。其中，应用文作为非文学作品的重要组成部分，因其直接服务于具体事务处理和信息传递，在现代社会中具有广泛的应用价值。

（二）应用文的特点

应用文的总体特征主要表现在以下几个方面：

1. 实用性

与文学作品以空灵思想启发读者不同，应用文以实用为出发点和归宿，"为用而作"，用于解决实际问题，南北朝刘勰称其为"虽艺文之末品，而政事之先务"。

2. 规范性

有相对固定的写作格式，这是基本要求和显著特点。不同文种格式不同，规范格式利于区分文种、提高效率，且带有权威性和严肃性，如中央办公厅和国务院办公厅对国家党政机关法定公文规定了严格格式。规范格式还有助于作者理清思路和读者领会意图。

3. 真实性

应用文为办事而写，要求材料真实、论据确凿，与文学作品允许虚构不同，虚假材料会导致误事并损害公信力。

4. 针对性

写作意图、作者和受文对象明确，行文目的指向单纯。文学文体作者和受众不特定，写作意图模糊，而应用文如党政公文有特定作者和读者，需根据不同受众选择内容和格式，且意图目的不受作者和受众意志转移。

5. 时效性

为解决当下具体问题，制文发文要及时，否则耽误工作，问题解决后实用价值消失，与文学作品创作周期长且经典可流传不同。

二、应用文的种类

应用文种类繁多，根据其使用范围和功能，可分为公务文书和私人文书两大类。

（一）公务文书

公务文书是机关、团体、企事业单位在处理公务活动中使用的文书，具有规范性和权威性。根据其性质和用途，可分为以下几类：

1. 法定类文书

法定类文书是具有特定法律效力或行政约束力的文书，主要包括党政公文和申论。

2. 党政公文

党政公文是党政机关在实施领导、履行职能、处理公务过程中使用的具有规范体式的文书，如通知、通报、请示、批复等。其特点是格式规范、语言严谨、效力明确。

3. 申论

申论是公务员考试中的一种应试文书，要求考生针对特定问题进行分析、论证并提出解决方案，旨在考察应试者的综合分析能力和文字表达能力。

（二）事务类文书

事务类文书是处理日常事务或经济活动的文书，具有较强的实用性和灵活性。

1. 日常事务文书

用于处理日常工作中的事务，如简报、计划、总结、调查报告等。这类文书注重信息的准确性和时效性。

2. 经济事务文书

用于处理经济活动中的各种关系，如合同、协议、招标书、投标书等。这类文书强调条款的严密性和法律效力。

（三）专用类文书

专用类文书是特定领域或专业使用的文书，具有较强的专业性和针对性。

1. 管理类文书

用于加强业务管理，如规章制度、管理办法、考核方案等。

2. 法律类文书

用于处理法律事务，如起诉书、答辩状、判决书等。

3. 学术类文书

用于记录和传播科研成果，如学术论文、研究报告、实验记录等。

（四）私人文书

私人文书是个人用于处理自身事务、表达个人意向的文书，形式灵活多样。

1. 计划与总结

如个人学习计划、工作总结等，用于规划事务和反思经验。

2. 书信

如家书、感谢信、邀请函等，用于传递情感或信息。

3. 学术论文

用于学术会议宣读或刊物发表，是个人研究成果的重要载体。

三、应用文的重要性

在当今快节奏、高要求的社会环境下，应用文写作的地位愈发关键。无论是日常工作沟通、商务合作洽谈，还是各类事务处理，一份条理清晰、表达精准的应用文，能极大提升沟通效率，确保信息准确无误地传达。应用文在社会生活中发挥着不可替代的作用，其功能主要体现在以下几个方面：

1. 交流沟通信息

应用文是人际交往和单位间沟通的重要工具，能够实现信息的准确传递和高效交流。无论是公务活动中的公文往来，还是日常生活中的书信交流，应用文都为社会活动提供了重要的沟通平台。

写作是一种复杂的精神创造活动，它将作者的思想内涵转化为文字表达。由于每个人的思想、阅历、文化素养和表达能力不同，产出的应用文质量也有差异。一篇高质量的应用文，不仅能精准传达作者意图，还能对社会发展起到积极的推动作用。

2. 宣传贯彻政策

应用文是宣传和贯彻党和国家方针政策的重要载体。通过公文、通知、公告等形式，政策得以迅速传达并落实到基层，即使在信息化时代，这一作用依然不可替代。

在各级各类机关、企事业单位和社会团体中，应用文是实施管理、组织运行的核心工具和重要载体。它不仅是记录工作目标、任务要求、实施程序的重要手段，也是反映事物发展过程的关键依据。例如，政府部门通过发布政策文件传达决策精神、部署工作任务；企业通过下达工作指令明确职责分工、通过汇报经营状况反映运营成果，这些活动均离不开公文的应用。作为信息传递和事务处理的桥梁，公文在政令传达、工作部署、问题解决等方面发挥着不可替代的作用，是确保组织高效运转和社会有序运行的重要保障。

3. 指导规范行为

应用文在制定政策、发布法规、规范行为方面具有重要作用。例如，规章制度、管理办法等文书对机关、组织和个人行为具有明确的指导和约束作用，确保各项工作有序开展。

例如，政策文件将宏观战略转化为具体实施方案，法规公告使法律效力广泛覆盖，而内部规范则通过约束和激励引导个体行为。应用文不仅体现了其作为管理工具的功能性，更在社会治理中发挥着基础性作用，为社会的稳定和高效运行提供了制度保障。

四、应用文的学习要点

学好应用文写作需从思想修养、专业知识、实践能力和语言表达四个方面入手，将理论学习与实践锻炼紧密结合，不断探索与积累，提升写作水平，为未来职业发展奠定坚实基础。

（一）夯实思想政治根基，提升问题剖析能力

应用文写作不仅是文字表达，更是研究问题、处理事务、沟通交流、解决问题的综合体现。扎实的政治理论修养和卓越的问题分析能力是核心要素。应以马克思列宁主义、毛泽东思想为指导，深入学习党和国家的方针政策，关注时代发展动态，积极参与社会实践，培养敏锐的政治洞察力。通过理论学习和实践积累，能够在复杂的社会现象中站稳立场，运用科学思维剖析问题，形成鲜明观点，创作出思想深刻、实践性强的应用文。

（二）筑牢专业知识基础，厚积薄发知识储备

应用文写作要求有扎实的文字功底和专业知识，同时需具备责任意识与协调沟通能力。应精通专业知识，广泛涉猎政治理论、生活阅历及综合知识，培养篇章构建、语言表达和文体把握能力。通过主动学习、虚心请教和勤于练习，将专业知识与实际工作结合，灵活运用政策解决新问题，撰写出内容详实、指导性强的高质量应用文。

（三）注重理论与实践结合，提升综合素养

应用文写作学习通常经历模仿、熟悉、自如三个阶段。应通过研读优秀范文，掌握写作技巧与规律，明确写作原则。同时，积极参与实践活动，将理论知识转化为实际能力。只有通过理论与实践的结合，克服困难，持续训练，才能实现从知识到能力的飞跃，真正掌握应用文写作的精髓。

（四）锤炼语言表达能力，追求准确简洁

应用文语言要求准确、简明、规范、平实。初学者应坚持多读多写，广泛阅读优秀作品，积累语言素材，熟练掌握公文语言特点，注重用词精准、语法规范，避免冗长繁琐，力求简洁明了。通过持续努力，逐步提高语言表达技巧，达到熟练运用语言文字的目标。

五、应用文的语言特点

（一）准确性

准确性是应用文语言的核心要求，体现在词汇精准和语句逻辑上。应用文应避免模糊、歧义的表达，确保每个词语的含义清晰明确。例如，商务合同中需精确表述时间、金额、数量等细节。

（二）简明性

简明性要求语言简洁明了，去除冗余信息，提高信息传递效率。简洁的语言能减少信息损耗，使读者快速获取关键内容，不仅提升阅读效率，也增强了信息的可操作性。

（三）规范性

规范性包括语法、词汇和格式的规范。语法上，应用文需遵循现代汉语规则，避免语病；词汇上，应使用规范的专业术语，而非口语化表达；格式上，需遵循特定文体的格式要求，如公文写作需符合《党政机关公文格式》的规定，确保标题、文号、正文等要素的规范性。

（四）平实性

平实性要求语言通俗易懂，避免华丽辞藻和夸张修辞，以质朴的语言传递实用信息。平实的语言更易被受众接受，增强文本的亲和力与可信度。例如，社区倡议书可表述为"让我们定期探望孤寡老人，陪他们聊天，帮忙打扫房间、购买生活用品，用行动传递温暖"，通过平实的语言激发共情与行动意愿。

应用文写作能力是思维能力、语言表达能力和信息处理能力的综合体现。提升这一能力需加强政治理论修养、专业知识储备、社会实践锻炼和语言文字训练。学生应系统学习应用文写作知识，通过大量实践不断提升写作水平，为未来学习、工作和生活奠定坚实基础。

第九章 事务类文书

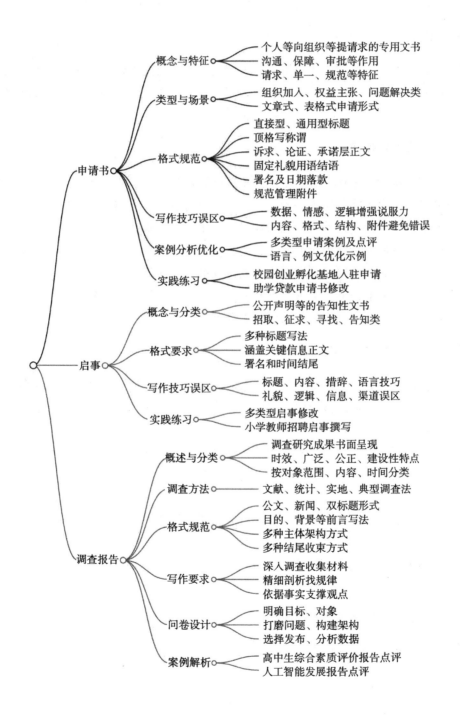

概念与特征
- 个人等向组织等提请求的专用文书
- 沟通、保障、审批等作用
- 请求、单一、规范等特征

类型与场景
- 组织加入、权益主张、问题解决类
- 文章式、表格式申请形式

申请书

格式规范
- 直接型、通用型标题
- 顶格写称谓
- 诉求、论证、承诺层正文
- 固定礼貌用语结语
- 署名及日期落款
- 规范管理附件

写作技巧误区
- 数据、情感、逻辑增强说服力
- 内容、格式、结构、附件避免错误

案例分析优化
- 多类型申请案例及点评
- 语言、例文优化示例

实践练习
- 校园创业孵化基地入驻申请
- 助学贷款申请书修改

概念与分类
- 公开声明等的告知性文书
- 招取、征求、寻找、告知类

启事

格式要求
- 多种标题写法
- 涵盖关键信息正文
- 署名和时间结尾

写作技巧误区
- 标题、内容、措辞、语言技巧
- 礼貌、逻辑、信息、渠道误区

实践练习
- 多类型启事修改
- 小学教师招聘启事撰写

概述与分类
- 调查研究成果书面呈现
- 时效、广泛、公正、建设性特点
- 按对象范围、内容、时间分类

调查方法
- 文献、统计、实地、典型调查法

调查报告

格式规范
- 公文、新闻、双标题形式
- 目的、背景等前言写法
- 多种主体架构方式
- 多种结尾收束方式

写作要求
- 深入调查收集材料
- 精细剖析找规律
- 依据事实支撑观点

问卷设计
- 明确目标、对象
- 打磨问题、构建架构
- 选择发布、分析数据

案例解析
- 高中生综合素质评价报告点评
- 人工智能发展报告点评

第一节　申　请　书

一、申请书的概念和特征

（一）概念

申请书是个人、单位或集体向组织、领导或相关部门提出请求、表达意愿并希望获得批准或支持的专用文书。作为一种正式的沟通工具，申请书能够清晰、准确地传达申请人的诉求。

（二）申请书的作用

沟通纽带：申请书能够清晰、正式地向目标对象传达意愿。例如，申请加入学生会时，申请书是展示个人能力与决心的有效途径；申请参与学术研究项目时，申请书则能让负责人了解申请人的专业素养与研究兴趣，为合作奠定基础。

权益保障：申请书是维护个人权益的重要工具。例如，申请实习证明可为简历增添可信度，助力未来求职；申请专利则能保护创新成果，确保其获得法律认可。

审批依据：申请书为审批提供了重要参考。例如，申请活动经费时，详细的预算说明能让审批者清楚资金的使用方向，从而做出合理决策。

（三）申请书的核心特征

请求性：申请书的核心在于明确、诚恳地表达诉求。例如，申请社团活动经费时，需详细说明舞台搭建、音响设备租赁、节目排练等费用的具体用途，确保审批者了解资金流向，提高获批概率。

单一性：申请书应遵循"一事一申请"的原则，避免将不同事项混杂在同一份申请书中。例如，申请活动经费与请求延期提交策划方案应分别撰写，以确保内容清晰、审批高效。

规范性：申请书有固定的格式，通常包括标题、称谓、正文、结语和落款等要素。

二、申请书的类型与应用场景

（一）大学生常见的申请类型

大学生常见的申请类型如表 9.1 所示。

表 9.1

类型	适用场景	写作重点
组织加入类	入党、社团、学生会	深入表达对组织的认知，突出个人在相关领域的优势。比如，小陈同学申请加入学校的书法社团，在申请书中他详细描述了自己多年的书法学习经历，获得的书法奖项，以及对书法艺术的独特见解，展现出自己能够为社团发展贡献力量的能力
权益主张类	奖学金、专利、实习证明	提供充分且有条理的证明材料。申请奖学金时，不仅要列出成绩排名，还需附上科研成果、学科竞赛获奖证书等，清晰阐述自己符合申请条件的原因
问题解决类	宿舍调换、活动经费、课程缓考	如实陈述事实，着重强调申请事项的必要性和紧迫性。比如，小赵同学申请宿舍调换，他在申请书中详细说明现宿舍存在的问题，如宿舍卫生条件差、室友之间矛盾无法调和等，导致自己无法正常学习和生活，以此强调调换宿舍的迫切需求

(二) 选择合适的申请形式

文章式：适用于需要详细阐述申请理由、背景、计划等内容的申请，如申请学术项目资助。当申请一项关于人工智能在教育领域应用的研究项目资助时，申请人需要在申请书中详细介绍项目的研究背景、目标、研究方法、预期成果等内容，通过严谨的论述和充分的说明，让审批部门了解项目的价值和可行性。

表格式：多用于程序性申请，如证件补办。学校在办理学生证补办业务时，通常会提供统一的表格，学生只需按照表格要求填写个人基本信息、证件丢失情况说明等内容，方便快捷，也便于学校进行统一管理和处理。

三、申请书的格式

(一) 标题

直接型：直接点明申请事项，如《奖学金申请书》，让人一目了然。

通用型：采用《申请书》作为主标题，添加副标题进一步说明具体事项，例如《申请书——关于校园文化活动赞助申请》。

(二) 称谓

顶格书写接收申请的单位或负责人，例如"尊敬的校团委领导："" 亲爱的张老师："，使用恰当的称谓体现对对方的尊重。

(三) 正文

诉求层：开门见山地明确表达请求。例如："我申请加入学校的'学术创新实践计划'，以提升科研能力并为学校的学术发展贡献力量。"

论证层：分点详细阐述申请理由，包括自身具备的资质、实际需求以及满足申请条件的情况。例如：

学术兴趣与基础：我对本专业的学术研究充满热情，尤其在××领域有较深入的了解，曾参与相关课程的课题研究并取得优异成绩。

科研能力：我已掌握基本的研究方法，能够熟练使用××软件进行数据分析，并具备文献检索与综述的能力。

团队合作经验：我曾参与校内科研小组，与团队成员合作完成了一项小型研究项目，积累了团队协作的经验。

符合申请条件：我仔细阅读了"学术创新实践计划"的申请要求，确认自己满足GPA、科研经历及推荐信等相关条件。

承诺层：清晰表明态度和后续计划。例如："若申请成功，我将全力以赴投入科研工作，积极参与团队讨论与项目实践。同时，我会定期向指导老师汇报研究进展，并在项目结束后提交高质量的研究成果报告，为学校的学术发展贡献力量。"

（四）结语

使用固定的礼貌用语，如"特此申请，恳请批准！""此致敬礼！"，表达诚恳的态度。

（五）落款

注明申请人的姓名以及申请日期，若是手写签名，务必保证字迹工整清晰，体现申请的严肃性。

（六）附件管理要点

必要材料：在申请过程中，常常需要附上一些关键材料来支持申请，如成绩单、获奖证书、证明信、个人简历、预算表等。同时应注意格式规范，例如复印件需加盖相关部门的公章，以确保材料的真实性和有效性；按照材料的重要性进行排序并编号，方便审批人员查阅。

四、写作技巧与常见误区

（一）提升申请书说服力的技巧

（1）数据支撑：使用具体的数据能增强申请的可信度和说服力。例如"本学年我的平均绩点达到3.9/4.0，在专业排名中位于前3%，并且在本学期的专业核心课程考试中取得了 92 分以上的优异成绩。"

（2）情感共鸣：通过真实且恰当的情感表达引起共鸣，但要避免过度卖惨。比如"由于家庭近期遭遇突发状况，经济上出现严重困难，为了能够顺利完成学业，我迫切需要申请助学金的支持。"

（3）逻辑清晰：可采用"总—分—总"的结构，分点有条理地进行论述。先提出申请事项，再分别阐述理由，最后总结并再次强调申请的意愿。

（二）申请书常见错误

1. 内容雷区

避免虚假、模糊与杂乱。在撰写申请书时，内容方面需极力避免陷入虚假、模糊与杂乱，具体如下：

（1）绝不能为了提高申请成功率而编造事实。比如在申请奖学金时，伪造竞赛获奖证书、虚构科研成果；申请实习岗位时，夸大自己在过往项目中的作用和能力。一旦被审核方察觉，不仅申请会被立即驳回，还可能影响个人信誉，给未来的申请带来负面影响。在申请任何事项时，都要以真实经历、能力和成绩为依据，保持诚信是基本准则。

（2）申请内容应避免模糊不清。例如在申请参加科研项目时，若只是简单提及"对科研有兴趣，想参与项目"，却不阐述具体的研究方向、自身具备的相关知识技能以及能为项目做出的贡献，审核人员难以判断你的申请价值。在阐述申请理由和自身优势时，要具体、明确，像可以列出自己掌握的专业软件、参与过的相关课程项目等，让审核者清晰了解你的情况。

（3）申请书内容应逻辑连贯、条理清晰，避免东拉西扯。例如在申请助学金时，一会儿说家庭经济困难，一会儿又大篇幅讲述自己的兴趣爱好，没有围绕经济困难这一核心展开，使重点不突出，审核人员难以快速抓取关键信息。在撰写申请书前，可先梳理好框架，按照一定逻辑顺序，如先提出申请事项，再阐述理由，接着说明自身优势或相关计划等，逐点展开论述，让申请书内容有条不紊。

2. 格式雷区

在撰写申请书时，应避免格式错误，首先应符合基本的格式规范，其次还应该关注申请书中的字体、字号、行距、页边距等的统一。

3. 结构混乱

申请书缺乏清晰的结构层次，没有明确的开头、中间论述和结尾。比如，在阐述申请理由时，穿插着未来计划的内容，使阅读者难以快速抓取关键信息。

4. 附件问题

附件材料缺失、格式不符或未按要求编号排序。比如申请科研项目时，缺少关键的研究成果证明材料；提交的附件是不被认可的格式，如要求 PDF 格式却提交了 Word 格式；多个附件未编号，审批者难以快速找到所需内容。在准备附件时，务必确认所有需要的材料都已准备齐全，按照要求的格式进行转换和整理，将附件按重要程度或逻辑顺序编号，并在申请书中明确标注附件清单，方便审批者查阅和审核。

五、案例分析与优化

 申请书案例与优化

六、实践练习与提升

1. 情景模拟

校园创业孵化基地入驻申请

任务：撰写一封"校园创业孵化基地入驻申请书"。

要求：包含项目介绍、团队优势、经费需求。

2. 修改例文

下面是某高校一名同学写的助学贷款申请书，阅读分析该申请书存在哪些问题。提出修改意见，根据文中所提供的信息重新改写成合格的申请书。

<h2 style="text-align:center">国家助学贷款申请书</h2>

尊敬的学校领导：

我叫张三，是××大学××专业的大三学生，我家在农村，收入很低，根本不够我上学用。我认为自己学习还行，平时也打工赚钱，但还是不够交学费和生活费。

我听说助学贷款挺好的，可以帮我解决学费问题，让我安心学习。助学贷款利息不高，以后工作了还可以慢慢还。我现在在学校表现不错，成绩也还可以，以后找到工作肯定能还上贷款。

另外，我平时喜欢打篮球，偶尔也和同学一起踢足球，这些爱好让我交到了很多朋友。

希望你们能批准我的贷款申请，我会好好学习的，以后也会按时还款。

此致

敬礼！

申请人：××

日期

第二节　启　　事

一、启事的概念和分类

（一）启事的概念

启事是机关、团体、企事业单位或个人，为了公开声明某事、请求公众协助办理，或希望引起公众关注而发布的一种告知性文书。它具有公开性、事项单一性和期望性等特点。

公开性：面向社会大众发布，传播广泛。

事项单一性：通常围绕一件具体事情展开说明。

期望性：期望公众看到后，作出相应回应或行动，如参与事项、提供帮助等。

需注意，启事不具备法令性和政策性，无强制性和约束力，公众可按自身意愿选择是否参与。

（二）启事的分类

根据内容，启事大致可分为以下几类：

招取类：如招聘启事、招生启事、招工启事、招标启事、招领启事等，用于招募人员、项目合作或寻找失物主人。

征求类：像报刊征订启事、征文启事、征地启事、征婚启事等，旨在征求公众的作品、支持、土地或伴侣等。

寻找类：包括寻物启事、寻人启事，用于寻找丢失物品或走失人员。

告知类：比如更名启事、迁址启事、开业启事、停业启事、庆典启事等，向公众告知单位或个人的重要变更或活动信息。

二、启事的格式

（一）标题

标题写法多样，常见形式如下：

（1）标明启事事项：如"招生启事""征稿启事""招聘中学教师启事"，直接呈现启事核心内容。

（2）单位名称+内容+启事：例如"北京显像管厂聘请法律顾问启事"，清晰显示发布主体和事项。

（3）招聘单位+事由：像"××公司诚聘""××学校后勤部招工"，突出招聘方和主要事由。事由写法灵活，如"招聘""诚聘英才""招贤榜"等简洁表述，或采用更具吸引力的文章式标题，如"创中国名校，招优秀教师"。

（二）正文

正文通常在标题下方第二行空两格开始书写。不同类型的启事，正文内容各有侧重，但一般需涵盖启事的目的、意义、具体办理方法、要求、条件等关键信息。

正文是启事的核心部分，要将事项说明具体、明白、准确、简练且通俗，以便公众清晰理解。此外，正文后可写"此启"或"特此启事"等结束语，但现代启事中，这些套话使用越来越少。

对于需公众进一步联系或获取更多信息的启事，还应在正文后注明联系地址（或电子邮箱）、邮政编码、联系人、电话号码等详细信息。

（三）结尾

结尾位于正文右下方，主要包含启事单位名称和落款时间。若启事标题中已包含单位名称，结尾处可不重复书写。用于张贴的启事，为表示负责，通常需加盖公章。

三、写作技巧与常见误区

（一）写作技巧

1. 标题简短醒目

启事的标题要力求简短、醒目，高度概括，能够吸引公众的关注。

2. 内容严密、完整、明确

启事正文要求内容单一，一事一启；语言表述应严密完整、清楚明确、平易简洁，切忌文字冗赘。

3. 措辞郑重严谨

启事陈述的都是郑重严肃的事情，所以启事的行文应该以平实严谨为宜。涉及专业术语时，更要求绝对准确，以免产生歧义，使公众误解。

4. 注意运用礼貌语言

启示的语言应注意恳切、文明、通俗、简洁。

（二）常见误区

1. 忽视礼貌用语

启事中若缺乏礼貌用语，使用生硬或过于直接的语言，易引起受众的反感与不适，降低参与意愿。在招领启事中，若写"速来认领，过期不候"，这种命令式口吻会让遗失物品者感到不被尊重。而在道歉启事中，如果只是简单陈述"对给大家造成的不便表示遗憾"，笼统的表达，不仅无法化解矛盾，反而可能加深负面印象。

2. 逻辑混乱

启事内容若缺乏合理编排，读者易困惑。如招聘启事的岗位职责、任职要求、薪资待遇等信息无序罗列；活动启事的流程、目的、时间地点排列颠倒，会造成逻辑的混乱，降低目标受众的参与意愿。

3. 信息缺失

关键信息的遗漏会致启事失效。寻人启事若缺走失者关键外貌特征、走失时间地点，路人难以辨认。招领启事不描述物品特征，失主无法认领。商业促销启事未明确截止日期，消费者易错过优惠，商家管理也会混乱。

4. 发布渠道不当

选择与目标受众不匹配的发布渠道，会导致启事无法有效触达受众。例如，面向大学生的兼职招聘启事，若只在城市社区布告栏张贴，而不在校园内的信息栏、校内论坛发布，大学生群体很难获取这一信息，招聘效果大打折扣。

四、实践练习与提升

（一）修改例文

阅读下列启事，分析存在的问题，根据文中所提供的信息重新改写成合格的启事。

◎ 例文一：

寻 物 启 事

我在图书馆丢了个包，里面有重要物品，谁捡到联系我，重谢！

启事人：李华

2024 年 10 月 1 日

错误解析：表述模糊，未说明丢失时间，无法让拾到者准确回忆场景；未描述包的颜色、材质、品牌、形状等特征，也未提及包内重要东西的种类或大致特征，难以确定是否为失主所寻之物。联系方式不明，只说"联系我"，却未提供任何联系方式，拾到者无法与失主取得联系。

◎ 例文二：

招 聘 启 事

本公司招人，销售岗位，要能说会道，工资高。报名截止到下个月，有意者来公司面试。

公司名称

2024 年 10 月 1 日

错误解析：岗位职责不清，未明确具体工作内容。任职要求笼统，未提及学历、专业、工作经验、技能等其他重要任职条件。报名信息缺失，未说明公司具体地址、面试所需材料；时间模糊，未明确截止日期；未提供其他报名方式与联系电话，应聘者难以获取更多信息和报名。薪酬待遇不明，未说明工资构成、福利待遇等。

（二）情景模拟

假设你是某区重点小学的校长助理，学校因规模扩大，计划招聘一批优秀的小学教师。请你撰写一篇教师招聘启事，发布在学校官网及当地教育人才网站上，以吸引符合要求的应聘者。具体要求如下：

需清晰列出招聘的学科教师岗位及要求，包含学历、专业、个人品质等信息；介绍学校能为教师提供的薪资待遇、培训晋升机会、工作环境等福利内容；明确报名方式、报名截止日期。

第三节 调 查 报 告

一、调查报告概述

（一）定义阐释

调查报告是研究者秉持特定目的，运用科学方法对某一情况、问题或经验展开系统且深入的调查研究后，以书面形式呈现研究成果的文本。它是连接调查研究与成果展示的桥梁，为决策制定、问题解决和经验推广提供重要依据。比如，在城市交通拥堵治理工作中，相关部门通过对交通流量、出行方式等进行调查研究后形成的报告，能为改善交通状况提供参考。

（二）调查报告的特点

1. 时效性

调查报告所反映的内容往往与当下社会热点、现实问题紧密相关，需要及时收集资料、分析问题并撰写报告，以满足决策制定、问题解决等现实需求。例如，在突发公共卫生事件期间，对口罩等防护物资供应情况的调查报告，必须快速产出，为政府调配资源、企业调整生产策略提供依据，过时的报告则失去其应用价值。

2. 广泛性

调查范围涵盖社会生活的各个领域，包括但不限于经济、文化、教育、环境、民生等。可以针对宏观的区域发展问题，也能聚焦微观的个体行为现象。如既可以开展全国范围的就业形势调查报告，也能针对某社区居民垃圾分类习惯进行调查，受众群体广泛，能为不同层面的主体提供信息参考。

3. 公正性

调查者需秉持公正客观的态度，不偏袒任何一方利益相关者。在数据收集阶段，采用科学随机的抽样方法，确保样本具有代表性；在分析阶段，依据事实和数据进行判断，不被主观情感或外部干扰因素左右。例如在对某企业商业信誉的调查中，无论是对企业正面行为还是负面事件，都应如实记录和分析，保证报告结果公正可信。

4. 建设性

调查报告不仅要指出问题、分析问题，更重要的是提出切实可行的解决方案或建议。这些建议应基于深入调研和理性分析，具有可操作性和前瞻性，能够为相关部门、企业或组织提供决策参考，推动实际问题的解决和工作的改进。比如在关于城市老旧小区改造的调查报告中，会针对小区设施老化、停车难等问题，提出合理规划改造方案、引入智能化管理等建设性意见。

二、调查报告的多样类型

由于调查报告应用场景十分广泛，研究目的多样，不同的行业、领域和研究方向，对调查报告的侧重点不同，调查报告分类的标准也不同。

（一）按调查对象的范围分类

1. 全面调查报告

对调查对象的所有个体进行全面调查后形成的报告。例如全国人口普查报告，涵盖了国内所有人口的信息，包括年龄、性别、民族、职业等多方面数据，全面呈现人口现状，为国家制定各项政策提供基础依据。

2. 抽样调查报告

从调查对象的总体中，按照随机原则抽取一部分样本进行调查，并根据样本调查结果推断总体特征的报告。比如对全国范围内消费者对某品牌家电满意度的调查，由于全国消费者数量庞大，难以逐一调查，便通过科学抽样，选取一定数量的消费者进行问卷或访谈调查，进而对该品牌家电在全国市场的满意度情况作出估计。

3. 典型调查报告

在对调查对象进行全面分析的基础上，选择具有代表性的典型案例进行深入调查后撰写的报告。以研究乡村振兴模式为例，选取在产业发展、生态建设、乡风文明等方面表现突出的典型乡村，如浙江余村，深入剖析其从"卖石头"到"卖风景"的绿色发展转型历程，为其他乡村提供可借鉴的发展路径。

（二）按调查内容分类

1. 情况调查报告

反映某一领域或某一方面的基本情况，旨在让读者对特定情况有全面了解。像关于某地区旅游资源现状的调查报告，详细阐述当地自然景观、人文景观的分布、特色以及开发利用程度等，为旅游开发规划提供基础资料。

2. 经验调查报告

聚焦于先进典型经验的总结与推广。例如，某企业通过实施精益生产管理模式，在降低成本、提高生产效率方面取得显著成效，对该企业的经验调查报告会详细介绍其实施过程、关键环节以及取得的成果，供同行业企业学习借鉴。

3. 问题调查报告

针对社会生活中存在的问题展开调查，揭示问题的表现、原因及危害，并提出解决对策。如针对校园霸凌问题的调查报告，深入调查霸凌事件的发生频率、形式、涉及人群以及背后的家庭、学校、社会因素，进而提出预防和治理的措施。

4. 研究调查报告

侧重于对某一理论或实际问题进行深入研究，探索事物的本质、规律和发展趋势。例如对人工智能在医疗领域应用前景的研究调查报告，综合分析人工智能技术在疾病诊断、治疗方案制定等方面的应用现状、优势、挑战，并对未来发展方向进行预测。

（三）按调查时间分类

1. 历史情况调查报告

对过去某个时期或某一历史阶段的事件、现象进行调查研究后形成的报告。如对工业革命时期英国工人阶级生活状况的调查报告，通过查阅历史档案、文献资料等，还原当时工人阶级的工作环境、工资待遇、社会地位等情况，为研究社会变迁提供历史资料。

2. 现实情况调查报告

针对当前正在发生或存在的现象、问题进行调查后撰写的报告，时效性强。例如，当下关于直播电商行业发展现状的调查报告，能及时反映行业规模、市场格局、消费者行为等最新情况，为企业和监管部门提供决策依据。

3. 追踪调查报告

对同一调查对象在不同时间点进行持续跟踪调查，观察其发展变化过程而形成的报告。例如，对某濒危物种数量变化的追踪调查报告，通过长期监测该物种在不同年份的种群数量、栖息地状况等，分析其数量变化趋势及背后的原因，为制定保护策略提供动态数据支持。

三、调查研究实用方法

（一）文献调查法

文献调查法是一种通过广泛搜集和精准摘取与调查对象相关的文献资料，从而获取丰富信息的调查方法。文献作为记录知识和信息的重要载体，涵盖了书籍、期刊、报纸、研究报告、档案资料等多种形式，是调查资料的重要来源之一。在进行社会现象的历史演变研究、行业发展趋势分析等领域，文献资料往往成为首要的信息获取渠道。需要注意的是，文献调查法通常作为一种先行的辅助调查方法，其获取的信息往往具有一定的间接性和滞后性，一般不能直接作为调查结论的唯一现实依据，需要与其他调查方法相结合，进行综合验证和分析。

（二）统计调查法

统计调查法是借助固定格式的统计报表，系统地收集、整理和分析数据，以反映特定情况和问题的一种常用调查研究方法。统计报表内容相对固定和规范，能够按照一定的时间周期和指标体系，对事物的发展变化进行连续、动态的监测和记录。例如，税务部门通过企业定期填报的税务报表，收集企业的营业收入、纳税金额等数据。通过对这些数据按季度、年度进行分析，可以清晰地看到企业的经营状况变化，以及行业整体的税收贡献趋势。

在运用统计调查法时，必须确保统计口径的一致性，避免因统计标准不一致而导致数据的不可比性；同时，要以权威统计部门发布的数据为准，保证数据的准确性和可靠性；此外，还应将报表分析与实际调查紧密结合，深入挖掘数据背后的实际情况和原因，以形成全面、准确的认识。

（三）实地观察法

实地观察法是调查者凭借自身的感觉器官，如眼睛、耳朵、鼻子等，或者借助科学的工具和手段，如摄像机、录音设备、测量仪器等，有目的、有计划地直接观察研究对象在自然状态下的行为、表现和环境等情况的一种调查方法。它是搜集非语言行为资料的首选方法，能够让调查者在实地环境中直接感知客观对象，获取最为直接、生动、具体的感性认识，掌握大量的第一手资料。比如在研究旅游景区游客体验时，调查人员实地观察游客在景区内的游览路线、停留时间、参与项目情况，以及对景区设施、服务的反应等。

实地观察法也存在一定的局限性，由于观察往往受到时间、空间和观察者主观因素的影响，所观察到的可能只是事物的表面现象或局部情况，具有一定的偶然性和片面性。因此，在运用实地观察法时，需要调查者具备敏锐的观察力、科学的观察方法和严谨的分析能力，尽可能减少误差和偏差。

（四）典型调查法

典型调查法是在一定的范围和总体中，基于对调查对象的深入了解和分析，选取具有代表性的特定对象进行调查研究的方法。这些被选取的典型对象能够在一定程度上反映事物的本质特征和发展规律，通过对典型对象的详细调查和深入分析，可以以点带面，达到认识事物总体的目的。例如在调查大学生就业情况时，选取不同类型高校、不同专业、不同地区生源的学生作为典型对象。了解他们的求职经历、就业意向、薪资期望等，从而推断整体大学生就业的大致情况。

典型调查法具有针对性强、调查深入、成本相对较低等优点，但关键在于确保所选对象的代表性。如果选择的对象不具有代表性，就可能导致对事物整体的认识出现偏差和误解。因此，调查者在运用典型调查法时，需要根据调查的目的和要求，充分考虑对象的各种特征和因素，进行科学合理的选择，并对所选对象进行全面、深入的分析和研究。

四、调查报告的规范格式

（一）标题

1. 公文式标题

公文式标题通常由调查机关、调查事由和文种三部分组成，具有严谨、规范、明确的特点。这种标题形式能够清晰地传达调查报告的基本信息，让读者一目了然地了解调查的主体、对象和性质。例如《上海市教育局关于中小学生课外负担情况的调查报告》，明确了调查机关是上海市教育局，事由是中小学生课外负担情况，文种是调查报告。

2. 新闻式标题

新闻式标题可以通过概括调查报告的主要内容、突出主旨、点明结论或提出问题等方式来拟定。它具有简洁明了、吸引眼球的特点，能够迅速抓住读者的注意力，激发读者的阅读兴趣，例如《垃圾分类，为何推行困难?》

3. 双标题

双标题由主标题和副标题共同组成。主标题通常用于突出调查报告的核心主旨或主题思想，具有较强的概括性和感染力；副标题则用于进一步明确调查的对象、范围、性质等具体信息，对主标题进行补充和说明。双标题形式能够将宏观主题与具体内容有机结合，既展现了报告的深度和内涵，又提供了具体的指向性。例如《科技创新：企业发展新引擎——关于某市高新技术企业创新能力的调查报告》，主标题强调科技创新这一主题，副标题明确了调查对象。

（二）前言撰写

1. 目的式

直接阐述调查的目的和意义，强调为什么要进行这项调查，以及调查结果可能带来的价值和影响，让读者明确该调查的重要性和必要性。例如在《关于社区养老服务需求的调查》中，可以在开头表明"随着人口老龄化的加剧，社区养老服务的需求日益凸显。本调查旨在深入了解社区老年人对养老服务的具体需求，为完善社区养老服务体系、提高养老服务质量提供依据，以更好地满足老年人的生活需求，提升他们的生活质量"。

2. 背景式

重点介绍调查所涉及问题的社会、经济、文化等宏观背景或行业背景，说明调查问题产生的大环境和根源，使读者能够在一定的背景框架下理解调查内容。比如在《关于新能源汽车市场发展的调查》前言中可以写道："在全球能源危机和环境保护意识日益增强的大背景下，新能源汽车作为一种可持续发展的交通工具，受到了各国政府和企业的高度重视。我国也出台了一系列政策支持新能源汽车产业的发展，在此背景下，对我国新能源汽车市场的发展状况进行调查，具有重要的现实意义。"

3. 结论式

先将调查的主要结论或核心观点在前言中呈现出来，然后在报告正文中再详细阐述调查过程、数据分析等内容来支撑该结论，起到开门见山、突出重点的作用。例如在《关于某企业员工满意度的调查》中，前言可以是"通过本次调查发现，某企业员工满意度整体处于中等水平，其中对薪酬福利和职业发展机会的满意度较低。以下是本次调查的详细过程和具体分析"。

4. 对比式

通过将调查对象与其他类似对象或过去的情况进行对比，突出调查对象的特点或变化，引发读者对调查内容的关注。比如在《关于某地区农村与城市教育资源配置的调查》前言中，可以这样写："在教育公平的大趋势下，农村与城市的教育资源配置一直存在着差异。与城市相比，农村地区在师资力量、教学设施等方面相对薄弱。为了深入了解这种差异及其影响，我们开展了本次关于某地区农村与城市教育资源配置的调查。"

（三）主体架构

1. 按问题的重要程度排序构架

（1）关键问题优先阐述。先识别出调查中最为核心、影响最大的问题。例如，在一项关于企业创新能力的调查中，研发投入不足可能是制约企业创新的关键问题。在主体部分开篇，详细说明研发投入在过去几年的具体数据，与同行业企业的对比情况，以及因研发投入不足导致的创新项目停滞、产品竞争力下降等具体事实和案例。通过这种方式，迅速抓住读者注意力，让读者明确问题的严重性和紧迫性。

（2）次要问题依次展开。在阐述完关键问题后，按照问题对调查主题的影响程度，依次介绍其他相关问题。对于企业创新能力调查，接下来可能涉及创新人才流失、创新激励机制不完善等问题。在介绍这些次要问题时，同样通过数据、事实和案例来支撑，如创新人才流失的具体人数、比例，以及相关激励机制下员工创新积极性不高的实际表现。同时，在阐述过程中，适当提及这些次要问题与关键问题之间的关联，如创新人才流失可能与研发投入不足导致的薪酬竞争力下降有关。

2. 按解决方案的逻辑步骤构架

（1）问题诊断与现状评估。在主体开头，对调查所针对的问题进行全面诊断，清晰阐述问题的表现形式和现状。比如在关于城市交通拥堵治理的调查报告中，详细描述交通拥堵的时段分布、主要拥堵路段，通过交通流量监测数据、市民出行调查结果等说明拥堵现状的严峻性。这一步骤为后续提出解决方案奠定基础，让读者明确问题的复杂性和解决的必要性。

（2）方案设计与实施路径。基于问题诊断，逐步介绍针对性的解决方案及具体实施路径。对于交通拥堵问题，方案可能包括优化公共交通网络、推广智能交通系统、调整交通管理政策等。在介绍优化公共交通网络时，详细说明规划中的新公交线路、地铁线路延伸方案，以及相关建设工程的实施步骤、预计时间节点等。每个解决方案都要明确实施主体、所需资源以及可能遇到的挑战。

（3）效果预测与风险应对。对每个解决方案实施后的效果进行合理预测，并提出相应的风险应对措施。如预测优化公共交通网络实施后，公共交通出行分担率可能提升的幅度，以及可能面临的施工期间交通压力增大、资金投入超预算等风险。针对这些风险，提出如合理安排施工时间、拓宽临时交通通道，以及建立多元资金筹集机制等应对策略，使整个解决方案具有完整性和可行性。

3. 按理论框架构架

（1）理论引入与适配说明。根据调查主题，引入相关的理论框架。例如在研究消费者购买行为的调查报告中，引入消费者行为理论，如马斯洛需求层次理论、理性选择理论等。详细阐述这些理论的核心观点，并说明它们与本次调查主题的适配性。解释为什么这些理论能够帮助理解消费者在特定市场环境下的购买决策，为后续分析提供理论基础。

（2）基于理论的分析阐述。运用选定的理论框架对调查数据和现象进行深入分析。在消费者购买行为调查中，依据马斯洛需求层次理论，分析不同消费者群体在满足生理需求、安全需求、社交需求等不同层次需求时的购买行为特点。通过具体的消费案例、市场数据统计等，说明消费者如何在不同需求驱动下选择商品或服务，以及这些行为背后的心理动机。在分析过程中，紧密围绕理论框架的各个要素，将调查结果与理论观点相结合，使分析具有逻辑性和深度。

（3）理论验证与实践启示。通过调查结果验证所引入理论的适用性，并得出对实践的启示。在消费者购买行为研究中，如果调查发现大部分消费者在购买高价值商品时更注重品牌所带来的社会认同，这就验证了马斯洛需求层次理论中社交需求对消费行为的影响。基于此，为企业市场营销策略提供实践启示，如企业应注重品牌建设，提升品牌在消费者社交圈中的影响力，以满足消费者的社交需求，促进产品销售。这种构架方式使调查报告不仅能够呈现现象，还能从理论高度进行剖析，为实践提供更具指导性的建议。

（四）结尾收束

结尾是调查报告的重要组成部分，是对整个调查研究和分析讨论的总结和升华。它可以根据报告的内容和目的，采用不同的方式进行撰写。

1. 总结概括式

（1）核心观点重申。回顾报告主体内容，提炼出最为关键的观点进行强调。比如，在关于某地区生态环境问题的调查报告中，结尾可写道："综上所述，本报告明确指出该地区生态环境面临着森林资源过度砍伐、工业污染排放超标以及水资源不合理开发利用等核心问题，这些问题严重威胁着地区生态平衡与可持续发展。"通过重申核心观点，加深读者对报告重点内容的印象。

（2）主要结论归纳。将调查得出的主要结论进行系统梳理和总结。若调查的是某企业产品市场竞争力，结尾可表述为："经调查分析，我们得出主要结论：该企业产品在功能创新性和品牌知名度方面具备一定优势，但在价格策略和售后服务方面存在不足，导致市场份额增长受限。"使读者能快速清晰地把握调查的整体成果。

2. 建议呼吁式

（1）具体建议阐述。基于前文的调查分析，提出具有针对性、可操作性的解决问题建议。例如，在关于校园食品安全的调查报告结尾："为切实保障校园食品安全，建议学校加强食堂食材采购源头管理，建立严格的供应商审核制度；教育部门加大对学校食堂卫生的监管力度，定期开展检查与评估；同时，通过宣传教育提升师生的食品安全意识。"这些建议为相关部门或主体提供明确的行动方向。

（2）行动呼吁倡导。向特定对象发出呼吁，促使其采取行动。在关于城市垃圾分类推广的调查报告中，结尾可呼吁："城市垃圾分类关乎城市生态环境与可持续发展，在此，我们呼吁政府进一步完善垃圾分类基础设施建设，企业积极承担社会责任参与环保行动，广大市民从自身做起，主动践行垃圾分类，共同为打造绿色城市贡献力量。"激发各方参与热情，推动问题解决。

3. 展望预测式

（1）积极前景描绘。对调查对象未来发展的积极方向进行展望。以新能源汽车市场调查报告为例，结尾可写："随着技术的不断进步和政策的持续支持，新能源汽车市场前景广阔。预计在未来几年，新能源汽车的续航里程将进一步提升，充电设施将更加普及，市场份额有望大幅增长，成为推动汽车产业转型升级的重要力量。"以给读者传递积极信号，增强对未来发展的信心。

（2）潜在风险警示。在展望未来的同时，也需指出可能面临的潜在风险或挑战。在关于人工智能在医疗领域应用的调查报告结尾："尽管人工智能在医疗领域的应用前景乐观，但也面临数据安全、伦理道德以及专业人才短缺等潜在风险。未来，需加强相关法律法规建设，培养专业人才，以应对这些挑战，确保人工智能在医疗领域的健康发展。"使读者对未来发展有全面的认识，提前做好应对准备。

4. 补充说明式

（1）调查局限性说明。坦诚指出本次调查过程中存在的局限性。如在关于农村电商发展的调查报告结尾："需要说明的是，本次调查受限于调查范围和时间，仅覆盖了部分农村地区，对于一些偏远地区的农村电商发展情况了解不够全面。同时，在数据收集过程中，可能因样本数量有限，导致部分数据存在一定偏差。"让读者对报告的适用范围和数据可靠性有更客观的认识。

（2）后续研究建议。基于本次调查的不足，提出对后续研究的建议。在上述农村电商调查报告中，可进一步建议："后续研究可扩大调查范围，深入偏远农村地区，获取更全面的数据；同时，运用更科学的抽样方法，增加样本数量，提高数据的准确性和代表性，以便更深入地研究农村电商发展问题。"为后续研究提供参考方向，推动相关领域研究的不断完善。

五、调查报告的写作要求

（一）深入调查

从现实需求出发，精心选择调查题目，明确调查目的和方向。在此基础上，确定合适的调查对象，拟定详细的调查纲目，设计科学合理的调查表格。综合运用各种调查方法，如召开座谈会、进行实地走访、发放调查问卷、开展文献研究等，广泛收集丰富多样的材料。在收集材料的过程中，要高度重视材料的真实性、典型性以及广度和深度，确保所获取的材料能够全面、准确地反映调查对象的实际情况。同时，要善于运用现代化的调查手段，如计算机辅助调查、大数据分析等，提高调查效率和质量。

（二）精细剖析

对收集到的大量材料进行系统的整理和分类，运用科学的分析方法，如定性分析、定量分析、统计分析等，对材料进行深入剖析。从感性认识入手，逐步上升到理性认识，透过现象看本质，找出事物发展的内在规律和趋势。在分析研究过程中，要保持客观、公正的态度，避免主观偏见和片面性，确保分析结果的科学性和可靠性。同时，要善于运用理论知识和实践经验，对分析结果进行综合判断和评估，为提出合理的结论和建议提供有力支持。

（三）依据事实

在撰写调查报告时，要始终坚持以事实为依据，用确凿的事实和准确的数据来支撑观点。选择能够充分证明观点的事实材料，将材料与事理有机结合起来，使观点和材料相互印证、相得益彰。避免空泛的议论和抽象的表述，让读者能够通过具体的事例和数据，清晰地理解报告的观点和结论。同时，要注意材料的组织和安排，按照一定的逻辑顺序进行呈现，使报告内容层次分明、条理清晰，增强报告的说服力和可读性。

六、调查问卷的设计

（一）明确调查目标

在设计调查问卷前，必须清晰界定调查目的。思考通过这份问卷想要获取什么信息，是为了改进产品、了解用户需求，还是评估服务质量。

（二）锁定调查对象

确定调查对象，全面剖析其特征，包括年龄、性别、职业、消费习惯等。若针对年轻上班族进行外卖服务满意度调查，需考虑到他们工作节奏快、对便捷性要求高的特点。在问卷设计上，应注意语言简洁明了，将答题时间控制在 10 分钟以内，通过线上办公软件、社交媒体等渠道进行问卷发放，确保能精准触达目标受众。

（三）打磨问题

1. 丰富问题类型

（1）封闭式问题。提供固定选项，方便受访者快速作答与后续数据统计。

（2）开放式问题。给予受访者自由表达空间，获取深入见解。比如"您对学校图书馆的设施有哪些改进建议？"可挖掘出学生对图书馆环境、设备等方面的个性化需求，但分析时需耗费更多时间和精力归纳整理。

（3）量表式问题。用于测量受访者态度或意见的强度。如"您对学校提供的职业规划服务的满意度为？A. 非常满意 B. 满意 C. 一般 D. 不满意 E. 非常不满意"，便于量化分析，直观展示满意度水平。

2. 优化问题表述

（1）简洁易懂。避免专业术语、复杂词汇和句式，确保问题通俗易懂。例如，将"您对产品的 UI 设计是否满意？"改为"您对产品的界面设计是否满意？"，降低理解门槛，让不同知识水平的受访者都能准确理解题意。

（2）客观中立。杜绝引导性语言，保证问题中立。例如，不要问"大多数学生认为宿舍环境很好，您同意吗？"而应改为"您对当前宿舍环境的满意度如何？"这种提问方式避免了引导受访者偏向某一答案，能够更客观地收集学生的真实反馈。

3. 把控问题数量与顺序

（1）控制长度：合理控制问卷长度，一般线上问卷建议控制在 15~20 分钟内完成，线下问卷时间更短。例如，针对学生群体的校园生活调查，涵盖学习、社交、住宿等方面，每个方面选取 3~4 个核心问题，总计 20 个左右问题，确保学生能在课间或课余轻松完成，避免因冗长导致厌烦。

（2）逻辑连贯：按照先易后难、先具体后抽象的顺序排列问题。

先询问基本信息，且这类问题要简单直接，帮助受访者轻松进入答题状态。

接着了解行为习惯：例如，"您通常通过什么方式查找学习资料？A. 学校图书馆 B. 在线数据库 C. 同学分享 D. 其他"，这类问题聚焦具体行为，便于受访者回忆和作答。

最后探讨态度和意见：例如，"您认为学校在支持学生学习方面还可以在哪些方面改进？"，这类问题需要受访者深入思考，适合放在问卷后半部分。

同时，注意问题间的关联性。例如，若前面询问："您是否经常参加学校组织的学术讲座？"，后续可衔接"您参加学术讲座时最关注哪些内容？A. 专业知识 B. 职业发展 C. 学术前沿 D. 其他"。这种设计使问题之间逻辑流畅，受访者更容易理解和作答。

（四）构建合理问卷架构

1. 标题

标题应直截了当地点明调查的核心主体和内容，清晰明了，便于受访者快速理解问卷主题并判断与自身的关联性。例如，《公众传统文化素养与文化自信指数大调查》这一标题明确指出了调查对象为公众，调查内容围绕传统文化素养与文化自信展开。

2. 引言

引言部分需简要说明调查背景、目的、意义以及填写说明，强调数据保密性和受访者回答的重要性，以激发受访者的参与兴趣并消除其顾虑。

3. 主体

主体部分是问卷的核心，通常分为多个板块，每个板块围绕一个子目标展开。

4. 结束语

再次感谢受访者的参与，并简要说明调查的意义。若有后续反馈渠道（如线上交流群或再次调研邀请），可在此说明。例如："再次衷心感谢您参与本次调查！您的回答对推动传统文化传承与文化自信建设具有重要意义。如果您对本次调查主题有更多见解，欢迎扫描下方二维码加入我们的文化交流群。"

（五）选择合适发布方式

1. 线上平台

利用问卷星、腾讯问卷等在线平台，通过微信、QQ、电子邮件等渠道广泛传播。这种方式成本低、传播快、数据收集便捷，适合大规模调查。如针对全国消费者的市场调研，可借助社交媒体的广泛传播性，迅速收集大量样本。但要注意平台界面设计简洁美观，避免出现技术故障影响作答体验。

2. 线下发放

对于特定场所或人群，如学校、社区、商场等，可进行线下问卷发放。例如，在学校内针对学生进行校园活动满意度调查，安排调查人员在课间或课后现场发放与回收问卷，能提高回收率和问卷质量。但需耗费人力、物力，且样本范围相对受限。

（六）严谨分析调查数据

1. 数据清洗

剔除无效问卷，如填写不完整、逻辑混乱、前后矛盾的问卷。例如，在一份关于电子产品购买意愿的问卷中，若受访者既选择"从未购买过电子产品"，又详细回答购买某电子产品的频率和品牌偏好，这样的问卷需排除，确保数据准确可靠。

2. 数据分析

运用统计分析方法，如描述性统计分析（计算均值、百分比等）、相关性分析（探究不同因素间的关联）、因子分析（提取关键影响因子）等。以电商用户行为调查为例，通过描述性统计了解用户购买频率、客单价等基本情况；利用相关性分析探究用户浏览时长与购买转化率的关系，为电商运营策略优化提供数据支持。

3. 撰写报告

将分析结果以图表（柱状图、折线图、饼图等）和文字相结合的形式呈现。报告内容包括调查目的、方法、主要发现、结论及建议。例如在关于某品牌手机用户满意度报告中，用柱状图展示不同年龄组对手机各功能的满意度评分，结合文字分析各年龄组的需求差异，提出针对性的产品改进和营销策略建议。

（七）调查问卷例文点评

◎ **案例：**

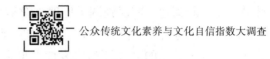公众传统文化素养与文化自信指数大调查

点评：

《公众传统文化素养与文化自信指数大调查》问卷整体设计较为全面、合理，具备较强的实操性，每个板块问题设置都服务于调查主题，能较为系统地获取公众在传统文化方面的真实状况，为研究文化自信提供丰富数据支撑。先收集受访者基础信息，利于后续分群体分析；通过不同板块逐步深入探究公众与传统文化的关联，以及文化自信在不同场景下的体现，最后设置意见板块，给受访者表达想法的空间，完善了整个调查体系。问卷表述清晰，无复杂专业术语，语言通俗易懂，便于不同文化层次受访者理解作答，保证了问卷的普适性。

七、调查报告案例解析

◎ **案例一：**

《高中生综合素质评价调查报告_重庆市合川太和中学课题》

该报告旨在了解高中生综合素质评价最真实的状况并为改善综合评价体系提出合理建议，为课题研究提供可资借鉴的内容。

点评：

首先，调查对象广泛且具有代表性。调查对象涵盖了高 2018 级、高 2017 级和高 2016 级的学生，且每个年级抽取的学生包含了特大班、普大班、平行班三种层次，文理科均有涉及。这种广泛的抽样确保了调查结果的代表性和全面性。

但是，调查工具描述不足。报告提到使用了自编的调查问卷，但未对问卷的具体内容、设计思路、信效度检验等进行详细说明。这可能会影响读者对调查工具科学性和可靠性的判断。

并且，报告提到共发放了 610 份问卷，收回有效问卷 570 份，但未明确说明每个年级、每个层次的具体样本量。这可能会影响读者对样本分布的理解。

◎ **案例二：**

《人工智能发展报告（2024 年）》①

---

① 来源：中国信息通信研究院。

点评：

《人工智能发展报告（2024 年）》全面分析了 AI 技术的最新进展、应用场景及未来趋势，涵盖从基础研究到产业落地的多个维度。报告指出，AI 在医疗、金融、制造等领域的应用不断深化，同时强调了伦理、隐私和安全问题的重要性，并预测了通用人工智能（AGI）和 AI 与人类协作等未来发展方向。调查对象涵盖学术界、产业界、政策制定者和公众，确保了数据的多样性和代表性。报告采用了定量分析（如数据统计）与定性分析（如专家访谈）相结合的方法，提升了研究的全面性和可靠性。然而，数据的时效性和样本覆盖可能影响结论的精确性，需进一步验证和补充。报告为政策制定者、企业和研究人员提供了有价值的参考，展现了 AI 技术对社会经济的深远影响及其面临的挑战。

第十章　公务类文书

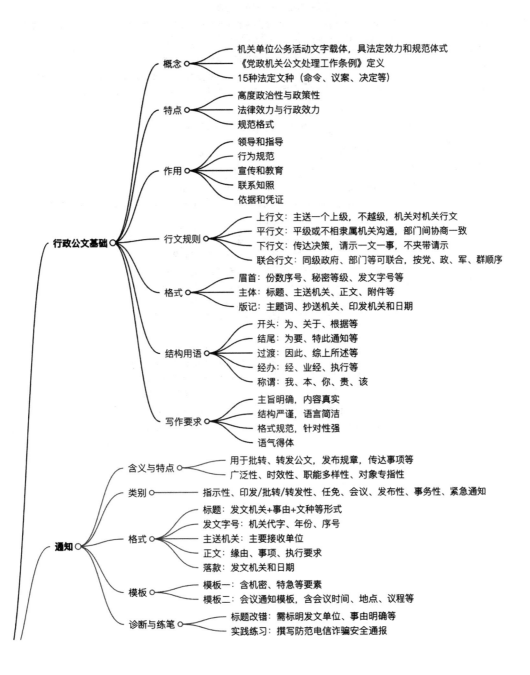

机关单位公务活动文字载体，具法定效力和规范体式

《党政机关公文处理工作条例》定义

15种法定文种（命令、议案、决定等）

高度政治性与政策性

法律效力与行政效力

规范格式

领导和指导

行为规范

宣传和教育

联系知照

依据和凭证

上行文：主送一个上级，不越级，机关对机关行文

平行文：平级或不相隶属机关沟通，部门间协商一致

下行文：传达决策，请示一文一事，不夹带请示

联合行文：同级政府、部门等可联合，按党、政、军、群顺序

眉首：份数序号、秘密等级、发文字号等

主体：标题、主送机关、正文、附件等

版记：主题词、抄送机关、印发机关和日期

开头：为、关于、根据等

结尾：为要、特此通知等

过渡：因此、综上所述等

经办：经、业经、执行等

称谓：我、本、你、贵、该

主旨明确，内容真实

结构严谨，语言简洁

格式规范，针对性强

语气得体

概念

特点

作用

行文规则

格式

结构用语

写作要求

行政公文基础

含义与特点 —— 用于批转、转发公文，发布规章，传达事项等

广泛性、时效性、职能多样性、对象专指性

类别 —— 指示性、印发/批转/转发性、任免、会议、发布性、事务性、紧急通知

标题：发文机关+事由+文种等形式

发文字号：机关代字、年份、序号

格式 —— 主送机关：主要接收单位

正文：缘由、事项、执行要求

落款：发文机关和日期

模板 —— 模板一：含机密、特急等要素

模板二：会议通知模板，含会议时间、地点、议程等

诊断与练笔 —— 标题改错：需标明发文单位，事由明确等

实践练习：撰写防范电信诈骗安全通报

通知

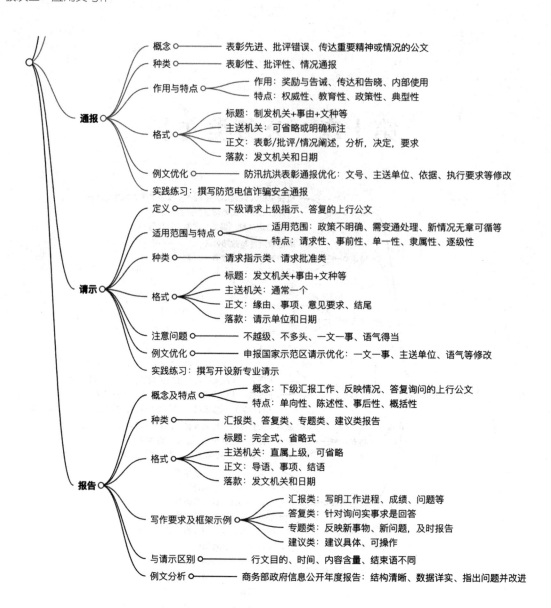

通报
- 概念 —— 表彰先进、批评错误、传达重要精神或情况的公文
- 种类 —— 表彰性、批评性、情况通报
- 作用与特点
  - 作用：奖励与告诫、传达和告晓、内部使用
  - 特点：权威性、教育性、政策性、典型性
- 格式
  - 标题：制发机关+事由+文种等
  - 主送机关：可省略或明确标注
  - 正文：表彰/批评/情况阐述，分析，决定，要求
  - 落款：发文机关和日期
- 例文优化 —— 防汛抗洪表彰通报优化：文号、主送单位、依据、执行要求等修改
- 实践练习：撰写防范电信诈骗安全通报

请示
- 定义 —— 下级请求上级指示、答复的上行公文
- 适用范围与特点
  - 适用范围：政策不明确、需变通处理、新情况无章可循等
  - 特点：请求性、事前性、单一性、隶属性、逐级性
- 种类 —— 请求指示类、请求批准类
- 格式
  - 标题：发文机关+事由+文种等
  - 主送机关：通常一个
  - 正文：缘由、事项、意见要求、结尾
  - 落款：请示单位和日期
- 注意问题 —— 不越级、不多头、一文一事、语气得当
- 例文优化 —— 申报国家示范区请示优化：一文一事、主送单位、语气等修改
- 实践练习：撰写开设新专业请示

报告
- 概念及特点
  - 概念：下级汇报工作、反映情况、答复询问的上行公文
  - 特点：单向性、陈述性、事后性、概括性
- 种类 —— 汇报类、答复类、专题类、建议类报告
- 格式
  - 标题：完全式、省略式
  - 主送机关：直属上级，可省略
  - 正文：导语、事项、结语
  - 落款：发文机关和日期
- 写作要求及框架示例
  - 汇报类：写明工作进程、成绩、问题等
  - 答复类：针对询问实事求是回答
  - 专题类：反映新事物、新问题，及时报告
  - 建议类：建议具体、可操作
- 与请示区别 —— 行文目的、时间、内容含量、结束语不同
- 例文分析 —— 商务部政府信息公开年度报告：结构清晰、数据详实、指出问题并改进

第一节 行政公文基础

一、行政公文概述

（一）行政公文的概念

行政公文，作为机关单位在处理公务活动中所形成的重要文字载体，具有法定效力和规范体式。它不仅是传达贯彻党和国家方针政策的关键工具，还肩负着发布行政法规和规章、施行行政措施、请示和答复问题、指导与布置工作、报告情况以及交流经验等多重使命。在政府部门、企事业单位的日常运转中，行政公文犹如一座桥梁，连接着不同层级和部门，确保各项工作得以有序开展。

由中共中央办公厅发布的《党政机关公文处理工作条例》（下文简称《条例》）第一章第三条指出：党政机关公文是党政机关实施领导、履行职能、处理公务的具有特定效力和规范体式的文书，是传达贯彻党和国家的方针政策，公布法规和规章，指导、布置和商洽工作，请示和答复问题，报告、通报和交流情况等的重要工具。

《条例》规定党政机关公文的种类，下表详细列出了我国现行的 15 种法定行政公文的文种名称、性质特征、适用范围及具体示例（见表 10.1）：

表 10.1

序号	文种	性 质	用 途	示 例
1	命令	法规性	发布行政法规、宣布行政措施、奖惩人员	《北京市人民政府防汛抗旱指挥部令》
2	议案	法规性	提请审议事项	《国务院关于提请审议〈中华人民共和国民法典（草案）〉的议案》
3	决定	法规性	安排重要事项或重大行动	《中共中央、国务院关于表彰全国脱贫攻坚先进个人和先进集体的决定》
4	指示	指示规定性	布置工作，阐明指导原则	《国家发展改革委关于"十四五"时期新能源产业基地建设任务的指示》
5	公告	告知性	宣布重要事项	《中国人民银行关于调整人民币汇率中间价形成机制的公告》
6	通知	批示性、指示性、告知性	批转公文、发布规章、传达事项	《教育部办公厅关于做好 2024 年普通中小学招生入学工作的通知》
7	通报	告知性、指导性	表彰先进、批评错误、传达精神	《四川省生态环境厅关于 2025 年度全省环境执法工作情况的通报》

续表

序号	文种	性质	用途	示例
8	报告	呈报性	汇报工作、反映情况、提出建议	《内江市政府关于本市 2023 年度经济社会发展情况的报告》
9	请示	请示性	请示指示、批准	《德昌县人民政府关于申请增加财政专项扶贫资金的请示》
10	批复	批示性	答复请示事项	《四川省教育厅关于同意成都航空职业技术学院调整学科专业设置的批复》
11	函	商洽性、告知性	商洽工作、询问和答复问题	《关于申请八宝镇办公大楼维修推迟开标的函》
12	会议纪要	告知性、指导性	记载、传达会议情况和议定事项	《成都市政府关于推进城市垃圾分类工作专题会议纪要》
13	意见	指导性、建议性	对重要问题提出见解和处理办法	《国务院关于推进"互联网+"行动的指导意见》
14	决议	法规性	经过会议讨论通过并要求贯彻执行的事项	《全国人民代表大会关于批准 2024 年中央预算的决议》
15	公报	告知性	公开发布重要决定或重大事件	《中国共产党第十九届中央委员会第五次全体会议公报》

(二) 行政公文的特点

高度政治性与政策性：行政公文是党和国家意志的体现，其内容紧密围绕政治方向和政策导向，每一份公文都承载着特定的政治使命和政策意图。

法律效力与行政效力：在许多情况下，行政公文具有等同于法律或行政规定的效力，一旦发布，相关单位和个人必须严格遵守执行。

规范格式：从纸张大小、字体字号，到行文结构、语言表达，行政公文都有着严格且统一的规范格式，以确保公文的严肃性和权威性。

(三) 行政公文的作用

1. 领导和指导作用

上级机关发布的公文，如政策文件、决定等，为下级机关的工作提供明确的方向和指导，确保各项工作符合党和国家的总体部署。

2. 行为规范作用

通过公文发布的法律、法令和行政法规，对所辖成员的行为进行规范和约束，维护社会秩序和公共利益。

3. 宣传和教育作用

公文在传达政策的同时，详细阐述政策的背景、目的和意义，使受众不仅知其然，还知其所以然，起到宣传教育的作用。

4. 联系知照作用

不同机关之间通过公文进行信息沟通和工作协调，及时解决问题，确保各项工作的顺利推进。

5. 依据和凭证作用

公文是发文机关意图的体现，具有法定效力，受文机关以此为依据处理工作、解决问题，同时也是证实发文意图的重要凭证。

二、行政公文的行文规则

《条例》第十四条规定：行文关系根据隶属关系和职权范围确定。一般不得越级行文，特殊情况需要越级行文的，应当同时抄送被越过的机关。

（一）上行文规则

下级机关单位向上级发送的公文，旨在汇报工作进展、反映问题、提出建议或请求指示与批准。常见的上行文有报告和请示。报告侧重于陈述情况，而请示则主要用于请求上级给予明确的指示或批准。

（1）《条例》第十五条第（一）项规定："原则上主送一个上级机关，根据需要同时抄送相关上级机关和同级机关，不抄送下级机关。"

（2）不越级行文。第十五条和第（二）项规定："党委、政府的部门向上级主管部门请示、报告重大事项，应当经本级党委、政府同意或者授权；属于部门职权范围内的事项应当直接报送上级主管部门。"

（3）机关对机关行文。第十五条第（五）项规定："除上级机关负责人直接交办事项外，不得以本机关名义向上级机关负责人报送公文；不得以本机关负责人名义向上级机关报送公文。"

（二）平行文规则

用于平级机关单位或不同隶属关系机关单位之间的往来沟通，起到商洽工作、询问和答复问题、协调事项等作用。典型的平行文包括函、议案、会议纪要，以及部分公告和通告。

（1）政府各部门依据部门职权可以互相行文和向下一级政府的相关业务部门行文；除以函的形式商洽工作、询问和答复问题、请求批准和答复审批事项外，一般不得向下一级政府正式行文。

（2）部门之间对有关问题未经协商一致，不得各自向下行文。如擅自行文，上级机关应当责令纠正或撤销。

（3）上级机关向受双重领导的下级机关行文，必要时应当抄送其另一上级机关。

（4）本系统的重要行文，应当同时抄送直接上级机关。

（三）下行文规则

上级机关单位向下级机关单位发送的公文，用于传达决策部署、布置工作任务、阐明工作原则和要求等。命令、决定、指示、通知、通报、批复以及部分公告和通告都属于下行文的范畴。

（1）请示应当一文一事；一般只写一个主送机关，需要同时送其他机关的，应当用抄送形式，但不得抄送其下级机关。

（2）"报告"等非请示性公文中不得夹带请示事项。

（3）一般不得越级请示和报告。

（4）除上级机关负责人直接交办的事项外，不得以本机关名义向上级机关负责人报送请示、意见和报告。

（5）受双重领导的机关向上级机关行文，应当写明主送机关和抄送机关。

（四）联合行文规则

（1）同级政府、同级政府各部门、上级政府部门与下一级政府可以联合行文。

（2）政府与同级党委和军队机关可以联合行文。

（3）政府部门与相应的党组织和军队机关可以联合行文。

（4）政府部门与同级人民团体和具有行政职能的事业单位也可以联合行文。

三、行政公文的格式

（一）眉首部分

1. 公文份数序号

公文份数序号是将同一文稿印制若干份时每份公文的顺序编号，用七位阿拉伯数字顶格标识在版心左上角第 1 行。

2. 秘密等级

秘密等级分为秘密、机密、绝密，用 3 号黑体字顶格标识在版心右上角第 1 行，两字之间空 1 字。

3. 保密期限

保密期限秘密等级和保密期限之间用"★"隔开。

4. 紧急程度

紧急程度包括特急、急件，标识在版心右上角第 2 行。

5. 发文机关标识

发文机关标识由发文机关全称或规范化简称加"文件"组成，上边缘至版心上边缘为 25mm（上报公文为 80mm）。

6. 发文字号

发文字号由机关代字、年份、序号组成，由办公厅（室）统一编排。年份用六角括号〔　〕括入，序号不编虚位，不加"第"字。发文字号之下 4mm 处印一条与版心等宽的红色反线。

7. 红色反线

红色反线版头由发文机关全称或规范化简称加"文件"或带括号注明的文种名称组成，用套红大字居中印在公文首页上部。联合行文时，可用主办机关名称，也可并用联署机关名称。

（二）主体部分

1. 标题

规范式：由发文机关＋事由＋文种组成，适用于重要、庄重的公务。

灵活式：包括发文机关＋文种、事由＋文种、转发＋始发机关及原通知标题等形式，以及只有文种的情况，常用于一般性公务。

2. 主送机关

公文的主要受理机关，面向机关全体人员或社会群体的重大、周知性公务，主送机关常可省略。

3. 正文

（1）发文事由。包括依据（叙述情况、引用文件等）、意义、作用等，缘由部分可省略或只省略其中一项。

（2）事项。可采用并列式（横向、静态情况，各部分相对独立）或递进式（纵向动态过程，层层递进）结构，两种方法可交叉使用。

（3）结尾。常见的有请求批准类、希望号召类等。

（4）附件。指随公文转发、报送的文件或资料，名称不加书名号，应与正文一起装订，并在附件左上角第 1 行顶格标注"附件"。

（5）发文机关全称。可以是一个发文机关，也可以是多个发文机关联合行文。

（6）成文日期。公文生效时间，以负责人签发日期为准，用汉字大写注明某年某月某日。

（7）公文生效标识。包括发文机关印章或签署人姓名，印章需"骑年盖月"，联合行文时印章可并列但不可相交。

（8）附注。需要说明的其他事项。

（三）版记部分

1. 主题词

揭示公文内容的规范化词，一般 3~7 个，最后一个词必须是公文的文种，居左顶格标识，词间空 1 字，不用标点符号。

2. 抄送机关

除主送机关外需要执行或知晓公文内容的其他机关，多个抄送机关间用逗号隔开。

3. 印发机关和印发日期

印发机关指公文的印制主管部门，印发日期以公文付印的时间为准。

4. 版记中的反线

各要素间加一条反线隔开，以区分不同部分。

5. 版记的位置

位于公文的最后一页，若有附件，版记在附件的最后一页。

四、行政公文的行文规则与结构用语

（一）行政公文的行文规则

1. 下行文规则

政府各部门依据部门职权可以相互行文和向下一级政府的相关业务部门行文，但除函的形式外，一般不得向下一级政府正式行文。

部门之间对有关问题未经协商一致，不得各自向下行文。若擅自行文，上级机关应当责令纠正或撤销。

上级机关向受双重领导的下级机关行文，必要时应抄送其另一上级机关。

向下级机关或者本系统的重要行文，应当同时抄送直接上级机关。

2. 上行文规则

请示应当一文一事，一般只写一个主送机关，若需同时送其他机关，应采用抄送形式，但不得抄送其下级机关。

报告不得夹带请示事项。

一般不得越级请示和报告。

除上级机关负责人直接交办的事项外，不得以机关名义向上级机关负责人报送请示、意见和报告。

受双重领导的机关向上级机关行文，应当写明主送机关和抄送机关。

3. 联合行文规则

同级政府、同级政府各部门、上级政府部门与下一级政府可以联合行文。

政府与同级党委和军队机关可以联合行文。

政府部门与相应的党组织和军队机关可以联合行文。

政府部门与同级人民团体和具有行政职能的事业单位也可以联合行文。

联合行文时，标注发文机关标识应按党、政、军、群的顺序排列，主办机关排列在前，同时要注意发文字号和首页显示正文的相关要求。

4. 其他行文规则

属于部门职权范围的事务，应当由部门自行行文或联合行文，联合行文应明确主办部门。须经政府审批的事项，经政府同意也可以部门行文，文中应注明经政府同意。

属于主管部门职权范围内的具体问题，应当直接报送主管部门处理。

（二）行政公文结构用语

1. 开头用语

用于表示行文目的、依据、原因、伴随情况等，如为（了）、关于、由于、对于、根据、按（遵、依）照、据、查、奉、兹等。

2. 结尾用语

如为要（荷、盼）、是荷、特此通知（报告、函告）等，起到收束全文、明确要求的作用。

3. 过渡用语

如为（对、因、据）此、鉴于、总之、综上所述等，用于连接不同段落和层次，使公文内容过渡自然、逻辑连贯。

4. 经办用语

如经、已经、业经、现经、兹经、办理、责成、试行、执行、贯彻执行、研究执行、切实执行等，表明工作的办理过程和状态。

5. 称谓用语

包括第一人称（我、本）、第二人称（你、贵）、第三人称（该），用于明确公文涉及的对象。

五、行政公文的写作要求

1. 主旨明确，重点突出

公文应开门见山，明确表达核心意图，避免冗长铺垫。无论是传达政策、汇报工作还是提出请求，均需在开篇或关键位置清晰阐述主旨，确保读者迅速把握重点。

2. 内容真实，数据准确

公文内容必须真实可靠，事实、数据、引用等需经得起推敲。汇报工作应如实反映进展、成绩和问题；引用政策法规须准确无误，确保公文的权威性和可信度。

3. 结构严谨，逻辑清晰

公文结构应层次分明，遵循逻辑顺序（如总分总、因果递进等）。段落之间衔接自然，内容条理清晰，便于阅读和理解。工作报告可按时间顺序或重要性组织，确保逻辑顺畅。

4. 语言简洁，表达规范

公文语言应简明扼要，避免冗长句式和不必要的修饰。使用规范公文用语，杜绝口语化表达，确保语法正确、标点符号使用恰当，体现公文的严肃性和专业性。

5. 格式规范，体例统一

严格按照公文格式要求排版，包括标题、主送机关、正文、附件、发文机关署名、成文日期等。不同文种（如通知、报告、请示等）需遵循特定格式，确保公文形式规范、体例统一。

6. 针对性强，实用高效

公文应针对具体问题或任务撰写，内容需切合实际，具有可操作性和指导性。请示类公文应明确请求事项和理由，批复类公文需针对请示内容给予清晰答复，确保公文切实解决问题。

7. 语气得体，符合身份

根据公文性质、行文方向和受文对象选择合适的语气。上行文语气谦逊，体现对上级的尊重；下行文语气庄重，体现权威性；平行文语气平和，体现协商精神，确保表达得体、符合身份。

行政公文是机关单位处理公务的重要工具，其写作规范和技巧对提升工作效率和质量至关重要。本章将详细介绍几种常用公文文体，帮助大家掌握行政公文的基本知识和写作技巧，从而能够熟练撰写各类公文，为今后的工作奠定坚实基础。

参考文献：

[1] 《党政机关公文处理工作条例》2013 年第 7 号 https：//www.gov.cn/gongbao/content/2013/content_2344541.htm

[2] 公开数据库：

中国政府网（www.gov.cn）"政策文件库"

各省市政务公开平台

第二节　通　　知

在日常工作、学习和生活里，通知是运用极为广泛的一种公文。大到国家机关传达重要政策，小到基层单位安排日常事务，通知都发挥着关键作用。熟练掌握通知的写作技巧，能够有效提升沟通效率，保障各项事务顺利开展。

一、通知的含义与特点

（一）含义

通知是用于机关、社会团体、企事业单位在批转下级机关公文、转发上级机关和不相隶属机关的公文，发布规章，传达要求下级机关办理和有关单位需要周知或者共同执行的事项，任免或聘用干部时使用的一种公文。

通知作为一种应用广泛的公文文种，主要用于批转下级机关的公文，转发上级机关和不相隶属机关的公文，发布规章，传达要求下级机关办理的事项，以及让有关单位知晓或执行某些事项，还可用于任免和聘用干部。简单来说，通知是传递信息、布置任务、告知情况的重要工具。通知是一种传达性、指示性和部署性的公文，它是党政机关、人民团体或企事业单位在日常党务或行政管理中应用最为广泛的公文之一。凡是上级机关需要下级机关和个人知道并办理的一般事项大多采用通知传达。

（二）通知的特点

1. 应用的广泛性

从行文主体来看，无论是国家机关、企事业单位，还是学校、社区等基层组织，都经常使用通知来传达信息。在内容上，通知涵盖的范围极为广泛，涉及工作、学习、生活的方方面面。例如，某市政府发布《关于做好防汛工作的通知》；某企业人事部下发《关于调整夏季作息时间的通知》；学校会发布通知告知学生考试安排、放假时间；社区居委会张贴《关于开展垃圾分类宣传活动的通知》。

2. 较强的时效性

通知的制发通常迅速灵活，其所涉及的事项一般都有明确的时间限制，接收方必须在规定时间内做出响应，不能拖延。以会议通知为例，《关于2024年度个人所得税汇算清缴截止通知》明确了时间限制。

3. 职能的多样性

通知虽然不像"决定""命令"那样具有绝对的权威性，但也具备一定的权威性。一些不够发布"决定""命令"的事项，往往可以通过通知来安排，这体现了通知职能的多样性，能够满足不同的工作需求。例如，××教育局《关于转发〈中小学安全教育指导文件〉的通知》用于转发文件；××部门《关于开展年度考核工作的通知》用于布置任务；《关于国庆节放假安排的通知》用于知照事项。

4. 对象的专指性

通知大多是针对特定的机关或人员发布的，具有较强的专指性。例如，单位内部的工作安排通知，通常只会发送给相关部门和人员，不会随意扩散。

二、通知的类别

（一）指示性通知

指示性通知是上级机关对下级机关就某一事项做出具体规定，要求下级机关办理或有关单位共同执行时使用的通知。它通常会明确阐述工作的目标、任务、步骤和方法等，具有很强的指导性。比如，教育局发布通知，要求各学校开展校园安全隐患排查工作，明确排查的重点区域、时间节点以及整改要求等，各学校需严格按照通知要求执行。

（二）印发、批转、转发性通知

1. 印发性通知

印发性通知机关单位对本单位公文的一种办理形式，属于对内发文的特定方式。当某个机关单位认为本单位的特定公文需要正式发文，或者要将某个特定部门制定的规章制度提升为机关单位共同执行的事项时，就会通过印发来实现。印发的公文原文制作和来文渠道均为本机关。例如《关于印发〈实施企业管理制度汇编〉的通知》，企业将内部制定的管理制度汇编印发给各部门，要求全体员工遵照执行，以规范企业运营管理。

 关于印发四川省继续医学教育活动操作指引（2025年版）的通知

2. 批转性通知

批转性通知用于批准下级机关的公文，再转发给下级机关或有关单位贯彻执行。如《国务院关于批转国家税务总局〈关于加强个体私营经济税收征管强化查账征收工作意见〉的通知》。在批转性通知中，要对所批转的公文表明态度，宣布转发，并指明其意义，提出执行要求，还可对公文进行评价、补充或指正。常用"现将……批转给你们，请参照（遵照）执行"这样的惯用语。

 国务院批转公安部关于推进小城镇户籍管理制度改革意见的通知

3. 转发性通知

转发性通知主要用于转发上级机关、同级机关和不相隶属机关的公文。比如《国务院办公厅转发农业部等部门〈关于稳定基层农业技术推广体系的意见〉的通知》。这类通知一般要写明转发文件的名称，并结合实际提出指示性意见或原则性要求。转发性通知也常用"现将……转发给你们，请参照（遵照）执行"的惯用语。

批转性与转发性通知的相同点在于都用于转发其他单位的来文，差异点在于"批转"是对下级机关的来文进行转发，而"转发"则用于上级机关、平级或不相隶属机关的来文。

 国务院办公厅转发商务部《关于支持国际消费中心城市培育建设的若干措施》的通知

（三）任免通知

任免通知用于上级机关任免和聘用人员。如《成都市发展和改革委员会关于××等7位同志职务任免的通知》，通过此类通知，明确告知相关人员职务的变动情况，便于后续工作对接。

 国务院办公厅关于中国人民银行货币政策委员会主席任免的通知

（四）会议通知

会议通知是组织会议的机关、单位将会议内容和相关事项预先告知参会的单位、部门或个人时使用的公文。如《教育部关于加强高校德育建设若干问题的通知》，需在通知中详细说明会议的原因、目的、时间、地点、参会人员、议程以及其他相关事项。

 简阳市人民政府办公室关于开展人工智能助力电子商务发展培训会议通知

（五）发布性通知

主要用于发布法规、规章、条例、办法等，具有较高的政策性。撰写这类通知时，一般要写明发布文件的名称和发布的意义，表明对该文件的态度，并提出实施要求，如《国务院关于印发 2020 年工作要点的通知》。

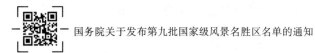 国务院关于发布第九批国家级风景名胜区名单的通知

（六）事务性通知

事务性通知是上级机关要求下属机关办理、执行或需要了解周知的事项时使用的公文。它需要明确交代需办什么事、什么时间完成以及具体要求等。

 成都市人民政府关于调整全市最低工资标准的通知

（七）紧急通知

如果所通知的事项需要被通知的单位尽快知道，可在"通知"之前加"紧急"二字，这就是常见的"紧急通知"，与其他类似的还有特急通知、补充通知等。

 内江市人民政府办公室关于加强高温天气防范应对工作的紧急通知

三、通知的格式

（一）标题

1. 由"发文机关 + 事由 + 文种"构成

如《国务院办公厅关于农业综合行政执法有关事项的通知》《××市教育局关于开展中小学生安全教育月活动的通知》，标题形式完整，能清晰表明发文主体、通知内容和文种。

2. 由"事由 + 文种"构成

如《关于召开新闻发布会的通知》《关于举办员工技能大赛的通知》，简洁明了，突出通知的核心事由。

3. 只写"通知"二字

一般适用于内部张贴。行政公文通知标题要符合"三要素"（即发文机关、事由、文种），使人一看标题就知道是通知什么事情或要求做什么事情。有时候有的机关为省事简单地使用"通知"两字做标题，这种做法是不妥当的，应尽量避免。

4. "关于转发《××（被转发文件全称）》的通知"

适用于印发、批转、转发性通知的标题。转发文件时，被转发的文件标题应使用书名号；直接印发本机关文件时，文件标题不使用书名号。

根据 GB/T 9704-2012《党政机关公文格式》规定：公文标题中引用其他文件时需用书名号，本机关制定的文件名称不适用书名号。

国务院办公厅《公文处理办法》明确：转发上级文件必须标注完整标题及文号，书名号用于标明被转发文件的完整标题。

（二）发文字号

发文字号，简称文号，也被习惯称为文件编号，它是发文机关在某一年度内所发各种不同文件总数的顺序编号。发文字号由发文机关的收发文责任部门负责统一编排，应当包括机关代字、年份代码、发文顺序号。如果是联合行文，一般以主办机关为主体依据编制发文字号。例如，某市政府发文，发文字号为"××政发〔2024〕15 号"，"××政"是机关代字，代表市政府，"〔2024〕"是年份代码，"15 号"是发文顺序号，表示这是市政府 2024 年第 15 份发文。

（三）主送机关

主送机关是指通知的主要接收单位或人员，即需要执行或知晓通知内容的直接责任方。通知的发文对象较为广泛，主送机关也较多，需要根据级别不同来准确确定。

（四）正文

正文一般由通知缘由、通知事项、执行要求三部分组成：

1. 开头

主要交代通知缘由、根据，说明为什么要发布这个通知，让接收者了解通知的背景和目的。例如，某单位发布通知调整工作时间，开头可以写"随着业务量的增加和工作需求的变化，为了提高工作效率，更好地服务客户，经研究决定，对工作时间进行调整"。

2. 主体

说明通知事项，即要求受文机关承办、执行和应知晓的具体内容。如果内容较为复杂，可分条列项写出。不同类型的通知，主体部分的写法各有不同：

（1）批转、转发、颁发性通知。正文包括批语和批转、转发或印发的规章或文件两部分。批语内容相对简单，只需说明批转（或转发）的文件名称和有关要求，如"现将《关于……的规定》转发给你们，请遵照执行"。对于一些复杂的文件，结尾可能会对如何实施作具体说明，或者阐述批转的缘由。例如，省政府转发国务院关于乡村振兴战略的文件，批语中除了要求各地市贯彻执行，还结合本省实际情况，对文件中的重点任务进行了细化说明，提出了本省的具体实施步骤。

（2）指示性通知。正文开头说明通知缘由，主体说明通知事项，结尾提出执行要求。若通知事项较多，可以采用标序列述的形式进行表述。比如，某区政府发布通知要求各街道开展环境卫生整治工作，主体部分详细列出整治的范围，包括主次干道、背街小巷、居民小区等；整治的重点内容，如清理垃圾、拆除违建、规范停车等；整治的时间安排，分为宣传动员、集中整治、检查验收等阶段；最后提出执行要求，强调各街道要高度重视，按时完成任务，确保整治效果。

（3）事务性通知。写法上与指示性通知基本相同，开头说明通知缘由，主体说明通知事项，结尾提出执行要求。但事务性通知内容单一，通知事项必须写得具体明白，不能含糊不清。例如，某单位通知员工领取端午节福利，开头说明为了庆祝端午节，感谢员工的辛勤付出，特发放福利；主体部分写明领取时间为明天下午 2 点至 5 点，领取地点在单位食堂，领取方式为凭工牌领取；结尾提醒员工按时领取。

（4）会议通知。开头的缘由主要概括交代召开会议的原因、目的、议题等；主体部分具体说明会议内容、时间、地点、参加人员、议程以及其他有关事项，常采用标序列述的形式直接标明通知事项；结语部分常用"特此通知"等惯用语作结。例如，某行业协会召开年会，会议通知开头说明年会旨在总结过去一年行业发展情况，探讨未来发展方向；主体部分写明会议时间为下周五至周六，地点在 ×× 酒店，参会人员为协会会员单位代表，议程包括领导致辞、行业报告发布、优秀企业经验分享、分组讨论等，还提醒参会人员提前预订酒店，如有特殊情况不能参会需提前请假；结语为"特此通知"。

（5）任免通知。正文要写清决定任免的时间、机关、会议或依据文件以及任免人员的具体职务。例如，某公司发布任免通知，"经公司董事会研究决定，于 2024 年 6 月 1 日，任命王五为人力资源部总监，免去赵六的人力资源部副经理职务"。

（6）一般性通知。要交代需办什么事、什么时间完成和要求等。比如，某学校通知学生家长开家长会，正文写："为了加强家校沟通，促进学生成长，学校决定召开家长会。时间为下周三晚上 7 点，地点在各班教室。请各位家长准时参加，提前准备好纸笔，以便记录重要信息。"

3. 结尾

提出执行要求，根据实际需要，提出有关单位在贯彻落实通知事项方面的具体要求等。常用"请遵照（贯彻、照此、研究、参照）执行""本通知自下发之日起执行""特此通知，望认真执行""特此通知"等结束语作为结尾。或做必要的说明，如"××的具体办法另行通知"等。有的通知还有结语，如"特此通知""请贯彻执行"等。例如，某市政府发布关于加强安全生产工作的通知，结尾提出："各单位要严格按照通知要求，立即开展安全隐患排查整改工作，于本月底前将排查整改情况报送至市安监局。请务必高度重视，确保安全生产形势稳定。特此通知。"

（五）落款

如果是多个机关联合发文，要注意排列顺序，主办机关排在前面，且整体排版要美观大方，加盖公章。若标题中已包含发文机关名称，落款处的发文机关也可省略。比如，市教育局和市公安局联合发布关于校园安全的通知，落款处主办机关市教育局排在前面，市公安局排在后面。

日期写在发文机关下方，书面通知的年月日要用阿拉伯数字书写，以明确通知的发布时间。例如，通知落款日期为"2024 年 7 月 10 日"，让接收者清楚知道通知的时效性。

四、通知模板

模板一：

0000001
机密★1 年
特　急

×××××文件

×××〔2012〕10 号

×××关于××××××××的通知

×××××××××:

　　××××××××××××××××××××××××××
××××××××××××××××××××××××××××
××××××××××××××××××××××××××××
××××。
　　××××××××××××××××××××××××××
××××××××××××××××××××××××××××
×××××××××××。
　　×××××××××××。
　　××××××××。×××××××××××××××××
××××××××××××××××××××××××××××
××××××××××××××××××××××××××××
××××××××××××××××××××××××××××

—1—

××××××××××××××××。
　　××××××××××××××××××××××
××××××××××××××××××××××××
××××××××××。

2012 年 7 月 1 日

（×××××）

抄送：×××××××，××××××，×××××，××××，
××××× 。

×××××××× 　　　　　　　　　　2012 年 7 月 1 日印发
　　　— 2 —

（模板来源：《党政机关公文格式》GB/T 9704-2012）

模板二：①

××××××①

关于召开 ×××××× ②会议的通知

××××××③：

为 ×××××× ④，×××××× ⑤定于 ×××××× ⑥召开 ×××××× ②会议。现就有关事宜通知如下：

一、会议时间

××××⑦年 ××⑦月 ××⑦日（××⑧）××⑨时

二、会议地点

××××××⑩

三、参会人员

××××××⑪

四、会议日程

会议由 ××××××⑫同志主持。

1. ××××××⑬。

2. ××××××⑬。

…………

五、有关要求

1. ××××××⑭。

2. ××××××⑭。

…………

联系人：×××⑮×××⑯

××××××⑰

××××⑱

注释：

①发文机关，带文件头时可省略。

②会议名称。

③主送机关。

④召开会议的目的，写一两句话即可。

⑤发文机关，如 ×××××× 党委、政府或者 ×××××× 部门。

⑥年、月、日，年份可视情况省略。

⑦年、月、日。

———————————

① 李永新：《笔杆子是怎样炼成的》，清华大学出版社 2021 年版。

⑧周几。

⑨上、下午几时，如是下午一定要用 13 时、14 时等表示。

⑩某地某个会议室。

⑪参会人员，可以分为几个类别：如各地区、各单位主要领导、主管领导等。

⑫主持人职务及姓名。

⑬会议具体议程，如总结交流、××××××讲话等。

⑭列出具体内容，如请按要求派员出席会议，并将参会回执传真至某处；参加会议人员须提前 10 分钟到会，不得早退；请按要求准备发言材料，内容要翔实准确，用数字说话，有可操作性；严格执行中央八项规定精神，勤俭务实办好会议；会议要求着正装；等等。

⑮姓名。

⑯联系方式：固定电话、手机、邮箱等。

⑰发文机关。

⑱成文日期。

五、通知的诊断与练笔

通知的标题改错练习题：

错误示例一：关于举办 2024 年安全生产培训班的通知

纠错：未标明发文单位，影响公文的权威性和可追溯性。

修改后：××市应急管理局关于举办 2024 年安全生产培训班的通知

错误示例二：××市教育局通知

纠错：未说明具体事项，接收单位无法快速了解文件内容。

修改后：××市教育局关于做好 2024 年秋季学期开学工作的通知

错误示例三：××关于竞赛活动的通知

纠错：事由不明确，无法让收文单位快速理解文件内容。

修改后：××省司法厅关于组织参加第五届应急管理普法知识竞赛活动的通知

错误示例四：达州市人民政府关于印发国际消费者权益日系列活动的紧急通知

纠错：紧急通知仅适用于时间紧迫的重要事项。

修改后：达州市人民政府关于印发国际消费者权益日系列活动的通知

错误示例五：成都市财政局关于转发四川省财政厅关于转发财政部关于 2024 年预算编制工作的通知的通知的通知

纠错：标题嵌套过多，上下行文不跨级。

修改后：四川省财政厅关于转发《财政部关于 2024 年预算编制工作的通知》的通知

成都市锦江区人民政府办公室关于印发《锦江区贯彻落实成都市〈支持市场主体纾困加快经济恢复的政策措施〉的实施办法》的通知

参考文献：

[1] 岳海翔：《公文写作模板大全》，中国文史出版社 2011 年版。

[2]《党政机关公文格式》GB/T 9704-2012。

[3] 李永新：《笔杆子是怎样炼成的》，清华大学出版社 2021 年版。

第三节　通　　报

一、通报的概念

通报是党政机关、企事业单位或社会团体用于表彰先进、批评错误、传达重要精神或情况的一种正式公文，具有权威性、指导性和教育性。

二、通报的种类

（一）表彰性通报

用于表彰先进个人或单位，介绍先进事迹，点明实质，提出希望要求并发出学习号召。

如，在全国大学生数学建模竞赛中，某高校"智慧建模小组"荣获一等奖，学校发布通报，详述小组成员利用课余时间积极备赛、勇于探索的过程，号召全校学生学习他们的精神。

（二）批评性通报

针对典型人物或单位的错误行为等进行批评，通过摆情况、找根源、阐明处理决定，让人吸取教训。

如，若某部门工作人员在行政审批过程中，违反规定擅自简化审批流程，导致出现审批失误，给企业和群众带来不便。上级部门发布批评性通报，明确指出该工作人员的错误行为、造成的不良后果，依据相关法规给予相应处分，并要求各部门引以为戒，规范审批工作。又如，某大学一学生在期末考试中作弊被通报，通报说明了作弊事实、分析了行为性质及危害，并给予记过处分，以告诫全体学生严守考试纪律。

（三）情况通报

上级机关用以告知所属单位和群众重要情况，起到沟通和知照作用，助力统一认识与行动。

例如，发生洪水灾害后，相关部门会发布情况通报，向社会公众通报受灾情况、救援进展，以及下一步的应对措施，稳定社会秩序，引导公众积极配合救灾工作。

三、通报的作用与特点

（一）通报的作用

1. 奖励与告诫

通报承担着"表彰先进，批评错误"的任务。如上级单位对在扶贫工作中表现突出的干部给予表彰，对贪污挪用扶贫资金的行为进行严肃批评和处理。

2. 传达和告晓

通报与通知传达内容有区别，通知多要求办理事项，通报则传达重要精神或情况。如上级单位通知下级单位开展某项专项检查工作，而通过通报传达检查中发现的共性问题和典型案例。

3. 内部使用

通报发布范围通常在机关或系统内部。

（二）通报的特点

1. 权威性

由上级机关或管理部门制发，代表组织立场，具有行政约束力。内容体现官方态度，如表彰、惩处或重要决策，必须严格执行，体现单位的权威性和公信力。

2. 教育性

不仅告知情况，更强调引导和规范行为，让人们接受思想教育或警惕错误。例如：上级单位通报一些地方在经济发展中盲目跟风投资导致资源浪费的案例，引导其他地区合理规划产业布局；某高校通报学生网络诈骗兼职受骗事件，教育学生提高防范意识。

3. 政策性

通报的效力依赖于政策依据的权威性和准确性，只有依法依规处理，才能确保其严肃性和执行力。特别是表彰和批评通报，处理决定需有政策依据。

通报中的处理决定必须严格遵循政策法规的层级体系，从国家法律（如《安全生产法》）到地方法规、行业规定直至单位内部制度，确保政策依据的权威性和适用性。在具体引用时，应当精确指向法规条款或文件的具体内容，避免笼统表述，例如，明确标注"依据《建设工程质量管理条例》第 58 条"等，以增强通报的严谨性和说服力。同时，必须确保程序的合法性，批评通报应当建立在充分调查取证的基础上，而表彰通报则需要通过民主评议或规范的考核程序，从而保证通报内容的客观公正和组织的公信力。

北京市人力资源和社会保障局关于开展 2025 年北京市积分落户申报工作的通告

4. 典型性

选取具有代表性的事例，如先进模范、重大事故或突出问题，以起到示范或警示作用。避免泛泛而谈，强调案例的借鉴或教育意义。

四、通报的格式

（一）标题

一般由制发机关、事由和文种构成，有多种组成形式。

1. 发文机关+事由+文种

此格式规范而完整，例如：《眉山市人民政府关于表扬 2024 年度服务业贡献突出企业的通报》。

2. 事由 + 文种

省略了发文机关，常用于发文机关明确且在一定范围内知晓的情况，突出通报的核心事由。例如：《关于学术不端行为处理的通报》。

（二）主送机关

部分通报可不标注主送机关，如大学内部面向全体师生发布的校园文化建设成果通报，有时可省略主送机关；一些面向社会公众发布的通报，如关于疫情防控措施调整的情况通报，也可能不标注具体的主送机关。但如果是针对特定部门或单位的通报，如上级单位对下级单位发布的工作任务完成情况通报，则需明确标注主送机关。

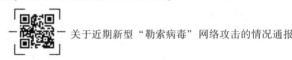 关于近期新型"勒索病毒"网络攻击的情况通报

（三）正文

1. 表彰性通报

先介绍先进事迹，接着指出其意义，再说明表彰决定，最后点明希望号召。例如某县政府对在农村电商发展中表现突出的企业进行表彰，会详细介绍企业如何通过搭建电商平台、培训农民、拓展销售渠道等举措，带动当地农产品销售和农民增收，阐述其对推动农村经济发展的重要意义，宣布给予企业税收优惠、政策扶持等表彰决定，并鼓励其他企业学习其经验，积极参与农村经济建设。大学对成功孵化企业的学生团队进行通报，讲述团队从创意到成立公司过程、成功意义、表彰决定及对其他学生的号召。

 四川省地质灾害防治指挥部关于表扬 2024 年四川省地质灾害防治工作成效突出的单位和个人的通报

2. 批评性通报

陈述错误事实，分析性质原因，指出惩罚决定，提出希望要求。如某市环保局对某企业违规排放污染物的通报，会明确指出企业的违规排放行为（包括排放的污染物种类、数量、时间、地点等），分析这种行为对环境造成的危害和违反的法律法规，宣布对企业的

罚款、责令整改等处罚决定，并要求其他企业引以为戒，严格遵守环保法规。

上海市生态环境局关于2022年第二批环评文件复核发现问题及处理意见的通报

3. 情况通报

通报相关情况，可适当分析原因，提出希望要求。如某市政府在发生重大交通事故后发布的情况通报，会详细说明事故发生的时间、地点、经过、伤亡情况等，分析事故发生的原因（如道路状况、驾驶员违规操作等），介绍救援和后续处理情况，并对加强交通安全管理提出具体要求，如开展交通安全宣传、加强道路巡查等。

上海市药品监督管理局关于2023年第4期药品质量抽检通告

（四）落款

落款包括发文机关署名和发文日期。有的通报在标题已有发文机关，落款处可根据情况省略。发文日期通常会在标题下方或正文末尾。

五、例文优化

以下是一篇关于防汛抗洪的表彰性通报，请指出并修改格式、内容及语言表达方面的不当之处。

关于表彰 2023 年度防汛抗洪先进集体的通报

××省人民政府〔2023〕15 号

各乡（镇）人民政府、县直各部门：

在今年"7·20"特大暴雨灾害应对中，×市应急管理局等 12 个单位科学调度、昼夜奋战，成功转移群众 3.2 万人，挽回经济损失 5.6 亿元。依据《××省防汛条例》第二十八条及《防汛抗旱表彰办法》（×政发〔2020〕8 号），决定授予上述单位"防汛抗洪先进集体"称号，并对主要负责同志记二等功。

××省人民政府

日期

纠错：

文号格式不规范，省级政府文号应使用"×政发"而非全称（如"××省人民政府〔2023〕15 号"应为"×政发〔2023〕15 号"）；主送单位层级矛盾，省级政府直接主送"各乡（镇）人民政府"不合常规，应主送"各设区市人民政府，省各委办厅局"等平级或直属单位；表彰依据引用不完整，未说明《防汛条例》第二十八条具体内容，未明确

"记二等功"的具体法规依据；缺少执行要求，未要求受表彰单位总结经验或各地学习宣传。建议调整为："各设区市人民政府，省防汛抗旱指挥部各成员单位"为主送，并补充具体条款内容和后续工作要求。

优化后：

关于表彰 2023 年度防汛抗洪先进集体的通报
×政发〔2023〕15 号

各设区市人民政府，省防汛抗旱指挥部各成员单位：

在 2023 年"7·20"特大暴雨灾害应对工作中，全省各级防汛部门坚决贯彻省委、省政府决策部署，全力保障人民群众生命财产安全，涌现出一批表现突出的先进集体。根据《××省防汛条例》第二十八条"对在防汛抗洪工作中做出显著成绩的单位和个人给予表彰奖励"及《××省防汛抗旱表彰办法》（×政发〔2020〕8 号）第十二条"对防汛抗洪先进集体授予荣誉称号，对主要负责同志给予记功奖励"的规定，决定授予×市应急管理局等 12 个单位"防汛抗洪先进集体"荣誉称号，并对主要负责同志记二等功（名单附后）。

上述受表彰单位在灾害应对中科学调度、昼夜奋战，累计成功转移群众 3.2 万人，挽回经济损失 5.6 亿元，为全省防汛抗洪工作作出重要贡献。希望受表彰单位珍惜荣誉，再接再厉。各地各部门要以先进为榜样，认真总结防汛救灾经验，全面提升应急管理能力。

请各设区市防汛抗旱指挥部组织学习先进事迹，并于 2023 年 12 月 31 日前将学习宣传情况报省防汛抗旱指挥部办公室。

附件：2023 年度防汛抗洪先进集体及个人记功名单

××省人民政府
2023 年 11 月 15 日

（此件公开发布）

抄送：省委各部门，省人大常委会办公厅，省政协办公厅，省纪委监委机关，省法院，省检察院，各人民团体。

六、实践练习

近期校园内出现多起冒充"教务处老师"要求转账的诈骗事件。请以学生工作部名义写一份《关于防范电信诈骗的安全通报》，列举典型案例，提醒学生提高警惕，并附上防骗指南。

第四节 请 示

一、请示的定义

请示是下级机关单位请求上级或业务主管部门对某项工作或问题给予指示、答复时使用的陈请性上行公文。比如，大学的某个学生社团计划举办一场大型跨校活动，但涉及校外场地借用和活动经费等超出社团权限的问题，就需要向学校相关管理部门提交请示。当单位遇到职权范围内无权或难以处理的问题时，就应向上级领导部门请示，上级需对请示事项明确批复。

二、请示的适用范围和特点

（一）适用范围

（1）对上级方针政策等不明确或有不同理解；

（2）需对上级政策做变通处理；

（3）工作出现新情况无章可循；

（4）请求解决具体问题和困难；

（5）按规定未经请示无权自行处理的问题；

（6）部门无法独立解决的困难。

（二）请示的特点

1. 请求性

请示是下级向上级请求指示批准的公文，具有请求性质，目的是获得上级明确批复，无论同意与否上级都要回应，以解决请示方难题。

2. 事前性

下级遇无法解决、需上级批准才能开展的工作，要先请示再行动，不能先做后报、边做边报，这些都是违反办事原则的。

3. 单一性

请示应当严格遵循一文一事原则，便于上级机关准确理解和处理，不能同时请示两件事，避免混淆、延误。例如，某区住建局计划对区内一条老旧道路进行翻新改造，便向区政府提交了一份请示。请示内容仅围绕道路翻新改造这一事项展开，包括说明道路的现状、翻新的必要性、初步的改造方案以及所需的资金预算等，请求区政府批准该项目并拨付相应资金。若住建局在同一份请示中，既提到道路翻新改造的事项，又提及要申请建设一个新的公园以及请求调配一批新的办公设备等多个不同的事项，就违反了单一性原则。

这样会使请示内容杂乱无章，让区政府难以针对性地进行审批，可能导致处理效率低下，甚至出现部分事项被遗漏或混淆的情况。

4. 隶属性

请示单位和受理单位须有隶属或业务指导关系，确保行文规范、能得到有效处理。

5. 逐级性

请示一般情况下不得越级行文，应逐级行文，特殊越级请示需抄送被越过的上级。例如，为改善学生住宿条件，某高校计划新建一栋学生公寓楼。在项目推进过程中，因周边居民对施工噪声、采光等问题不满，多次阻挠施工，导致项目进展停滞。学校基建处与当地街道办事处多次沟通协调，但未能有效解决问题。眼看施工进度严重滞后，影响学生正常入住计划，学校绕过直接上级主管部门——市教育局，直接向市政府提交请示，说明项目受阻情况，请求市政府出面协调相关部门，推动项目顺利进行。事后，学校也向市教育局报备了此次越级请示的情况。

三、请示的种类

（一）请求指示类

遇到新情况无依据、对政策有疑问、与其他单位有意见分歧、遇到突发事件等情况时，下级机关强烈期待上级给予清晰、具体、可操作的答复，作为下级开展后续工作的依据和指引。

 关于高行镇多锦路道路名称命名的请示

（二）请求批准类

请求批准规定、方案、项目，人事、财务、机构方面的配合等。如某政府部门计划开展一项城市基础设施改造项目，需要购置一批专业设备和聘请专业团队，该部门便向财政部门和上级主管部门提交请示，请求批准项目立项和资金预算。

 关于举办春美乡第二届"母亲花"观赏文化旅游节的请示

四、请示的格式

（一）标题

发文机关+事由+文种，标题一般由制发机关、事由和文种构成，如《××镇人民政

府关于××镇场镇总体规划调整的请示》。

事由+文种，省略了发文机关，常用于发文机关明确且在一定范围内知晓的情况，突出请示的核心事由。如《关于开展市场秩序专项整治的请示》。

注意标题动词不能与文种重复。

（二）主送机关

请示的主送机关通常只有一个，如需同时告知其他上级机关，采用抄送形式。

（三）正文

1. 请示缘由

说明请示原因和政策依据。以某高校申请新增实验设备的请示为例，在请示中先交代与请示事项相关的大环境或现状。再详细阐述当前面临的具体问题，以及这些问题产生的影响。接着找到与请示事项相关的上级政策、规定，增强请示的合理性与合规性。最好能关联单位的规划，若请示事项与本单位的整体发展规划相契合，也应在缘由中说明。正文节选如下：

随着学院招生规模逐步扩大，相关专业学生人数在过去两年增长了30%，实验课程的参与人次大幅增加。然而，目前学院核心实验设备严重老化，近60%的设备使用年限超过15年，故障频发。在过去一学期，因设备故障导致实验课程中断达10余次，约20%的实验项目无法按教学计划完成，这极大影响了学生实践技能的培养，也使得部分依托实验开展的科研项目进度滞后，阻碍了师生在相关领域的深入研究。

根据教育部《关于加强高校基础教学实验平台建设的指导意见》，明确要求各高校应不断优化实验教学条件，提升实践教学质量，以适应新时代人才培养需求。我校积极响应政策号召，致力于为师生打造一流的实验教学环境。

与此同时，学校当前正全力推进"双一流"学科建设，计划在未来五年内重点提升相关优势学科的竞争力。我院拟购置的这批新实验设备，紧密围绕学校重点发展的学科方向，不仅能满足当下教学科研的紧迫需求，完善学院实践教学体系，还将助力学校在相关学科领域产出更多高水平成果，吸引更多优秀人才，有力推动学校整体发展战略目标的实现。

2. 请示事项

明确具体请求，如请求购置的设备型号、数量等。

3. 意见要求

可提出对解决问题的意见，表明希望上级批准的内容。

4. 结尾

一般用"以上请示当否，请批示""特此请示，请批复"等。

（四）落款

落款写明请示单位和请示日期。

五、撰写请示应注意的问题

（一）不越级请示

某乡镇政府在推进一项农村基础设施建设项目时，遇到资金短缺和土地规划审批的问题。按照正常的行政流程，应该先向县级政府相关部门进行请示汇报。但该乡镇政府为了尽快解决问题，直接跳过县级政府，向市级政府提交了请示。这一行为首先会让县级政府感到被忽视，认为乡镇政府没有尊重正常的行政层级和管理秩序，从而影响上下级之间的关系。市级政府收到请示后，由于对该项目在县级层面的整体规划、资源分配等具体情况缺乏详细了解，可能无法做出准确、合理的决策。而且，这可能会导致县级政府在后续工作中对该项目的支持力度减弱，甚至产生抵触情绪，使项目在具体实施过程中遇到更多的协调困难，最终影响项目的顺利推进。

（二）不多头请示

多头请示是指同一份请示文件同时主送多个上级机关的行为，这种做法违反公文处理规范，可能导致责任不清、批复冲突或延误决策。根据《党政机关公文处理工作条例》等规定，请示应坚持"一文一事、单头主送"原则，仅主送一个直接上级机关，必要时可抄送其他相关机关。《国家行政机关公文处理办法》和《党政机关公文处理工作条例》均明确禁止多头请示，要求：受双重领导的单位需区分主送与抄送机关；特殊跨部门事项应通过协调机制解决，而非分别请示。

（三）坚持一文一事

请示必须严格遵循"一文一事"原则，即一份请示只能包含一个事项。这一规定旨在确保公文处理效率和答复的针对性，便于上级快速研判和审批，多事项因权限、进度差异易延误处理。如某县文化和旅游局向县政府提交一份请示，内容既包含请求批准举办本年度全县文化艺术节的相关方案，又包含请求购置一批用于旅游景点安全保障的设备。这两件事一个是文化活动安排，一个是旅游安全设备采购，属于不同性质、不相关联的事项，违反了一文一事的原则，使上级机关难以针对性地进行批复处理。

（四）言辞语气得当

请示应当保持恰当的语气，既要表达问题的严重性和紧急性，又要尊重上级机构的意见和决策。

六、例文优化

以下是一篇关于申报国家示范区的请示，请指出并修改格式、内容及语言表达方面的不当之处。

关于申报国家知识产权强县工程示范区的请示

省知识产权局、市科技局、区财政局：

2013 年 8 月，我区被国家知识产权局确定为"国家知识产权强县工程试点区"（国知发管函字〔2013〕146 号）。自试点工作开展以来，我区知识产权工作成效显著，2015 年 12 月顺利通过省级考核验收，成绩为优秀。现根据《国家知识产权强县工程试点、示范县（区）评定管理办法》（国知发管字〔2012〕133 号），申请推荐我区为"国家知识产权强县工程示范区"。

此外，我区还需向你们提出以下要求：

经费支持问题：我区知识产权工作经费严重不足，请省知识产权局立即拨款 500 万元，市科技局配套 300 万元，否则将影响后续工作开展。

人员编制问题：目前区知识产权局仅有 3 名工作人员，根本无法满足工作需要，请市编办务必在 10 个工作日内批复增加 5 个编制。

其他事项：我区企业专利转化率较低，请省局和市局必须在一周内派专家团队来我区指导，逾期将追究责任。

综上，你们必须尽快办理上述事项，不得拖延！

特此请示。

绵阳市游仙区人民政府（盖章）

2016 年 3 月 7 日

纠错：

违反一文一事原则，请示中同时夹带"示范区申报""经费拨款""编制增加""专家指导"等多个事项。犯了多头主送的错误，同时主送省知识产权局、市科技局、区财政局三个单位，且职权范围混乱，如区财政局无权受理省级申报事项。语气强硬，使用"立即拨款""务必批复""必须办理""不得拖延"等命令式表述，不符合请示的谦卑规范。

修改后：

绵阳市游仙区人民政府关于申报国家
知识产权强县工程示范区的请示

省知识产权局：

2013 年 8 月，我区被国家知识产权局确定为"国家知识产权强县工程试点区"（国知发管函字〔2013〕146 号）。我区自实施国家知识产权强县工程以来，先后制定了一系列政策措施，在知识产权创造、管理、运用和保护等方面取得了长足进步，知识产权工作为我区经济社会发展做出了积极贡献。2015 年 12 月 17 日，受国家知识产权局委托，省知识产权局副局长王道伟带领考核验收组一行 5 人，对我区实施国家知识产权强县工程试点工作进行了考核验收，考核结果为优秀。

根据《国家知识产权局关于印发〈国家知识产权强县工程试点、示范县（区）评定管理办法〉的通知》（国知发管字〔2012〕133 号）和国家知识产权局办公室关于开展国家知识产权强县工程试点、示范县（区）评定工作的相关通知精神，我区符合"国家知识产权强县工程示范区"的申报条件。为深入实施国家知识产权强县工程，推动我区经济社会又好又快发展，特恳请省知识产权局向国家知识产权局推荐我区为国家知识产权强县工程示范区。

特此请示。

绵阳市游仙区人民政府（盖章）

2016 年 3 月 7 日

资料来源 http://www.youxian.gov.cn/public/content/11685401

七、实践练习

成都职业技术学院拟开设"人工智能技术应用"新专业，需购置教学设备（预算 80 万元）、培训教师（预算 20 万元），并向四川省教育厅申请专项资金支持。该院已初步完成市场调研和专业论证（附件 1）。

要求：以学院名义撰写一份规范请示；严格遵循一文一事、单头主送原则；语言得体，结构完整。

第五节　报　　告

一、报告的概念及特点

（一）报告的概念

报告是下级向上级汇报工作、反映情况、答复询问等的上行公文，如工作进展、新情况反馈、问题答复等都可以用报告。

（二）报告的特点

（1）单向性：下级向上级汇报，一般无需上级答复（除需批转的报告）。
（2）陈述性：用叙述和说明的方式陈述工作或情况，不做过多议论描写。
（3）事后性：常是工作完成后或情况发生后汇报，但也有工作进行中的阶段性报告。
（4）概括性：从工作实践中提炼，选择典型材料，抓住重点。

二、报告的种类

汇报类报告：用于向上级汇报工作情况、做法、经验和问题，涵盖综合工作汇报与阶段性工作汇报，也包含对一定时期内单项工作进展、结果的汇报。

答复类报告：针对上级机关的询问、疑问或交办的事项，进行回复说明。

专题类报告：聚焦于某一特定事项、问题或新出现的情况，进行专门汇报，助力上级了解专项事务。

建议类报告：针对工作中存在的问题，提出具体的解决建议、方案或措施，供上级决策参考。

三、报告的格式

格式要素

（1）标题：
完全式：制发机关 + 事由 + 文种，如《外交部 2013 年政府信息公开工作年度报告》。
省略式：事由 + 文种，如《政府工作报告》。
（2）主送机关：直属上级机关，可省略。
（3）正文：
导语：写报告目的或缘由，如"根据……，现将情况报告如下"。
事项：具体内容，工作成绩、问题、建议等。
结语："特此报告"等，答复报告常用此结语。

（4）落款：

正文右下角标注发文机关，标题已有则可省略。

成文时间可在标题下或落款处注明。

四、写作要求及框架示例

（一）不同报告的写作要求

1. 汇报类报告

写明工作进程、成绩、经验、存在问题及下一步安排；主要运用记叙方式，重点突出，点面结合；实事求是，可写设想、建议，但不可请示事项。

2. 答复类报告

针对上级询问，实事求是地回答问题。

3. 专题类报告

内容上反映新事物、新问题、新情况，有助于推进当前工作；写作及时，工作完成或问题解决后立即报告。

4. 建议类报告

建议内容要具体、具有可操作性；条理清晰地阐述问题及解决方案。

（二）各类报告的基本框架示例

1. 汇报类报告

××单位202×年××工作报告

一、工作完成情况

（1）主要指标：GDP 增长×%，××产业占比达×%……

（2）重点举措：实施××工程，完成××项目……

二、存在问题

（1）××领域进展缓慢……

三、下一步计划

（1）推进××政策落地……

参考案例来源：各级政府官网的"政务公开—年度报告"栏目（如某市发改委官网搜索《2023 年上半年经济运行报告》

 北京市 2025 年政府工作报告

2. 答复类报告

关于××督办事项的整改报告

一、督办问题（引自××文件编号）

问题1：××校舍存在裂缝……

二、整改情况

1. 已完成X栋校舍加固（附检测报告）……

三、后续措施

计划×月×日前完成全部整改……

参考案例来源：政府督查部门公开的"整改情况通报"（如教育部官网搜索"校舍安全整改"）

 安岳县人民政府办公室关于县政府履行教育职责的自查报告

3. 专题类报

××事件专项调查报告

一、事件背景

×月×日发现首例病例……

二、原因分析

（1）传染源：××蚊媒密度超标……

三、处置建议

立即启动××级应急响应……

参考案例来源：卫健委/疾控中心官网的"疫情通报"专栏（如《××市登革热疫情防控技术报告》）

 广安华蓥净林市政工程公司"7·3"较大中毒和窒息事故调查报告

4. 建议类报告

关于××问题的改进建议

一、现状问题

线下审核平均耗时×天，客户投诉率×%……

二、建议方案

引入OCR系统（预算××万元，实施周期×月）……

三、预期效益

效率提升╳%，年节约成本╳╳万元……

参考案例来源：企业内网"合理化建议"专栏或政协提案公开库（如《关于╳╳业务数字化的建议》）

五、报告与请示的区别

在实际写作中有些人会把报告和请示混在一起，但它们既有相同点也有不同点，应用时要加以区分。具体对比如表10.2所示：

表10.2

区别项目	报 告	请 示
行文目的	向上级机关反映工作基本情况，作为决策参考，不一定需要上级机关回复	为解决某方面问题，请求上级机关做出指示或审核批准，需要上级机关回复
行文时间	事前、事中、事后均可行文	必须在事前行文
内容含量	可以"一文一事"，也可以"一文数事"，内容较丰富	必须"一文一事"，内容比较单一
结束语	常用"特此报告""以上报告，请审阅"等	常用"以上请示当否，请批复"等

六、例文分析

商务部2024年政府信息公开工作年度报告

本报告根据《中华人民共和国政府信息公开条例》（以下简称《条例》）以及国务院办公厅有关通知要求编制而成，内容包括总体情况、主动公开政府信息情况、收到和处理政府信息公开申请情况、政府信息公开行政复议和行政诉讼情况、存在的主要问题及改进情况等。本报告中所列数据统计期限从2024年1月1日起至2024年12月31日止。

一、总体情况

2024年，商务部坚持以习近平新时代中国特色社会主义思想为指导，深入学习贯彻党的二十大和二十届二中、三中全会精神，贯彻落实党中央、国务院关于政务公开工作的重要部署和《条例》要求，更好发挥以公开促落实、强监管功能，为经济持续回升向好作出积极贡献。

（一）加强主动公开

2024年，商务部网站累计发布信息4.3万条，其中，发布政策文件112条，《中国对外经济贸易文告》69期，就3个政策法规、22个混委会议题、8个行业标准等征求了公众和企业意见，政府信息公开专栏主动公开信息220条。通过网站实时播报新闻发布会49场，在线访谈36期，发布政策解读265次。办结中国政府网转办留言216条，答复网站公众留言5214条，及时回应公众关切。商务部网站全年访问量93.9亿人次。"商务微新闻"微信公众号发稿917篇。

（二）提高公开质效

2024 年，商务部政府网站立足商务工作"三个重要"定位，围绕扩消费稳外贸稳外资重点业务，加强专题专栏建设。一是开设消费品以旧换新专题，助力扩消费。发布信息71 条、问答手册及政策汇总 5 期，访问量达 487 万人次。二是维护好外贸促进、农产品贸易专题，助力稳外贸。分别发布信息 12 篇、130 篇，访问量分别达 3367 万、1190 万人次。三是积极宣介"投资中国"品牌，助力稳外资。报道信息 105 篇，发布政策解读 15篇，答复相关留言 326 条。

（三）做好依申请公开

2024 年，商务部共收到政府信息公开申请 245 件，其中 237 已办结，8 件转 2025 年办理。经与申请人积极沟通告知相关信息获取渠道，申请人主动撤销的申请 117 件。

二、主动公开政府信息情况

<table>
<tr><td colspan="4">第二十条第（一）项</td></tr>
<tr><td>信息内容</td><td>本年制发件数</td><td>本年废止件数</td><td>现行有效件数</td></tr>
<tr><td>规章</td><td>3</td><td>1</td><td>152</td></tr>
<tr><td>行政规范性文件</td><td>12</td><td>14</td><td>1012</td></tr>
<tr><td colspan="4">第二十条第（五）项</td></tr>
<tr><td>信息内容</td><td colspan="3">本年处理决定数量</td></tr>
<tr><td>行政许可</td><td colspan="3">8960</td></tr>
<tr><td colspan="4">第二十条第（六）项</td></tr>
<tr><td>信息内容</td><td colspan="3">本年处理决定数量</td></tr>
<tr><td>行政处罚</td><td colspan="3">1</td></tr>
<tr><td>行政强制</td><td colspan="3">0</td></tr>
<tr><td colspan="4">第二十条第（八）项</td></tr>
<tr><td>信息内容</td><td colspan="3">本年收费金额（单位：万元）</td></tr>
<tr><td>行政事业性收费</td><td colspan="3">3621.99</td></tr>
</table>

三、收到和处理政府信息公开申请情况

<table>
<tr><td rowspan="3">（本列数据的勾稽关系为：第一项加第二项之和，等于第三项加第四项之和）</td><td colspan="7">申请人情况</td></tr>
<tr><td rowspan="2">自然人</td><td colspan="5">法人或其他组织</td><td rowspan="2">总计</td></tr>
<tr><td>商业企业</td><td>科研机构</td><td>社会公益组织</td><td>法律服务机构</td><td>其他</td></tr>
<tr><td>一、本年新收政府信息公开申请数量</td><td>204</td><td>38</td><td>0</td><td>0</td><td>3</td><td>0</td><td>245</td></tr>
<tr><td>二、上年结转政府信息公开申请数量</td><td>0</td><td>0</td><td>0</td><td>0</td><td>0</td><td>0</td><td>0</td></tr>
</table>

续表

(本列数据的勾稽关系为：第一项加第二项之和，等于第三项加第四项之和)			申请人情况						
			自然人	法人或其他组织					总计
				商业企业	科研机构	社会公益组织	法律服务机构	其他	
三、本年度办理结果	（一）予以公开		21	5	0	0	0	0	26
	（二）部分公开（区分处理的，只计这一情形，不计其他情形）		2	2	0	0	0	0	4
	（三）不予公开	1. 属于国家秘密	7	0	0	0	0	0	7
		2. 其他法律行政法规禁止公开	0	0	0	0	0	0	0
		3. 危及"三安全一稳定"	6	0	0	0	0	0	6
		4. 保护第三方合法权益	2	1	0	0	0	0	3
		5. 属于三类内部事务信息	5	0	0	0	0	0	5
		6. 属于四类过程性信息	2	0	0	0	0	0	2
		7. 属于行政执法案卷	0	0	0	0	0	0	0
		8. 属于行政查询事项	0	0	0	0	0	0	0
	（四）无法提供	1. 本机关不掌握相关政府信息	32	2	0	0	3	0	37
		2. 没有现成信息需要另行制作	9	0	0	0	0	0	9
		3. 补正后申请内容仍不明确	0	0	0	0	0	0	0
	（五）不予处理	1. 信访举报投诉类申请	3	0	0	0	0	0	3
		2. 重复申请	2	0	0	0	0	0	2
		3. 要求提供公开出版物	1	0	0	0	0	0	1
		4. 无正当理由大量反复申请	0	0	0	0	0	0	0
		5. 要求行政机关确认或重新出具以获取信息	2	2	0	0	0	0	4
	（六）其他处理	1. 申请人无正当理由逾期不补正、行政机关不再处理其政府信息公开申请	10	1	0	0	0	0	11
		2. 申请人逾期未按收费通知要求缴纳费用、行政机关不再处理其政府信息公开申请	0	0	0	0	0	0	0
		3. 其他（经沟通，申请人主动撤销申请）	93	24	0	0	0	0	117
	（七）总计		197	37	0	0	3	0	237
四、结转下年度继续办理			7	1	0	0	0	0	8

四、政府信息公开行政复议、行政诉讼情况

行政复议					行政诉讼									
					未经复议直接起诉					复议后起诉				
结果维持	结果纠正	其他结果	尚未审结	总计	结果维持	结果纠正	其他结果	尚未审结	总计	结果维持	结果纠正	其他结果	尚未审结	总计
5	1	2	3	11	0	0	0	0	0	2	0	0	0	2

五、存在问题及有关工作建议

2024 年，商务部针对政府信息公开工作中存在的不足加以改进，加强了规范性文件公开，但主动公开信息的时效性和网站访问便利性还需进一步提高。2025 年，商务部将按照《条例》和有关工作要求，进一步做好政府信息公开工作，更好发挥政府信息公开作用。

六、其他需要报告的事项

2024 年，商务部未向申请人收取政府信息公开信息处理费。

（资料来源：中华人民共和国商务部官方网站，https://www.mofcom.gov.cn/zfxxgk/xxgkndbg/art/2025/art_459c389b1ecc43bba58823b28bd24b6e.html）

点评：

这篇《商务部 2024 年政府信息公开工作年度报告》结构清晰、内容翔实，严格遵循相关规定编制，全面展示了商务部在政府信息公开方面的工作情况。报告严格依据《中华人民共和国政府信息公开条例》及国务院办公厅要求编制，涵盖总体情况、主动公开、申请处理等多方面内容，结构完整，各部分逻辑连贯，符合政府信息公开年度报告的格式规范，便于读者快速获取关键信息。报告中列举了大量具体数据，如网站发布信息数量、政策文件数量、新闻发布会场次等，用数据说话，直观且准确地反映了商务部在 2024 年政府信息公开工作的成果，使报告内容更具说服力，也为后续评估和决策提供了有力依据。报告客观指出工作中存在的问题，如主动公开信息的时效性和网站访问便利性有待提高，并表明将按照相关要求进一步做好工作，体现了商务部对信息公开工作的重视和不断改进的态度。

第十一章　会务类文书

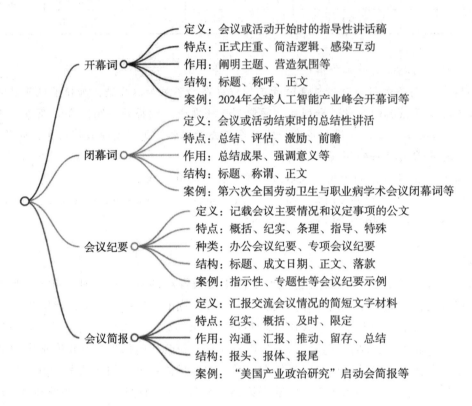

开幕词
- 定义：会议或活动开始时的指导性讲话稿
- 特点：正式庄重、简洁逻辑、感染互动
- 作用：阐明主题、营造氛围等
- 结构：标题、称呼、正文
- 案例：2024年全球人工智能产业峰会开幕词等

闭幕词
- 定义：会议或活动结束时的总结性讲活
- 特点：总结、评估、激励、前瞻
- 作用：总结成果、强调意义等
- 结构：标题、称谓、正文
- 案例：第六次全国劳动卫生与职业病学术会议闭幕词等

会议纪要
- 定义：记载会议主要情况和议定事项的公文
- 特点：概括、纪实、条理、指导、特殊
- 种类：办公会议纪要、专项会议纪要
- 结构：标题、成文日期、正文、落款
- 案例：指示性、专题性等会议纪要示例

会议简报
- 定义：汇报交流会议情况的简短文字材料
- 特点：纪实、概括、及时、限定
- 作用：沟通、汇报、推动、留存、总结
- 结构：报头、报体、报尾
- 案例："美国产业政治研究"启动会简报等

第一节　开　幕　词

一、开幕词的基本概念

（一）定义

开幕词是在重要会议或重大活动开始时，由会议主持人或主要领导人等发表的具有指导性、引领性和标志性的讲话稿。它是会议或活动的重要组成部分，旨在向与会者和相关人士宣告会议或活动的正式开始，阐明其背景、目的、意义，介绍主要议程和安排，并对会议或活动的成功举办表达祝愿，提出希望和要求，以营造良好氛围，引导与会者明确方向，激发参与热情，为整个会议或活动奠定基调，推动其顺利进行。适用于学术会议、校园活动、企业庆典、国际赛事开幕式等。

（二）特点

1. 正式性与庄重感

开幕词作为一场活动开启的重要致辞，要注意避免日常口语化表达，用词应精准、规范且富有深度，多选用书面语词汇，以彰显活动的严肃性与权威性。比如在商务论坛开幕词中，描述行业发展趋势时，使用"态势""格局"等书面词汇，而不是"样子""情况"等口语词汇；语法遵循严格规范，保证语句完整、严谨，展现语言的正式风貌，让听众从言辞间感受到活动的郑重氛围。

2. 简洁性与逻辑性

开幕词需在有限时间内传递关键信息，所以语言务必简洁明了，摒弃冗长繁杂的表述。同时，整体结构要有清晰的逻辑脉络。一般按照开场引入主题、阐述核心内容、提出期望或愿景的顺序展开。在阐述核心内容时，运用连接词如"首先""其次""再者"等，分点清晰论述，突出重点内容，使听众能够迅速抓住主旨，轻松理解开幕词所传达的信息层次。

3. 感染力与互动性

为有效调动听众情绪，营造积极的活动开端氛围，开幕词需要具备感染力与互动性。开场时，通过亲切真挚的问候语，如"尊敬的各位嘉宾，大家好！非常荣幸在这个美好的时刻与大家相聚于此"，拉近与听众的距离。在内容表达中，巧妙运用排比句增强气势，如"我们要以创新为驱动，以合作谋发展，以责任促共赢"；合理引用名言警句、经典诗句，如"'路漫漫其修远兮，吾将上下而求索'，在未来的发展道路上……"丰富语言内涵。此外，还可适当提出问题、设置悬念，引导听众思考，增强与听众的互动，使全场听众快速融入活动情境。

（三）作用

1. 阐明主题，引导方向

开幕词能够明确地向与会者阐述活动的主题、目的和意义，使大家在活动一开始就对整体方向有清晰的认识，为后续的各项议程和讨论提供明确的指引。

2. 营造氛围，激发热情

通过热情洋溢的语言，开幕词可以营造出积极、热烈的活动氛围，激发与会者的参与热情和积极性，让他们以饱满的精神状态投入到活动中。

3. 介绍背景，提供信息

它可以介绍活动举办的背景、相关情况以及筹备过程等，帮助与会者更好地理解活动的来龙去脉，为他们理解活动内容和参与相关讨论提供必要的背景信息。

4. 规范议程，奠定基调

开幕词通常会简要介绍活动的议程安排，让与会者了解活动的大致流程和环节，有助于规范活动的进行。同时，开幕词的风格和基调也会为整个活动奠定基础，影响着活动的整体氛围和节奏。

5. 凝聚人心，促进团结

开幕词可以强调活动的共同目标和意义，唤起与会者的共同意识和责任感，促进各方之间的团结与合作，使大家能够在活动中形成合力，共同为实现活动的目标而努力。

二、开幕词的结构

（一）标题

格式一：开幕词。

格式二：活动名称 + 文种（如：《南沙市第十三届运动会开幕词》）。

格式三：复式标题，主标题揭示活动主题，副标题说明活动名称和文种会议（如：《共创美好未来——海天公司年度大会开幕词》）。

（二）称呼

一般根据与会人员的情况和会议性质来确定，如"尊敬的各位领导、各位嘉宾""亲爱的同事们""女士们、先生们"等，要注意称谓的恰当性和礼貌性，力求涵盖所有与会者。

◎ 示例：

学术会议：拉近与听众距离，体现尊重与礼仪。

"尊敬的各位院士、专家学者，女士们、先生们：大家上午好！"

（特点：正式庄重，突出专业性和来宾身份）

校园运动会：

"亲爱的老师们、同学们，以及远道而来的家长朋友们：欢迎大家齐聚春日校园！"

（特点：亲切活泼，体现校园氛围）

企业年会：

"各位同仁、合作伙伴，以及线上参会的朋友们：感谢大家在岁末年初共赴这场奋斗者的盛会！"

（特点：简洁有力，强调团队精神与合作）

（三）正文

1. 开头

通常开门见山地宣布活动开幕，也可对活动的规模、背景及与会者的身份等作简要介绍，还可对活动的筹备情况表示感谢。

◎ 示例：

学术会议：

"今天，我们汇聚于此，共同探讨'人工智能与可持续发展'这一时代命题。本次会议不仅是学术交流的平台，更是推动科技前进的实践起点。"

（特点：点明主题，提升会议价值高度）

校园文化节：

"五月的春风里，我们迎来第十届'诗韵年华'文化节。这是青春的舞台，是创意的盛宴，更是传承中华文化的生动课堂。"

（特点：语言生动，突出青春与文化元素）

企业新品发布会：

"三年前，我们以'颠覆传统'为使命踏上征程；今天，我们将用这款划时代的产品，重新定义行业的未来。"

（特点：制造悬念，凸显企业愿景）

2. 主体

这是开幕词的核心部分，主要阐述活动的目的、意义、主题、背景，清晰传递活动安排，增强仪式感。有时也会展望活动的前景，表达祝愿，传递信心与美好期待，提出希望和要求等。

◎ 示例：

以科技创新论坛开幕词主体部分为例

本次科技创新论坛，旨在汇聚各界智慧，攻克技术难题，加速科技成果转化，推动产业革新。在全球科技竞争白热化，技术迭代日新月异的当下，科技创新已成为国家和企业发展的核心驱动力。此次论坛以"创新引领未来，科技赋能发展"为主题，正是希望借前沿思想碰撞，挖掘创新机遇。

论坛期间，我们安排了行业权威专家的主题演讲，分享最新研究成果与发展趋势；也设有多场深度研讨的圆桌会议，聚焦人工智能、新能源、生物科技等热门领域，共同探寻破局之道。

在此，衷心祝愿本次论坛能成为启迪智慧的思想盛宴，期待各位专家、学者和企业代表畅所欲言，携手为科技创新添砖加瓦。希望大家以开放的心态交流合作，将理论与实践结合，共同攻克科技难关，为构建创新型社会贡献力量。

3. 结尾

一般用简洁有力、富有鼓动性的语言对活动表示祝愿。

◎ 示例：

传统仪式：

"现在，我宣布：2024 年'丝路文明对话'国际论坛——正式开幕！"

（特点：简洁有力，配合手势增强气势）

创意活动：

"话不多说，让我们用最热烈的掌声，开启今天的奇幻之旅！有请第一位嘉宾登场！"

（特点：口语化表达，快速衔接后续环节）

线上会议：

"接下来，让我们云端携手，共同进入会议的精彩议程！谢谢！"

（特点：呼应线上场景，体现技术时代特色）

参考模板：

开　幕　词

××××：

　　××××会议隆重开幕了。首先，请允许我代表××××向会议致以热烈的祝贺！向××××表示衷心的感谢！

　　出席这次会议的领导（嘉宾、代表）有×××、×××、……（人员介绍）

　　这次会议的召开，是……，对于……，必将……（目的、意义）

　　这次会议的主要任务是……（议题、议程）

　　希望各位代表在会议期间……（与会要求）

　　预祝大会圆满成功！

三、案例分析

◎ 案例一：

携手数字浪潮，共创智能未来
——2024 全球人工智能产业峰会开幕词

　　尊敬的各位来宾，亲爱的专家学者、企业精英们：

　　大家上午好！在科技变革日新月异的今天，我们满怀热忱与期待，相聚在这座充满活力的城市，共同开启"2024 全球人工智能产业峰会"的大幕。在此，我谨代表峰会组委会，向出席本次盛会的各位领导、嘉宾、行业同仁以及媒体朋友们，表示最热烈的欢迎和最衷心的感谢！

　　回首人工智能的发展历程，它宛如一部波澜壮阔的科技史诗。从最初概念的萌芽，到如今广泛深入地融入社会生活的每一个角落，人工智能正以前所未有的速度改变着世界的面貌。过去的几十年里，我们见证了算法的不断优化，算力的飞速提升，以及数据量的爆炸式增长，这些要素共同推动人工智能从实验室走向现实应用，创造出一个又一个商业奇迹与社会价值。从医疗领域的智能诊断，到交通领域的自动驾驶；从教育领域的个性化学习辅助，到金融领域的风险智能管控，人工智能已经成为驱动各行业转型升级的核心力量。

　　展望未来，人工智能的发展前景更是令人心潮澎湃。随着 5G、云计算、大数据等新兴技术与人工智能的深度融合，我们将迎来一个更加智能、高效、便捷的世界。智能机器人会进一步走进家庭与工作场所，承担更多复杂而精细的任务；智能决策系统将在企业运营、城市管理等方面发挥关键作用，提升资源配置效率，改善公共服务水平。但我们也要清醒地认识到，前行的道路并非一帆风顺。人工智能在技术突破、伦理规范、人才培养、安全保障等方面仍面临诸多挑战，亟待我们共同攻克。

本次峰会以"携手数字浪潮，共创智能未来"为主题，正是希望搭建起一座沟通与合作的桥梁，汇聚全球智慧，共同探讨人工智能产业发展的前沿趋势与关键问题。在接下来的两天时间里，我们精心筹备了一系列精彩纷呈的活动。有前沿的主题演讲，将由业内顶尖专家为大家带来人工智能领域最新的研究成果与技术突破；有深度的专题研讨，围绕人工智能在不同行业的应用实践、发展瓶颈及应对策略展开头脑风暴；还有丰富的案例分享与项目展示，让大家近距离感受人工智能在实际场景中的创新应用与商业价值。我们还设置了高端的产业对接会，为企业间的合作交流、资源整合创造机会，助力人工智能产业生态的繁荣发展。

各位来宾，人工智能的发展浪潮已经汹涌澎湃，它既是时代赋予我们的历史机遇，也是我们共同肩负的责任与使命。让我们以本次峰会为契机，加强交流，深化合作，携手共进，勇攀科技高峰。我坚信，通过我们的共同努力，一定能够在人工智能的广阔天地中，书写更加辉煌的篇章，创造更加美好的智能未来！

最后，预祝本次"2024全球人工智能产业峰会"取得圆满成功！祝愿各位嘉宾身体健康、工作顺利、收获丰硕！

谢谢大家！

案例分析：

（1）结构清晰：开幕词采用总分总的结构，开头表达欢迎与感谢，中间分别回顾过去、展望未来并介绍峰会安排，结尾总结并表达祝愿，层次分明，逻辑连贯，便于听众理解和把握内容。

（2）主题突出：紧密围绕"携手数字浪潮，共创智能未来"主题，从人工智能的发展历程、未来趋势到峰会围绕主题的活动设置，始终紧扣主题展开，强化了主题的核心地位，让参会者明确会议主旨和方向。

（3）内容丰富详实：对人工智能的过去、现在和未来进行了全面且深入的阐述，既有对发展历程的回顾，又有对各行业应用的举例，还有对未来趋势和挑战的分析，为参会者提供了丰富的行业信息，体现了专业性和前瞻性。

（4）语言富有感染力：运用如"波澜壮阔的科技史诗""心潮澎湃""汹涌澎湃"等词汇，增强了语言的感染力和表现力，激发了参会者的热情和积极性，使开幕词更具号召力和鼓舞性。

（5）注重互动与交流：详细介绍峰会的议程设置，包括主题演讲、专题研讨、案例分享、产业对接会等，突出了峰会作为交流合作平台的作用，让参会者清楚了解会议的价值和参与方式，吸引他们积极投入到会议的各项活动中。

◎ 案例二：

中南高中第10届教职工代表大会开幕词

尊敬的各位代表、老师们：

大家好！今天，我们相聚一堂，召开我校第10届教职工代表大会。在此，我代表学校领导班子，向出席会议的全体代表，表示热烈的欢迎！

过去一年，学校在教学质量提升、师资队伍建设等方面取得一定成果。高考上线率有所提高，多位教师在市、区教学竞赛中获奖。学校也积极开展教研活动，组织教师参加培训，教师专业素养得到提升。

本次教代会，我们将讨论学校发展规划、教师绩效考核方案等重要议题。希望各位代表畅所欲言，为学校发展出谋划策。相信在大家共同努力下，本次会议定能圆满成功，推动学校各项工作迈上新台阶。

最后，预祝本次教代会取得圆满成功！谢谢大家！

案例分析：

（1）内容简略空洞：对学校过去一年成果的阐述浮于表面，如仅提及高考上线率提高、教师获奖，却没有具体数据支撑，无法让代表们直观感受成果的大小；对于教研活动和教师培训，也未说明取得的实际效果和对教学的促进作用。在提及本次教代会讨论的重要议题时，没有展开说明这些议题与学校发展、教师权益的紧密联系，显得内容空洞。

（2）语言缺乏感染力：整体语言平淡，行文枯燥，只是简单陈述事实和流程，没有表达出对学校发展的期望、对教职工代表的信任等情感，难以激发代表们的积极性和参与热情。

（3）结构不够清晰：没有清晰划分回顾过去、展望未来、介绍会议目的及议程等板块，内容过渡较为生硬，逻辑不够连贯，使代表们难以快速把握重点。

（4）未体现民主氛围：教代会是教职工行使民主权利、参与学校管理的重要平台，但开幕词中没有强调教职工代表的民主权利，也未提及学校对代表们意见和建议的重视程度，不利于营造民主讨论的氛围。

修改意见：

（1）充实内容。补充学校过去一年成果的具体数据，如"过去一年，我校高考本科上线率从63%提升至84%，一本上线人数增加了86人；在市、区教学竞赛中，共有11位教师获奖，其中优秀课堂设计的获奖人数较去年增长了5%"。对于教研活动和教师培训，可阐述具体成果，"学校积极开展教研活动，共组织校内公开课20节，教师参与率达到100%，通过评课议课，总结出19条有效的教学改进策略，并应用于课堂教学，显著提升了学生的学习积极性和课堂参与度；组织教师参加17次校外培训，培训后教师将所学新理念、新方法融入教学，学生成绩平均分提高了9分"。

深入阐述本次教代会讨论议题与学校、教师的关联，"本次教代会讨论的学校发展规划，将明确未来×年学校的发展方向和目标，直接关系到学校的长远发展和每一位师生的成长；教师绩效考核方案的修订，将更加科学合理地评价教师工作，与各位教师的切身利益息息相关，希望大家积极发表意见，共同完善"。

（2）增强语言感染力。融入情感表达。"过去一年，我们携手共进，每一份成绩的背后，都凝聚着全体教职工的辛勤汗水和无私奉献，在此，我向大家致以最诚挚的敬意！今天，我们又站在了新的起点，本次教代会承载着我们对学校未来发展的期望，相信在大家的共同努力下，我们一定能够开创学校发展的新局面！"

使用更生动的词汇和句式，避免平铺直叙。

（3）优化结构。明确划分板块，如先热情欢迎代表，表达对会议的期待；接着详细回顾过去一年学校工作成果；再阐述本次教代会的重要意义、会议议程和讨论议题；最后表达对会议成功的祝愿和对学校未来的展望。

在各板块之间运用过渡语，使内容衔接自然，如"回顾过去，我们豪情满怀；展望未来，我们信心百倍。接下来，我向大家介绍本次教代会的重要使命和主要议程"。

（4）突出民主氛围。强调教职工代表的民主权利，"各位代表，你们是全体教职工的代表，肩负着广大教职工的期望和重托，拥有充分的民主权利，希望大家以高度的责任感和主人翁精神，积极参与讨论，为学校发展建言献策"。

表明学校对代表意见的重视，"学校领导班子将认真倾听每一位代表的声音，对大家提出的意见和建议，我们将进行梳理、研究，充分吸纳合理部分，切实推动学校各项工作的改进和发展"。

四、案例展示

◎ 案例一：

 湖南省文史研究馆建馆七十周年书画展开幕词

◎ 案例二：

 第 26 届河南语文年会暨 SCETF 大语文教育科技节开幕词

◎ 案例三：

 五维并进，共绘教育改革新篇章
——教育改革论坛开幕词

◎ 案例四：

 广东省作家协会第十次代表大会开幕词

五、实战训练

阅读下文，并仿写一篇校团委团组织生活表彰大会开幕词。

梦想启航，共铸辉煌
——西蜀大学学生会竞选大会开幕词

尊敬的各位老师，亲爱的同学们：

大家好！在这个充满活力与希望的美好时刻，我们齐聚一堂，共同迎来［大学名称］学生会竞选大会。我是［主持人姓名］，非常荣幸能够担任本次大会的主持人，在此，我谨代表学生会全体成员，向莅临大会的各位老师表示衷心的感谢，向参与竞选的每一位同学致以最诚挚的祝福！

学生会，是连接学校与同学们的重要桥梁，是每一位同学锻炼自我、展现才华的广阔舞台。一直以来，我们的学生会积极发挥组织协调作用，在丰富校园文化、服务同学需求、促进校园和谐等方面，都取得了令人瞩目的成绩。从精彩绝伦的校园文艺晚会，到紧张激烈的学术竞赛；从贴心周到的志愿服务，到丰富多彩的社团活动，都离不开学生会成员的辛勤付出和无私奉献。这些成绩的背后，是一届又一届学生会成员对责任的坚守，对梦想的追逐。

今天，又一批优秀的同学勇敢地站了出来，积极参与到学生会竞选之中。你们怀揣着对大学生活的热爱，带着为同学们服务的热忱，渴望在学生会这个平台上施展自己的才华，贡献自己的力量。你们的参与，为学生会注入了新的活力与激情，让我们看到了学生会未来发展的无限可能。无论竞选结果如何，你们的勇气和担当都值得我们每一个人尊重和学习。

本次竞选大会，为大家提供了一个公平、公正、公开的竞争平台。在接下来的时间里，每一位竞选者都将有机会充分展示自己的优势、才华和对学生会工作的独特见解。希望大家能够在展示自我的过程中，秉持着真诚与自信，尊重每一位对手，尊重每一位评委和观众。同时，也希望台下的同学们能够认真聆听每一位竞选者的发言，为自己心目中的优秀候选人投上宝贵的一票。

同学们，学生会的发展离不开学校领导和老师们的悉心指导，离不开全体同学的积极支持与配合。相信在大家的共同努力下，本次学生会竞选大会一定能够圆满成功，选出一批德才兼备、责任心强、富有创新精神的学生会干部，为学生会的发展注入新的活力，为我们的校园生活增添更加绚丽的色彩！

最后，预祝本次学生会竞选大会取得圆满成功！祝愿每一位竞选者都能发挥出自己的最佳水平，实现自己的梦想！

谢谢大家！

第二节 闭幕词

一、闭幕词的基本概念

(一) 定义

闭幕词是在大型会议或活动即将结束时，由相关领导人或重要嘉宾发表的总结性讲话，具有总结会议成果、强调会议意义、提出希望和要求等作用，是会议或活动的重要组成部分。闭幕词标志着活动正式结束，有着情感凝聚与价值传递的功能，即通过集体记忆强化参与者认同感，提炼活动精神并延伸社会意义。

(二) 特点

(1) 总结性：对会议或活动的主要内容、成果进行全面概括和总结，梳理讨论的问题、达成的共识、取得的成果等，让与会者对整体情况有清晰完整的认识。

(2) 评估性：对会议或活动的过程、效果等进行客观评价，肯定成功之处，指出存在的不足，为今后类似活动提供参考。

(3) 激励性：以热情洋溢的语言，激发与会者将会议精神和成果转化为实际行动，鼓舞大家为实现会议提出的目标而努力。

(4) 前瞻性：基于会议成果，对未来工作、发展方向等进行展望，提出建设性的意见和建议，为下一步行动指明方向。

(三) 作用

(1) 总结会议成果：系统归纳会议的主要内容和重要成果，如通过的决议、达成的协议、确定的工作方向等，使与会者明确会议的收获。

(2) 强调会议意义：阐述会议在理论创新、实践推动、凝聚共识等方面的重要意义，提升与会者对会议价值的认识，增强贯彻会议精神的自觉性。

(3) 提出希望要求：对与会者或相关单位提出具体的希望和要求，如落实会议决策、推进相关工作、加强合作交流等，确保会议精神得到有效贯彻。

(4) 营造良好氛围：以积极的态度和语言，营造团结、奋进的氛围，为会议画上圆满句号，使与会者带着饱满的热情和信心离开会议，投入到工作中。

二、闭幕词的结构

(一) 标题

标题的写法与开幕词类似。

格式一：闭幕词。

格式二：活动名称 + 文种（如：《××大会闭幕词》）

格式三：复式标题，主标题概括闭幕词的核心内容或活动的意义，副标题注明活动名称和文种（如：《继往开来，再谱新篇——××公司年终总结大会闭幕词》）

（二）称谓

与开幕词一致，根据与会人员的情况和会议性质来确定合适的称谓，如"尊敬的各位领导、嘉宾""亲爱的同事们"等，要涵盖所有与会者，体现礼貌和尊重。

（三）正文

1. 开头

开头通常说明会议即将结束，对会议进行总体评价。一般简要回顾活动的主要过程和基本情况，对活动的整体情况进行概括性的总结。

如："经过全体与会人员的共同努力，为期三天的××活动即将圆满结束"。

2. 主体

这部分是闭幕词的重点，主要总结活动取得的成果、达成的共识、产生的影响等，强调活动的重要意义和价值。可以列举活动中具有代表性的发言、讨论的重要问题以及形成的决议等，也可以对活动中表现突出的单位或个人进行表彰和感谢。

◎ 示例：

以某行业交流峰会闭幕词主体部分为例

本次行业交流峰会期间，我们共同见证了思想碰撞所绽放的耀眼光芒。从对前沿技术应用的深入剖析，到对市场趋势走向的精准预判，诸多成果在此诞生。与会专家们达成了大力推进数字化转型、加强跨区域合作的共识，这将为行业突破现有壁垒、实现新跨越奠定坚实基础。

峰会期间，[专家姓名 1] 关于绿色发展的发言，为我们指明了可持续发展的方向；[专家姓名 2] 对人工智能在本行业创新应用的探讨，开拓了大家的思路。围绕市场竞争加剧与合作共赢的问题，各企业代表踊跃发言，最终形成了加强信息共享、建立行业互助机制的重要决议。

在此，要特别感谢积极参与讨论、分享宝贵经验的 [知名企业名称 1]，他们带来的实战案例为我们提供了极具价值的参考。还要表彰在本次峰会筹备过程中表现卓越的 [优秀组织单位名称]，以及提出独到见解的 [优秀个人姓名]，是你们的努力与智慧，让本次峰会成果丰硕。

3. 结尾

提出对未来的展望和希望，鼓励与会人员将活动中的精神和成果运用到实际工作或生活中，为实现相关目标而努力。同时，以热情洋溢的语言宣布活动胜利闭幕。结尾一般用简短有力的语言发出号召、表达祝愿。

如："现在，我宣布，××大会胜利闭幕！"

参考模板：

闭　幕　词

××××：

　　××××会议在××××下，经过全体代表的共同努力，圆满地完成了各项预定的任务，今天就要闭幕了。谨向各位代表表示衷心的感谢！

　　这次会议进行了××××××，……（会议成绩）

　　这次会议取得了……，……（会议影响）

　　希望各位代表会后……（会后期望）

　　现在宣布：××××会议胜利闭幕！

三、闭幕词的写作技巧

（一）开篇：定基调

（1）时间锚点法："暮色降临，我们即将为这场思想盛宴画上句号。"

（2）情感共鸣法："过去三天，我们在交锋中收获智慧，在协作中缔结友谊。"

（二）致谢：分层设计（见表11.1）

表11.1

层级	内容要点	案例示范
主办方	战略决策支持	"感谢组委会的前瞻性布局"
嘉宾	专业贡献	"王教授的演讲重塑行业认知"
工作人员	细节付出	"凌晨三点调试设备的幕后英雄"
参与者	共创价值	"每位提问者都是智慧的源泉"

（三）成果：数据故事化

三阶表达法：

数据量化 → 案例具象化 → 价值升华

"达成 82 项合作协议（数据）→ 比如 A 企业与 B 机构的清洁能源项目（案例）→ 这些成果将减少 10 万吨碳排放（价值）"

（四）结尾：召唤未来

金句公式：

时间维度："今天的结束，恰是明天的新起点……"

空间维度："从黄浦江畔出发，让创新之花开遍神州……"

象征意象："让我们共同守护这簇文明的火种……"

（五）仪式化的表达

（1）排比句："我们记住了展品的精美，记住了思想的碰撞，更记住了彼此的真诚……"

（2）比喻句："论坛如同一艘巨轮，载着行业希望驶向蔚蓝的大海……"

（六）"感谢—提炼—升华"三段式设计

1. 开场致谢

平和回顾，表示感谢。设置"此刻，让我们……"的集体动作指令。设计 1~2 个让观众自发鼓掌的共鸣句，达到情感升温的目的。

2. 提炼展望

提炼主题，振奋精神，牵引未来，将活动成果与后续行动形成逻辑闭环。同时注意让价值可视化：用"我们创造了……/实现了……"替代空泛评价。

3. 收尾升华

引用活动中产生的金句或数据实现首尾呼应。用灯光/音乐配合制造沉浸式收尾体验。

通过具体场景重构、数据强化和情感引导，能让闭幕词成为活动传播的二次发酵点，真正实现"收官不谢幕"的效果。

（七）场景化分类（见表 11.2）

表 11.2

场景类型	关键词	禁忌点
学术会议	知识增量、学术共同体	避免商业色彩过浓
体育赛事	拼搏精神、荣誉传承	忌过度渲染竞争
企业年会	团队凝聚、战略共识	规避敏感财务数据

四、案例分析

◎ 案例一：

（企业年会闭幕词片段）

今天这个活动非常成功，首先要感谢组委会的辛勤付出，他们从半年前就开始策划、联系场地、协调嘉宾、安排流程，克服了很多困难……此外，我们还要感谢每一位观众的支持，特别是远道而来的朋友，比如从上海来的张先生、广州的李女士……（逐一点名感谢）。最后，我想说的是，这次活动的意义非常重大，它不仅促进了行业交流，还推动了创新发展，未来我们还要继续努力，争取明年再创辉煌！

问题分析：内容冗长，缺乏重点。细节堆砌冲淡核心信息。流水账式致谢缺乏真诚感。关键价值总结流于口号化。

修改稿：

经过三天思想碰撞，我们共同见证了 15 项创新提案的诞生（具体数据增强说服力）。特别感谢组委会突破性采用 APOP 模式（突出亮点），让跨界合作迸发新火花。最后，请允许我邀请大家看向大屏幕——这里实时记录了每一位参与者的智慧贡献（视觉化呈现）。让我们珍藏这份凝聚的力量，期待明年此刻，带着实践成果再相聚！

◎ 案例二：

（行业论坛闭幕词片段）

虽然这次到会人数未达预期，某些环节出现技术故障，但总体还算过得去。希望大家回去后多提宝贵意见，我们尽量改进。

问题分析：情感错位，基调失衡。消极措辞打击参与者热情，"过得去"等表述削弱活动价值，改进请求显得被动消极。

修改稿：

值得欣喜的是，在座 85% 的参会者通过我们的匹配系统找到了合作伙伴（用积极数据引导关注）。对于会议期间的服务疏漏，我们已启动 24 小时建议通道（展现担当），您的每条反馈都将转化为明年的升级版服务方案。此刻，让我们为彼此创造的连接鼓掌——这掌声既是鼓励，更是对未来的承诺！

◎ 案例三：

（校园活动闭幕词片段）

这次运动会很精彩，运动员表现很棒，志愿者也很辛苦。希望大家把体育精神带到学习中，谢谢大家！

问题分析：结构混乱，缺乏记忆点。内容空洞缺乏具体场景，未制造情感共鸣点，结尾突兀缺乏余韵。

修改稿：

当高三（2）班在4×100米接力赛最后一刻逆袭时（具体场景引发回忆），我们读懂了永不言弃的真正含义。此刻，请举起你们的右手——触摸心跳，记住这份热血沸腾的感觉。这不是结束，而是带着竞技精神迎接人生每一个赛道的开始！3、2、1，我们一起喊出：向更好的自己出发！

◎ **案例四：**

<h2 style="text-align:center">第六次全国劳动卫生与职业病学术会议闭幕词</h2>

尊敬的各位领导、各位代表、同志们：

第六次全国劳动卫生与职业病学术会议，在中华预防医学会、辽宁省预防医学会、大连市卫生局、大连市预防医学会的悉心关怀与大力支持下，在全体与会人员的共同努力下，历时4天，已圆满完成各项议程，今天即将胜利闭幕。在此，我受第四届委员会的委托，向大会作总结发言。

本次会议规模宏大，共有来自全国27个省、自治区（海南、江西、西藏无代表参加）、直辖市的425名代表参会。代表们构成多元，既有全国专业研究机构、大专院校的精英，也有奋战在劳动卫生职业病防治一线的基层工作者；既有开创本专业的老一辈专家、教授，也有年富力强的年轻一代学者与领导。大家齐聚一堂，畅所欲言，交流经验，共叙友情，是本世纪末一次难得的行业盛会。

会议学术氛围浓厚，成果丰硕。共收到论文746篇，通过大会专题报告、分会场发言、专题讨论与论文摘要汇编等形式进行了充分交流。其中大会发言17篇，分会场发言100篇，并针对尘肺X线诊断、人类工效学、社会主义市场经济下劳动卫生管理以及生物监测与分子生物标志物等重点问题展开专题讨论。发言者精心准备，聆听者全神贯注，讨论热烈活跃，充分展现了学术上的民主作风与虚心求实的态度。

经评审组反复酝酿、认真审议，评选出13篇中青年优秀论文。这不仅体现了中青年职业卫生工作者的成长与成就，也彰显了本专业人才辈出、后继有人的良好态势，展示了专业发展的希望与未来。

在本次学术会议中，学术水平和会议气氛两方面给人留下了极为深刻的印象：

（1）学术水平显著提升：从管理科学角度，大量论文总结了劳动卫生与职业病管理经验，深入探讨了社会主义市场经济条件下，如何适应新形势、转变观念、改革管理体制、开拓新领域、争取新服务对象等关键问题。如针对乡镇企业、涉外企业的职业卫生服务与管理，以及劳动卫生领域出现的持续紧张、强迫体位、视觉疲劳、空调环境、视屏作业等新问题展开研究，这些问题对劳动生产率和社会影响重大，为专业发展带来新契机。从专业研究方向看，会议涌现出众多高水平论文与成果，反映了20世纪90年代的科技水平。近代医学领域的新理论、新技术，如癌基因、抑癌基因、遗传毒理、生物标志物与分子生物标志物等广泛应用于本学科，提升了研究的层次与水平，获得与会者一致赞扬。此外，计算机管理系统、Internet应用等高科技成果也在会议中进行了交流，让大家感受到科技时代的压力与挑战。

（2）会议气氛团结热烈：本次会议实现了老、中、青三代专业工作者的大团聚。老一辈专家从建国初期就投身本专业，辛勤耕耘，无私奉献，为学科发展壮大奠定了坚实基础。他们的敬业精神、工作态度和优良品格，为后来者树立了榜样，他们的到来也为会议注入了强大的精神力量。他们的发言让我们对不同地区的劳动卫生与职业病情况有了更多了解，为学科发展拓宽了思路。

当然，本次会议也存在一些不足之处。由于参会人数远超预期和回执数量，大会组织工作在某些方面不够周全，食宿安排较为分散，给大家的生活带来了不便，在此向各位代表表示诚挚的歉意，恳请大家谅解。

同志们，朋友们！展望21世纪，科学技术飞速发展，劳动卫生与职业病学作为预防医学的重要分支，必将随着人类科技与工农业生产的进步而不断发展壮大。目前我国经济处于转轨时期，虽然我们这个专业面临着一定的影响、冲击和困难，但这都是暂时的。我们坚信，随着经济深化改革的逐步推进，劳动卫生与职业病学繁荣昌盛的新时期必将到来。让我们坚定信心，克服困难，积极进取，脚踏实地，努力工作，共同开创本专业发展的新局面。

最后，我代表劳动卫生与职业病学会，向为本次大会成功举办付出辛勤努力的大连市预防医学会、大连市劳研所、大连市科协、辽化疗养院的领导和全体工作人员表示衷心的感谢！

祝各位代表身体健康，返程一路顺风！期待在下世纪的第七次会议上再次相聚！

谢谢大家！

（资料来源于：https：//m. med66. com/yixuehuiyi/baike/wx1506176416. shtml？use_xbridge3=true&loader_name=forest&need_sec_link=1&sec_link_scene=im）

案例解析：

（1）背景与会议成果总结：开篇点明会议在多方领导支持及全体与会人员协同下，历经4天圆满完成议程，达到预期目的，即将闭幕。这简洁明了地交代了会议的整体情况，让听众对会议的完成度和成果有初步认知。

（2）参会人员构成阐述：详细介绍参会代表来自全国27个省、自治区、直辖市，涵盖全国专业研究机构、大专院校以及基层单位，既有老一辈专家教授，又有年轻一代学者与领导。通过这些信息，凸显会议参与群体的广泛性和代表性，反映出该领域老中青三代共同关注、积极参与的良好态势。

（3）会议交流内容与形式说明：提及共收到746篇论文，通过大会专题报告、分会场发言、专题讨论与论文摘要汇编等多种形式交流，其中大会发言17篇，分会场发言100篇，并对尘肺X线诊断等重点问题进行专题讨论。清晰展示了会议交流内容的丰富多样以及学术探讨的深入性。

（4）优秀论文评选意义强调：阐述评选出13篇中青年优秀论文，体现出对中青年职业卫生工作者成长与成就的肯定，展示专业领域人才辈出、后继有人，为学科发展带来希望与未来，激励更多中青年投身研究。

（5）学术水平与会议气氛亮点突出：一方面，从管理科学及专业研究方向阐述学术水平，如大量论文总结管理经验，探讨新形势下的工作适应，以及在癌基因等前沿领域的研究成果获赞扬；另一方面，讲述会议气氛体现团结、友谊、奋进精神，还提及了老一辈专家的贡献。这不仅体现了学术上的高水平，还强调了会议在促进行业交流与合作方面的积极作用。

（6）表达感谢与展望未来：代表学会向为大会成功作出贡献的各方表示衷心感谢，体现对会务工作者的尊重与认可；同时展望 21 世纪学科发展，坚信随着经济改革，学科将迎来繁荣昌盛新时期，鼓励大家克服困难、共同奋斗。表达了对未来的信心，激励与会者继续努力推动学科发展。

该闭幕词成功之处在于全面回顾会议，涵盖背景、人员、交流内容、成果等；突出亮点，如学术水平和会议气氛；表达感谢，体现人文关怀；展望未来，激发参会者的使命感和积极性，为会议画上圆满句号，也为学科未来发展指明方向。

五、案例展示

◎ 案例一：

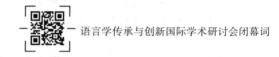 语言学传承与创新国际学术研讨会闭幕词

◎ 案例二：

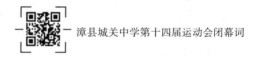 漳县城关中学第十四届运动会闭幕词

◎ 案例三：

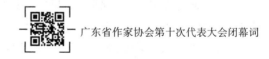 广东省作家协会第十次代表大会闭幕词

◎ 案例四：

 中国摄影家协会第九次全国代表大会闭幕词

六、实战训练

（1）为社区邻里节撰写闭幕词，要求包含：3 组排比句式及数据转化案例（如"200户家庭参与垃圾分类挑战"）。

（2）分析一篇诺贝尔颁奖典礼闭幕词。

第三节 会 议 纪 要

一、会议纪要的基本概念

(一)定义

会议纪要是行政公文和党的机关公文中的主要公文文种。《国家行政机关公文处理办法》规定:"会议纪要适用于记载会议主要情况和议定事项"。① 会议纪要作为组织决策和沟通的重要文件,是在会议过程中,由专人对会议讨论的事项加以归纳、整理而形成的一种实录性的文书。它能准确反映出会议的全貌和要点,为与会者以及未参加会议的相关人员提供会议信息,具有法律效力和存档管理的双重价值。是传达贯彻会议精神,指导工作,解决问题的依据和凭证。

(二)特点

1. 概括性

会议纪要不是对会议内容的原始记录和全盘照抄,而是在对会议原始材料进行分析、归纳、提炼的基础上,概括出会议的主要精神、重要决议和关键要点,突出重点,抓住关键,舍弃无关紧要的细节。

2. 纪实性

会议纪要必须忠实反映会议的实际情况,主要内容和议定事项,准确记录会议的议题、讨论情况、决议等内容,不能随意增减或歪曲会议实际信息,要准确体现会议的全貌和与会者的观点。

3. 条理性

会议纪要通常会按照一定的逻辑顺序,如会议进程、议题顺序等,对会议内容进行梳理和组织,使条理清晰,层次分明,便于阅读和理解。会议纪要的语言表达要求准确、规范、简洁。

4. 指导性

会议纪要中记录的决议、决定等内容,对相关单位和人员具有一定的指导作用,是开展工作、落实任务、解决问题的依据和参考,要求有关部门和人员按照会议精神贯彻执行。

5. 特殊性

会议纪要一般根据会议的实际情况和需求来确定内容和格式,不同类型的会议,如工作会议、学术会议、座谈会等,其纪要的侧重点和写法会有所不同,具有一定的特殊性。

---

① 《党政机关公文处理工作条例》(中办发〔2012〕14 号)第八条第(十五)项:https://www.gov.cn/gongbao/content/2013/content_2344541.htm。

（三）作用

会议纪要的主要作用就是通报会议精神。

1. 上报上级机关

当会议涉及重要工作进展、重大问题探讨或关键决策制定时，将会议纪要上报上级机关，能如实反映会议的实际情况。上级机关借此详细了解下级单位的工作动态、遇到的难题以及应对策略，从而为上级全面掌握基层情况提供有力依据，便于做出科学合理的宏观决策，实现对整体工作的有效指导与把控，进一步优化资源配置和工作部署，确保组织目标的顺利达成。

2. 下发下级机关

将会议纪要下发至下级机关，有助于统一各级人员的思想认识。会议纪要里的重要指示、决策部署以及工作要求，能够为下级机关指明工作方向，使其清晰知晓工作重点和目标，避免工作偏差，提高工作执行的准确性和效率，促进各项工作有序开展，增强组织内部的凝聚力和协同性。

3. 抄送平行机关或互不隶属机关

在抄送平行机关或互不隶属机关时，会议纪要成为了沟通交流的桥梁。通过分享会议中涉及的工作经验、行业动态、政策解读等信息，促进彼此间的信息流通与资源共享，减少信息差，增进相互了解与信任，便于在工作中寻求合作机会，协同解决问题，共同推动行业或领域的发展。

（四）会议纪要与会议记录的区别（见表 11.3）

表 11.3

对比项	会议纪要	会议记录
行政约束	正式公文，具备执行力	过程材料，无强制约束力
内容侧重	提炼结论性成果	完整记载发言过程
呈现方式	结构化公文格式	流水账式的原始记录
公开范围	依密级确定传播范围	通常作为内部档案保存
生成流程	需审核签发流程	现场实时记录
使用范围	较重要的会议	任何正式会议
文体性质	正式公文	属于资料，不能作为文件分发

二、会议纪要的种类

会议纪要大致分为两种：办公会议纪要和专项会议纪要

（一）办公会议纪要

办公会议纪要也叫日常行政工作会议纪要。用于记载领导机关召开办公会议决定的事项和议定的事项，内容一般是比较具体的工作安排和要求。为机关单位工作的开展提供实在的指导和具体的依据。

（二）专项会议纪要

专项会议纪要包括各种各样的交流会、座谈会、研讨会等专项会议，是通过对涉及有关工作的重要方针、政策和理论原则问题的交流、讨论情况的纪实。重点是记录与会者对各种问题的观点、意见和建议以及会议达成的共识或存在的分歧。给人们以深刻的启示，给工作以宏观的指导。专项会议一般不具有行政约束力。

三、会议纪要的构成

会议纪要一般由标题、成文日期、正文、落款四部分组成。

（一）标题

格式一：制发机关+会议名称+文种（如：《青江区人事局局长办公会议纪要》）
格式二：会议名称+文种（如：《万华公司销售工作会会议纪要》）
格式三：会议主要内容+文种（如：《关于解决校内共享单车乱停乱放问题的会议纪要》）

（二）成文日期

会议纪要的成文日期一般加方括号写在标题之下正中的位置，以会议通过时间或领导签发日期为准。成文日期也可以出现在正文之后。

（三）正文

包括开头、主体、结尾三部分

1. 开头
简要介绍会议的基本情况，包括会议召开的时间、地点、主持人、参会人员、会议主要议程、会议议题等。

2. 主体
主体是会议纪要的核心部分，主要记载会议讨论的内容、达成的共识、提出的意见和建议、做出的决定等。会议的主要精神、议定事项、会议上的各种观点及争议情况等，都在这一部分予以表述。多数情况下，这部分内容采用分条列项的写法。不分条的，多用"会议指出""会议认为""会议要求"等惯用语作为各层意思的开头语，以体现内容的层次感。

3. 结尾

结尾一般比较简短，通常用来强调意义、提出希望和要求或对会议做出简要评价，也可以自然收束，在不影响全文结构完整的前提下，不写专门的结尾部分。

（四）落款

一般包括署名和印章。如果是机关单位的会议纪要，通常在正文后右下角署名并加盖公章。如果未在前面标题或标题下标示制发单位和制发日期的，则要在正文后签署。如果是内部使用的会议纪要，也可以不署名和盖章。

参考模板：

××××办公会议纪要

（第×期）

××××（制发单位）　　　　2022 年 5 月 12 日

2022 年 5 月 12 日上午（时间），×××同志（主持人）主持召开××××会议，×××、×××等同志（领导）参加了会议（与会人员）。×××同志传达了×××精神，通报了×××有关工作情况，并作了重要讲话；会议听取了×××关于……工作情况汇报，讨论了……，审议了《……》等×项……。

　　会议认为，……。

　　会议强调，……。

　　会议指出，……。（以上为会议概况）

　　会议经过审议，议定以下事项（以下为会议议定事项）

　　一、……

　　二、……

　　……。

出席：×××（×××单位）　　×××（姓名）……

分送：×××（×××单位）、×××（×××单位）……。

四、案例展示

◎ **案例一：指示性会议纪要**

 学习习近平总书记对四川宜宾市筠连县山体滑坡作出重要指示精神

◎ 案例二：专题性会议纪要

 专题：学习贯彻党的二十届三中全会精神会议纪要

◎ 案例三：传达式会议纪要

 中共山东省人民政府研究室党组会议纪要

◎ 案例四：研讨会会议纪要

 区域创新体系建设研究工作研讨会会议纪要

◎ 案例五：座谈会会议纪要

 深入学习贯彻习近平总书记在民营企业座谈会上的重要讲话精神会议纪要

五、实战训练

案例研习：阅读下面这篇会议纪要，找出错误并修改。

公司项目推进会议纪要

会议时间：2024 年
会议地点：公司会议室
参会人员：项目组全体成员
会议内容：领导先发言强调项目重要性，要求大家全力推进。接着各小组简单汇报进展。开发小组说遇到技术难题，正在想办法解决；市场小组称市场调研正在进行中，但未给出具体数据和结论；财务小组提到预算目前正常。然后大家讨论了下遇到的问题，没有深入探讨解决方案。最后领导总结，让继续努力，尽快完成项目。

六、数字化工具推荐

（1）智能生成：采用 NLP 技术自动提取决议要点（如 Google Docs 智能撰写）。

（2）数字签名：符合《电子签名法》的区块链存证（如 e 签宝解决方案）。

（3）结构化存储：按 ISO 16175 标准建立元数据体系。

第四节 会议简报

一、会议简报的基本概念

（一）定义

会议简报是一种用于汇报、交流会议情况的简短的文字材料。它是在会议期间或会议结束后不久，对会议的基本情况、主要内容、重要决议、讨论焦点以及会议成果等进行概括、整理和提炼所形成的内部文件，多以书面形式印发给与会人员及相关部门，能够让有关人员及时掌握会议的重要信息，推动会议精神的贯彻落实。

（二）特点

会议简报具有以下特点：

1. 内容的纪实性

会议简报是对会议情况的真实反映，要求准确无误地记录会议的基本情况、主要内容、发言要点、讨论结果、决议等，不允许随意夸大、缩小或歪曲事实，确保信息的真实性和准确性。

2. 表达的概括性

它不是对会议内容的详细记录，而是在梳理、归纳会议要点的基础上，以简洁明了的语言概括出会议的主要精神和重要信息，抓住会议的关键信息和主要内容进行概括和提炼，以达到快速传递信息的目的，让读者能够在短时间内了解会议的重点。

3. 报道的及时性

会议简报要及时反映会议进展情况，需要快速将会议的最新情况传递给相关人员，以便让有关人员及时了解会议动态，做出相应的决策或调整，为会议的顺利进行和领导决策提供参考。一般在会议期间或会议结束后不久就会编写并印发。

4. 交流的限定性

会议简报是针对特定的会议而编写的，内容紧密围绕会议的主题、议程和目标，主要反映会议中重要的讨论内容、决策、结果以及需要相关人员关注和落实的事项等，通常只在一定范围内交流，如参会人员、相关部门或单位等，具有一定的内部性和限定性，不像公开的新闻报道那样面向社会大众。

（三）作用

1. 沟通信息

能让与会者及时了解会议的整体情况，包括不同议程的进展、其他参会人员的观点和意见，以及会议做出的决策等，促进参会者之间的信息交流与共享。同时，也能使未参会的相关人员了解会议的重要内容和精神，保持信息的畅通，有助于提高会议效率，避免信息不对称导致的误解或重复讨论。

2. 汇报情况

向上级领导或相关部门汇报会议的真实情况，包括会议讨论的重点问题、存在的分歧以及达成的共识等，领导可以快速了解会议的关键信息、讨论结果以及需要解决的问题，为上级领导掌握会议动态、进行决策提供参考依据，以便他们及时对会议相关工作进行指导和协调。

3. 推动工作

会议简报可以明确会议提出的工作任务、要求和责任分工等，有助于督促各部门和相关人员落实会议精神，能够让各部门和相关人员清楚了解自己的工作任务和要求，起到督促和工作落实的作用，推动各项工作按照会议部署有序开展，同时也为后续检查和评估工作进展提供了参照。

4. 留存资料

作为会议的重要文字记录之一，会议简报为日后查阅会议相关信息提供了便捷的资料来源，有助于总结会议经验教训，为今后类似会议的召开和相关工作的开展提供参考和借鉴。

5. 总结经验

会议简报对会议中的成功经验、存在的问题进行总结和反映，有助于组织和参会人员从中吸取经验教训，为今后类似会议的召开以及相关工作的开展提供借鉴，不断提高会议质量和工作水平。

二、会议简报的结构

（一）报头

（1）简报名称：一般用较大的字体在报头上方标明"会议简报"等字样，如果是特定会议的简报，还会加上会议名称，如"××会议简报"。

（2）期号：在简报名称下方，注明本期简报的期数，如"第×期"。

（3）编发单位：写明编发该简报的单位名称，位于期号下方左侧。

（4）印发日期：在期号下方右侧，写上简报的印发年月日。

（二）报体

（1）标题：是会议内容的高度概括，要准确、简洁地反映会议的主要内容或主题，让读者能够迅速了解简报的核心要点。

（2）正文：是简报的核心部分，主要包括会议概况、会议内容和会议结论等。会议概况介绍会议的时间、地点、主持人、参会人员等基本信息。会议内容是正文的重点，要围绕会议主题，按重要程度或发言顺序，对会议讨论的问题、发言情况、做出的决定等进行梳理和概括。会议结论部分可对会议的成果进行总结，或对下一步工作提出要求和展望。

（三）报尾

报尾由两部分内容组成：发送范围和印数。

发送范围：在报尾左侧注明简报发送的单位、部门或个人。

印数：在报尾右侧标明本期简报的印刷份数。

◎ **会议简报示例：**

类别	细分内容	示　例
报头	简报名称	××会议简报
	期号	第 5 期
	编发单位	××公司行政部
	印发日期	2024 年 10 月 15 日
报体	标题	××会议聚焦业务拓展，共商发展新路径
	会议概况	1. 时间：2024 年 10 月 15 日上午 9:00—11:00 2. 地点：公司三楼会议室 3. 参会人员：公司领导、各部分负责人及业务骨干 4. 主持人：总经理×××
	会议主要内容	部门汇报： 业务部经理×××汇报上季度业务完成情况，新客户拓展数量达到 50 家，销售额增长 20%，但在部分地区市场份额受到竞争对手挤压。 讨论决策： 针对市场份额问题，经讨论决定加大在受影响地区的广告投放，投入预算 50 万元，由市场部负责在一个月内制定详细投放方案
	会议总结	总经理×××总结会议，强调业务拓展是公司发展重点，鼓励各部门协同合作，实现年度业务目标。
报尾	发送范围	公司各部门
	印数	30 份

三、案例展示

◎ **案例一：节选（报体部分）**

 会议简报 ┃ 重大科研攻关项目"美国产业政治研究"启动会成功举办

案例点评：

优点：突出关键信息：在阐述项目和专家讨论环节，聚焦中美产业竞争、美国产业战略等关键问题，精准提炼核心观点，如美国产业战略转型、人工智能领域政策动向等，增强了简报的针对性和实用性。

不足：部分内容深度欠缺：在提及一些复杂议题，如美国国防部、商务部、能源部在产业中的作用时，仅简单列举，缺乏深入分析和解读，无法让读者深入理解这些部门对美国产业战略的具体影响机制。

◎ 案例二：节选（报体部分）

 会议简报 | "做好五篇大文章"助力金融强国建设
——构建数字化转型实践案例库 2023 在线研讨会召开

案例点评：

优点：逻辑结构清晰：整体以会议进程为序，依次展开会议致辞、高校及智库代表发言、地方协会及研究院代表发言、出版社代表发言等环节，各部分过渡自然，层次分明，便于读者梳理和理解会议要点。

不足：语言不够简洁：各方发言内容详细，但部分表述冗余，例如对各单位的介绍篇幅较长，在一定程度上影响信息传递效率，未突出简报的简洁性特点。作为会议简报，未对会议讨论内容进行充分提炼和概括，重点不突出，未能很好地发挥简报快速传递关键信息的作用。

四、会议简报写作技巧

（一）信息筛选漏斗模型（原始记录→关键词提取→逻辑重组）

从海量原始记录中提炼关键信息的有效方法。面对大量繁杂的原始记录，首先进行关键词提取，通过对原始记录的深入阅读和分析，找出能够概括核心内容、具有代表性和指示性的词汇或短语。这些关键词就像是信息的"骨架"，支撑起整体的理解。将提取的关键词按照一定的逻辑顺序进行排列和整合，构建出清晰、有条理的信息结构。比如，在会议原始记录中先提取出诸如"项目进度""问题讨论""决策事项"等关键词，再按照会议进程或逻辑关系对这些关键词相关内容进行重组，使信息更易于理解和传达。

（二）数据呈现法则：复杂数据采用图表，数据对比用柱状图

当面对复杂数据时，单纯的文字描述往往会让人感到困惑和难以理解。采用图表呈现可以将数据以直观、形象的方式展示出来。例如，在展示企业各部门的人员构成、业务流程的步骤和关系等复杂信息时，流程图、组织结构图等图表能让受众迅速把握关键信息。而在进行数据对比时，柱状图是一种非常有效的工具。它通过柱子的高度差异，清晰地展示不同类别数据之间的数量对比，比如不同产品的销售额对比、不同季度的业绩变化等，

使数据之间的差异一目了然，便于分析和决策。

（三）使用"金字塔原理"①：结论先行

"金字塔原理"核心在于结论先行。在沟通和表达中，先将最重要的结论、观点或结果呈现给受众，能够迅速抓住对方的注意力，明确表达的核心内容。这种方式符合人们接收信息的习惯，因为受众往往更关心最终的结果和关键结论。例如在撰写会议简报时，开篇就点明报告的核心结论，如"本季度销售额增长20%，主要得益于新产品的成功推出和市场推广策略的有效性"，然后再逐步展开论述支持结论的理由、数据和分析过程。这样可以使表达更加清晰、有条理，避免受众在大量的细节中迷失，提高信息传递的效率。

五、实战训练

（一）案例分析

阅读下面的会议简报，分析其会议议题的呈现逻辑。

永善县第十七届人民代表大会第四次会议
简　报
依法治县展宏图　凝心聚力绘新篇

1月17日上午，永善县第十七届人民代表大会第四次会议第二次全体会议听取了县人大常委会工作报告、县人民法院工作报告、县人民检察院工作报告。1月17日下午，各代表团全体会议认真审议了县人大常委会、县人民法院、县人民检察院工作报告，并发表了审议意见。

代表们认为：县人大常委会工作报告，一是依法履职重点突出。报告紧紧围绕县委中心工作和全县发展大局，依法履行监督、决定、任免等职权，为推动永善经济社会发展和民主法治建设发挥了重要作用。如在重点项目建设监督方面，通过深入调研和持续跟踪，有力促进了项目的顺利推进。二是工作监督实效明显。县人大常委会创新监督方式，综合运用执法检查、专题询问和质询、工作评议等多种手段，增强了监督的针对性和实效性。特别是在生态环境保护监督上，督促相关部门加大整治力度，使县域生态环境质量得到明显改善。三是代表工作富有成效。县人大常委会不断强化代表活动阵地建设管理运行工作，不断完善代表履职平台，加强代表培训，丰富代表活动，提高了代表的履职能力和积极性。积极督办代表建议，解决了一批群众关心的热点难点问题，赢得了群众的广泛好评。四是工作安排措施实在。县人大常委会工作报告对2025年重点工作任务作出安排，

---

① ［美］芭芭拉·明托著，汪洱、高愉译：《金字塔原理 思考、表达和解决问题的逻辑》，南海出版公司2013年版，第11页。

体现了围绕中心、服务大局、依法履职，助力推进永善高质量跨越发展的总体要求。报告目标明确、措施实在，是一个有深度、有力度，求真务实、符合实际的好报告。代表们纷纷赞同县人大常委会工作报告，并表示将充分发挥好代表在推进全县经济社会发展中的作用，继续把事关群众利益的民生问题作为履职重点，回应社会关切，促进民生事业改善，为永善高质量跨越发展贡献自己的力量。

审议永善县人民法院、县人民检察院工作报告时，代表们对"两院"工作表示满意，认为两院工作报告内容详实、重点突出、客观公正。在过去工作中，县人民法院坚持司法为民、公正司法，不断优化诉讼服务，提高审判质效，切实维护了社会公平正义，为经济社会发展提供了有力的司法保障。县人民检察院依法履行法律监督职责，积极参与严厉打击各类刑事犯罪，在有效维护社会稳定方面发挥了重要作用。代表们对"两院"2025年工作安排表示赞同，认为目标明确，切合实际，一致赞同"两院"工作报告。代表们希望"两院"在今后的工作中，能够继续围绕中心、服务大局，进一步加强队伍建设，提高司法能力和水平，不断满足人民群众对司法工作的新期待、新要求，为永善高质量跨越式发展创造更加良好的法治环境。

代表们在审议县人大常委会、县人民法院、县人民检察院工作报告中提出了一些建设性意见和建议：

在人大常委会工作方面：一要进一步加强对法律法规实施情况的监督检查，确保法律的严格执行，维护法律的权威和尊严。尤其要关注与民生密切相关的法律法规，如教育、医疗、环保等领域，切实保障人民群众的合法权益。二要充分发挥人大代表的主体作用，加强代表培训，提高代表履职能力。用好用活线上线下代表活动阵地，拓宽代表收集民意、群众反映诉求的渠道，让代表更好地联系服务群众。三要加大对重大事项和重点项目的监督力度，深入开展调研视察，推动政府科学决策、民主决策。特别是在经济发展、城市建设、乡村振兴等方面，要发挥人大监督的促进作用，确保工作顺利推进。四要加强自身建设，提高工作效率和服务水平。不断完善人大监督工作制度机制，加强人大干部队伍建设，打造一支政治坚定、业务精通、作风优良的人大工作队伍。

在县法院工作方面，一要提高执法水平，优化案件审理流程，确保当事人的合法权益能够及时得到保障。加强审判管理，严格控制案件审理期限，避免不必要的拖延。二要通过多种渠道向社会公开案件审理过程和结果，让法律在阳光下运行。积极运用新媒体平台，及时发布信息，增强公众对法院工作的了解和信任。三要加大对法官的执业能力培训和职业素养提升，不断提高业务能力和水平。鼓励法官参与学术交流和研究，借鉴先进的审判经验和理念。四要关注民生案，对涉及劳动争议、消费者权益保护、婚姻家庭等与群众切身利益相关的案件，要做到公正、高效审理。

在检察院工作方面，一要加大法律监督力度，尤其是对刑事诉讼、民事诉讼和行政诉讼活动的监督，确保司法公正，维护法律的权威和尊严。要敢于监督、善于监督，对发现的违法违规问题坚决依法纠正，让群众在每一个司法案件中都感受到公平正义。二要持续加强检察队伍建设，通过定期培训、业务交流和实践锻炼等方式，不断提升检察人员的专业能力和执法水平。三要积极参与社会治理，充分发挥检察职能作用，在预防犯罪、化解矛盾纠纷、维护社会稳定等方面发挥更大作用。四要通过多种渠道向社会公众普及检察职能和法律知识，提高检察工作的透明度和公信力，让群众更加了解、支持检察工作，为开展检察工作营造良好氛围。

代表们提的这些建设性的意见和建议，大会秘书处已逐一进行归纳整理，将书面反馈给报告机关予以落实。

（资料来源：https：//mp. weixin. qq. com/s/tCTGGMs7VuA8cEzxO63JTg）

（二）模拟写作

以"成都市新能源汽车充电桩建设推进会"为题，写一篇会议简报。

六、数字化工具推荐

（1）智能纪要系统：腾讯会议 AI 纪要生成功能（2023 年实测准确率 91%）。

（2）协同编辑平台：Notion 模板库政府版会议简报框架（杭州市政府 2022 年试点应用）。

（3）区块链存证：迪拜世博会采用 Hyperledger 技术存贮会议档案。

第十二章　学习类文书

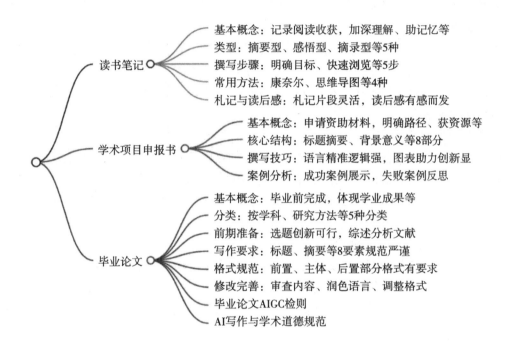

读书笔记
- 基本概念：记录阅读收获，加深理解、助记忆等
- 类型：摘要型、感悟型、摘录型等5种
- 撰写步骤：明确目标、快速浏览等5步
- 常用方法：康奈尔、思维导图等4种
- 札记与读后感：札记片段灵活，读后感有感而发

学术项目申报书
- 基本概念：申请资助材料，明确路径、获资源等
- 核心结构：标题摘要、背景意义等8部分
- 撰写技巧：语言精准逻辑强，图表助力创新显
- 案例分析：成功案例展示，失败案例反思

毕业论文
- 基本概念：毕业前完成，体现学业成果等
- 分类：按学科、研究方法等5种分类
- 前期准备：选题创新可行，综述分析文献
- 写作要求：标题、摘要等8要素规范严谨
- 格式规范：前置、主体、后置部分格式有要求
- 修改完善：审查内容、润色语言、调整格式
- 毕业论文AIGC检则
- AI写作与学术道德规范

第一节　读书笔记

一、读书笔记的基本概念

（一）定义

读书笔记是指人们在阅读书籍或文章时，为了记录自己的阅读收获、思考感悟、疑问困惑等而做的笔记。它是一种对阅读内容进行整理、归纳、分析和总结的书面记录，有助于读者加深对书籍内容的理解，强化记忆，积累知识，促进思考和写作能力的提升。通过读书笔记，读者可以将书中的精华内容进行提炼，将自己的思考与作者的思想进行碰撞，从而更好地吸收书籍中的知识，并将其转化为自己的智慧和能力。

（二）作用

1. 加深对书籍内容的理解

阅读过程中，单纯的浏览很难触及书籍的深层内涵。通过批注、写心得等方式，能促使读者深入剖析书中语句含义、情节架构、观点论证逻辑。比如在阅读哲学著作时，对晦涩语句进行解读性批注，梳理作者的论证思路，有助于穿透文字表面，把握其思想精髓，真正领悟书籍传达的要义，而不是一知半解。

2. 帮助记忆重要知识点

人的记忆存在遗忘规律，单纯看过的内容易被淡忘。在阅读时标记重点、归纳关键信息，能强化大脑对重要知识点的印象。例如，学习专业教材，将公式推导、定理阐述等内容整理出来，复习时一目了然，相比无笔记阅读，能更高效地记住关键内容，在需要运用知识时也能快速提取。

3. 促进独立思考和应用

阅读不是被动接受信息，记录下对书中内容的疑问和见解，能激发思维活力。比如读历史书籍时，思考历史事件对当下的启示，将书中理论与生活实际相联系，分析如何在现实场景中应用，从而摆脱思维定式，提升思考深度，培养把知识转化为解决问题能力的习惯。

4. 为后续复习和写作提供素材

复习时，之前整理的阅读笔记能迅速唤起对书籍内容的记忆，节省重新梳理的时间，让复习更有针对性。在写作时，笔记中的名言警句、典型案例、独特观点等，都是丰富文章内容、增强说服力的优质素材。例如写议论文，从阅读笔记里提取论据，能使文章论证更充分、更具文采。

二、读书笔记的类型

（一）摘要型笔记

摘要型笔记是对书籍的主要内容和核心观点进行记录。适合对书籍内容的快速回顾，如备考复习、论文文献整理。为撰写书评或研究提供内容基础。其特点为：仅概括书籍核心内容，不加入个人评价。引用原文需要注明出处，包括题目、作者、出版单位、出版日期、页码等，便于后期查找。

◎ 示例：

书名：《乡土中国》

作者：费孝通

出版社：生活·读书·新知三联书店

出版年份：1985 年（初版 1947 年）

1. 核心论点摘要

本书以中国传统乡土社会为研究对象，提出"乡土性"是中国社会基层的核心特征，并通过"差序格局""礼治秩序""无讼"等概念，系统阐释了乡土社会的运行逻辑与文化结构。

2. 分章内容摘要

乡土本色（第一章）

乡土社会的根基是土地依赖，形成"生于斯、死于斯"的定居模式。

社会关系以血缘和地缘为纽带，流动性低，信任基于熟悉而非契约。

差序格局（第四章）

对比西方"团体格局"，中国社会关系如水波纹般以个人为中心向外推延，公私界限模糊。

"自我主义"导致社会道德因关系远近而弹性变化。

礼治秩序（第十章）

乡土社会依赖"礼"（传统习俗）而非"法"维持秩序。

"无讼"观念体现对稳定性的追求，冲突多通过调解而非诉讼解决。

3. 重要概念摘录

"乡土社会的信用并不是对契约的重视，而是发生于对一种行为的规矩熟悉到不假思索时的可靠性。"① （费孝通. 乡土中国 ［M］. 北京：生活·读书·新知三联书店，1985：6）

"差序格局中，社会关系是逐渐从一个一个人推出去的，是私人联系的增加。"② （费孝通. 乡土中国 ［M］. 北京：生活·读书·新知三联书店，1985：28）

4. 参考文献格式

费孝通. 乡土中国 ［M］. 北京：生活·读书·新知三联书店，1985.

（二）感悟型笔记

感悟型笔记是对阅读中的个人思考和启发进行记录。适合深入理解和反思。其特点为：以书中内容为出发点，结合个人经历、社会现象或其他理论展开思考。允许主观表达，但需逻辑自洽（如对比、质疑、联想）。直接引用原文需标注页码，关联外部文献需补充参考文献。学术观点引用需注明学者与著作。

◎ 示例：

　　书名：《活着》

　　作者：余华

---

① 费孝通著：《乡土中国》，生活·读书·新知三联书店 1985 年版，第 6 页。
② 费孝通著：《乡土中国》，生活·读书·新知三联书店 1985 年版，第 28 页。

出版社：作家出版社

出版年份：2012 年

1. 核心论点提炼

小说通过农民福贵的一生，展现了个体在历史洪流与命运无常中的生存韧性，探讨"活着"的本质——不是为理想或意义，而是为生命本身的存在与延续。

2. 个人感悟

"苦难"的消解与重构

"人是为了活着本身而活着，而不是为了活着之外的任何事物所活着。"① （作家出版社，2012：4）

思考：这句话颠覆了传统对"苦难价值"的赞美。福贵失去一切后，活着成为最朴素的信仰。这让我联想到现代人常赋予苦难"意义滤镜"（如"挫折使人成长"），但书中暗示：苦难本身无意义，是人的韧性赋予其重量。

3. "温情"的残酷性

情节对比：家珍临终前对福贵说"下辈子我们还要在一起过"② （作家出版社，2012：165），凤霞难产而死前对丈夫笑。

反思：作者用温情场景加剧悲剧冲击，这种手法让我想到《房思琪的初恋乐园》——美好与毁灭的并置，实则是控诉社会对个体的吞噬。温情成了放大苦难的棱镜。

4. 历史叙事中的"失语者"

书中隐喻：福贵的名字（富贵赤贫）、龙二被枪毙（地主符号的崩塌）。

联想：小人物是历史的"沉默载体"，福贵从未主动参与历史（土改、"文革"），却被动承受所有代价。

5. 延伸思考

书中"活着"的哲学是否适用于现代社会的"内卷"困境？

如何平衡个体生存与社会责任？

6. 批判性质疑

女性角色的工具化：家珍、凤霞的"奉献型人格"是否强化了传统性别叙事？她们的死亡是否仅服务于福贵的苦难史诗？

"活着"的现代性困境：若福贵生活在今天，面对房贷、内卷，他的"活着哲学"是否依然成立？

7. 参考文献格式

余华. 活着［M］. 北京：作家出版社，2012.

（三）摘录型笔记

摘录型笔记是摘抄书中的经典语句或段落。适合积累写作素材、复习重点内容或分享

---

① 余华著：《活着》，作家出版社 2012 年版，第 4 页。

② 余华著：《活着》，作家出版社 2012 年版，第 165 页。

金句。其特点为：以摘录书中经典语句为主，辅以简要评注。直接引用需标注页码，便于后期查找原文。书籍信息需按规范格式书写。

◎ **示例：**

　　书名：《人类简史：从动物到上帝》

　　作者：尤瓦尔·赫拉利

　　出版社：中信出版社

　　出版年份：2017 年（中文版）

　　1. 经典语句摘录与评注

　　"人类语言最独特的功能，在于能够传达关于一些根本不存在的事物的信息。据我们所知，只有智人能够表达从来没有看过、碰过、耳闻过的事物，而且讲得煞有其事。"①（中信出版集团，2017.02：23）

　　◎ 评注：语言的虚构能力解释了我对宗教起源的困惑，这种"共同想象"确实构成了社会组织的基础。

　　"人类以为自己驯化了植物，但其实是植物驯化了智人。"②（中信出版集团，2017：77）

　　◎ 评注：农业革命的辩证分析颠覆了传统进步史观，可与老子"福祸相依"思想形成跨时空对话。

　　"我们眼下正在形成的全球帝国，并不受任何特定的国家或族群管辖。就像古罗马帝国晚期，它是由多民族的精英共同统治，并且是由共同的文化和共同的利益结合。"③（中信出版集团，2017：198）

　　◎ 评注：对帝国制度的解构为理解现代全球化进程提供了历史参照系。

　　2. 参考文献格式

　　[以色列] 尤瓦尔·赫拉利著．人类简史 从动物到上帝（新版）[M]．林俊宏译．北京：中信出版集团，2017.

　　学习建议：

　　（1）分类整理：将摘录按主题分类（如孤独、时间、爱情），便于写作时快速查找。

　　（2）结合感悟：可在评注中加入个人联想或批判性思考，延伸思考采用"观点+个人认知关联"的结构，提升笔记深度。

---

　　① [以色列] 尤瓦尔·赫拉利著，林俊宏译：《人类简史 从动物到上帝（新版）》，中信出版集团2017年版，第23页。

　　② [以色列] 尤瓦尔·赫拉利著；林俊宏译：《人类简史 从动物到上帝（新版）》，中信出版集团2017年版，第77页。

　　③ [以色列] 尤瓦尔·赫拉利著，林俊宏译：《人类简史 从动物到上帝（新版）》，中信出版集团2017年版，第198页。

(四) 结构型笔记

结构型笔记是按照书籍的章节或主题整理内容。其特点为：按书籍章节或主题整理内容，便于系统掌握全书框架。适合复习、备考或快速查找特定信息。

◎ 示例：

书名：《人类简史：从动物到上帝》

作者：尤瓦尔·赫拉利

出版社：中信出版社

出版年份：2017 年（中文版）

第一部分：认知革命

核心内容：

约 7 万年前，智人通过语言和虚构故事实现大规模合作，超越其他人类物种。虚构能力（如宗教、国家）是智人统治地球的关键。

重要概念：

集体想象：虚构故事使陌生人能够合作（如货币、法律）。

认知革命：语言的发展使智人能够传递复杂信息。

第二部分：农业革命

核心内容：

约 1 万年前，农业革命使人类从游牧转向定居，但也带来了不平等和疾病。农业是"史上最大骗局"，人类被农作物驯化而非相反。

重要概念：

定居社会：农业催生了城市、国家和阶级。

物种驯化：小麦、玉米等农作物"驯化"了人类。

第三部分：人类的融合统一

核心内容：

金钱、帝国和宗教是推动人类文化融合的三大力量。全球化使不同文化逐渐趋同。

重要概念：

金钱：最普遍的信任系统，跨越文化和宗教。

帝国：通过征服和文化传播实现统一。

第四部分：科学革命

核心内容：

约 500 年前，科学革命使人类认识到自身的无知，开启了技术爆炸。资本主义与科学结合，推动了现代化经济体系的形成。

重要概念：

科学方法：基于观察、实验和数学推理。

资本主义：经济增长成为现代社会的核心目标。

重要原文摘录：

"所以，究竟智人是怎么跨过这个门槛值，最后创造出了有数万居民的城市、有上亿人口的帝国？这里的秘密很可能就在于虚构的故事。就算是大批互不相识的人，只要同样相信某个故事，就能共同合作。"①（中信出版集团，2017.02：26）

"农业革命所带来的非但不是轻松生活的新时代，反而让农民过着比采集者更辛苦、更不满足的生活。"②（中信出版集团，2017.02：77）

"金钱正是有史以来最普遍也最有效的互信系统。"③（中信出版集团，2017：173）

参考文献格式：

[以色列]尤瓦尔·赫拉利著．人类简史 从动物到上帝（新版）[M]．林俊宏译．北京：中信出版集团，2017.02.

学习建议：

（1）结合思维导图：用 XMind 等工具将结构可视化，便于记忆。

（2）补充个人思考：在每部分末尾添加简短评注或联想。

（五）问题型笔记

问题型笔记是记录阅读中产生的问题和疑惑。适合批判性阅读及深度阅读、学术研究或课堂讨论。其特点是以问题为导向，记录阅读中的疑惑与批判性思考。内容的每部分都包括书中的观点、提出的问题和个人的思考分析，可选择性引用原文，标注页码以便引用。

◎ 示例：书名：《自私的基因》

　　　作者：理查德·道金斯

　　　出版社：中信出版社

　　　出版年份：2021 年（中文版）

问题与思考

关于"自私"的定义

书中观点：基因的本质是自私的，它们通过控制生物体实现自我复制。

问题：基因的"自私"是否等同于人类道德意义上的自私？如果基因是自私的，为何会存在利他行为（如蜜蜂为蜂群牺牲）？

---

① [以色列]尤瓦尔·赫拉利著：《人类简史 从动物到上帝（新版）》，林俊宏译，中信出版集团 2017 年版，第 26 页。

② [以色列]尤瓦尔·赫拉利著：《人类简史 从动物到上帝（新版）》，林俊宏译，中信出版集团 2017 年版，第 77 页。

③ [以色列]尤瓦尔·赫拉利著：《人类简史 从动物到上帝（新版）》，林俊宏译，中信出版集团 2017 年版，第 173 页。

思考：作者将"自私"定义为基因的复制策略，而非道德判断。利他行为可能是基因自私性的间接表现（如亲缘选择理论）。

关于文化基因（模因）

书中观点：文化传播的单位是"模因"，类似于基因的复制与变异。

问题：模因理论是否能够解释复杂文化现象（如宗教、艺术）？模因与基因的相互作用如何影响人类行为？

思考：模因理论提供了一个有趣的视角，但可能过于简化文化传播的复杂性。基因与模因的互动（如本能与文化习得）值得进一步研究。

关于决定论与自由意志

书中观点：基因决定生物行为，人类是"生存机器"。

问题：如果基因决定一切，人类的自由意志是否存在？社会环境与个人选择在行为中扮演什么角色？

思考：作者的观点偏向决定论，但人类行为可能受基因、环境和文化多重影响。

自由意志或许是基因与环境互动的结果，而非完全独立。

关于伦理与责任

书中观点：理解基因的自私性有助于摆脱其控制，实现更高层次的合作。

问题：如果人类行为由基因驱动，个人是否应对其行为负责？如何平衡基因本能与社会道德？

思考：即使基因影响行为，人类仍可通过理性与道德约束实现自我超越。社会规范与法律可能是对抗基因自私性的重要工具。

参考文献格式：

［英］理查德·道金斯著，卢允中译. 自私的基因［M］. 北京：中信出版社，2021.

学习建议：

（1）结合外部文献：查阅相关研究，补充对问题的理解。

（2）记录解决方案：在后续阅读或研究中尝试回答提出的问题。

三、撰写读书笔记的步骤

（一）明确目标

在开始阅读之前，务必先确定阅读目的。这是整个阅读与笔记撰写过程的指引。如果阅读是为了学习知识，像是钻研专业教材，那么需要精准获取概念、理论、推导过程等关键内容，笔记类型可能倾向于以知识梳理、要点总结为主的提纲式笔记。若阅读是为了解决特定问题，比如阅读管理类书籍解决团队协作困境，那就要着重关注书中与问题相关的分析和解决方案，选择以问题为导向，记录关键对策和案例的笔记类型。要是阅读仅为娱乐放松，如阅读小说，可采用更自由随性的感悟式笔记，记录触动自己的情节、人物特点等。清晰的目标能让阅读更具针对性，让笔记成为实现目标的得力工具。

（二）快速浏览

正式深入阅读前，先对全书或章节进行快速浏览。以较快的速度翻阅页面，了解书籍整体框架、大致内容分布。留意目录，掌握各章节的主题和编排逻辑；扫视每章开头的引言、结尾的总结段落。在浏览过程中，一旦发现重要观点、核心论点、关键数据或具有代表性的案例等，立即用荧光笔、便签等工具标记出来。这些重点段落和关键词就像指引阅读的航标，在后续精读时能更迅速地定位关键信息，帮助把握书籍主旨。

（三）详细阅读

完成快速浏览后，逐章或逐段地展开细致阅读。随着阅读推进，将核心观点详细记录下来，不放过任何重要细节，包括支持观点的论据、论证过程中的关键步骤、独特的案例分析等。为了加深理解和便于日后复习，尽量用自己的语言重新概括内容，避免直接大段摘抄原文。例如，书中对某个复杂理论的阐述，在理解后用通俗易懂的话语转化记录，不仅有助于记忆，还能真正将知识内化为自己的东西。

（四）记录思考

阅读时，随时把自己内心的感悟、产生的疑问、由书中内容引发的联想记录下来；感悟可以是对书中观点的认同或质疑，联想可能是由书中情节联想到生活中的类似场景、过往经历。结合实际生活或工作，深入思考如何将书中知识应用起来。像是阅读时间管理书籍，思考如何把书中方法融入日常工作安排，提升效率。这些思考记录能让阅读更具深度，实现知识与实践的联结。

（五）整理与复习

完成阅读和初步笔记记录后，对笔记进行系统分类整理。按照知识类别、主题、重要程度等进行归类，把零散的笔记串联起来，形成清晰、有条理的知识体系。例如将读书笔记分为理论知识、案例分析、个人感悟等板块。定期安排时间复习笔记，复习过程中，回顾重点内容，强化记忆，还能进一步挖掘知识间的联系，深化理解。通过不断复习，将书中知识牢固掌握，随时为自己所用。

四、读书笔记的常用方法

（一）康奈尔笔记法

将页面分为三部分：笔记区、关键词区、总结区。适合结构化记录和复习。
示例见表 12.1：

表 12.1　　　　　　　　　　　　　　康奈尔笔记法

线索栏： 2. 简化（Reduce） 3. 背诵（Recite）	笔记栏： 1. 记录（Record）
总结栏：4. 思考（Reflect）　　5. 复习（Review）	

（二）思维导图法

以中心主题为核心，发散记录相关知识点。适合梳理书籍的逻辑结构。示例见图 12.1：

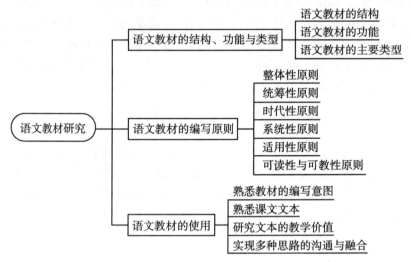

图 12.1　思维导图法①

（三）SQ3R 法

浏览（Survey）、提问（Question）、阅读（Read）、复述（Recite）、复习（Review）。适合深度阅读和学习。

（四）卡片笔记法

将每个知识点记录在一张卡片上，方便分类和整理。适合积累素材和写作。

五、札记与读后感的写作

札记与读后感是读书笔记中最常见的两种形式，它们各有侧重点，适合不同的阅读目

---

① 刘永康、张伟主编：《语文课程新论》，高等教育出版社 2012 年版，第 90 页。

的和需求。下面我们重点谈谈二者的写作问题。

(一) 札记的写作

札记通常是片段式的记录，不一定需要完整的结构。它可以是对书中某一句话、某个段落或某个观点的摘录和思考，形式灵活，可以是简单的摘抄、关键词记录，也可以是对某一问题的深入思考或扩展。它不局限于固定的格式，适合个人化的记录方式。

札记注重对书中内容的客观记录和分析，它侧重于梳理书中的核心观点、论证逻辑或重要信息。札记常常是对书中内容的总结和归纳，帮助读者提炼出书中的关键信息或主题，便于日后回顾和参考。通过札记，读者可以快速回顾书中的重要内容，而不必重新阅读全书。

但是，札记不仅仅是简单的记录，它还可以引发读者的进一步思考。"阅读的目标：为获得资讯而读，以及为求得理解而读。"① 在记录的过程中，读者可能会产生新的想法或问题，加入个人的思考从而加深对书中内容的理解。写出隽永的佳句，体现出作者对人生的顿悟。

写札记时需要注意的几个关键问题：一是"精"。札记的目的是快速回顾和参考，因此语言应尽量简洁明了，避免长篇大论。可以使用关键词、短语或简短的句子来记录。二是"妙"。札记的语言要意蕴隽永，优美的语言可以提升札记的美感和深度。如有同学在札记中写道："幸福如清风，不在远方，而在心间。"三是"情"。在札记中将自己的情感体验切入，如有大学生札记这样开头："人生如登山，每一步都充满艰辛，但登顶后的风景让人忘却疲惫。"让札记内容更加灵动，充满着人生智慧。

(二) 读后感的写作

读后感是读者在阅读一本书、一篇文章或其他文学作品后，将自身感受、思考和经验写下来，并对作品内容进行评价、分析和反思的文章。它既是对作品的回应，也是读者个人思想情感的体现。

读后感的写法：

(1) 概述作品：简要介绍所读作品的基本信息，如书名、作者、主要内容或主题。引出你对作品的总体印象或感受。

(2) 分析作品内容：结合书中的情节、人物、主题或写作手法，谈谈你对作品的理解。

(3) 表达个人感受：结合自身经历或社会现实，谈谈作品对你的启发或触动。

(4) 评价作品：对作品的优点或不足进行评价，提出自己的看法。

(5) 总结与升华：总结读后感的核心观点。升华主题，将作品的意义延伸到更广泛的生活或社会层面。

---

① ［美］莫提默·J. 艾德勒（Mortimer J. Adler）、［美］查尔斯·范多伦（Charles van Doran）著：《如何阅读一本书》，郝明义、朱衣译，商务印书馆 2004 年版，第 7 页。

读后感写作要领：

（1）紧扣作品，避免空谈。读后感应以作品为基础，结合书中的具体内容展开分析，避免脱离作品空谈感受。

（2）结合自身，真实表达。读后感的核心是"感"，要结合自己的经历、情感或思考，真实表达内心的触动和启发。

（3）结构清晰，逻辑严谨。读后感应有明确的结构，引言、主体和结尾要层次分明，逻辑清晰。

（4）语言生动，富有感染力。读后感的语言可以适当生动一些，尤其是表达个人感受时，可以运用比喻、排比等修辞手法，增强感染力。

（5）以小见大，升华主题。在分析作品时，可以从具体的情节或人物出发，逐步延伸到对生活、社会或人生的思考，提升读后感的深度。

（6）避免过度剧透。在介绍作品内容时，避免透露关键情节或结局，尤其是悬疑类或小说类作品。

六、例文展示

◎ 例文一：

 读《平凡的世界》有感

◎ 例文二：

 《钢铁是怎样炼成的》读后感

◎ 例文三：

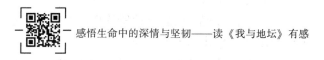 感悟生命中的深情与坚韧——读《我与地坛》有感

七、实践训练

练习1：选择一本你最近读过的书，撰写一篇摘要型读书笔记。

练习2：使用康奈尔笔记法记录一本书中一章的内容。

练习3：阅读一篇文章，写下3个感悟型笔记。

练习4：选一本你读过的小说写一篇读后感。

第二节 学术项目申报书

一、学术项目申报书的基本概念

（一）定义

学术项目申报书是研究者或科研机构为了获得特定学术项目的资助、立项或认可，按照规定格式和要求撰写的一种书面申请材料。大学生学术项目申报不仅是学术训练的起点，更是个人成长的重要途径。它通过"在做中学"的方式，帮助学生构建科研思维体系，突破课本知识的局限，提升解决复杂问题的能力，将学术热情转化为实际影响力。

（二）作用

学术项目申报书是开展科研工作的重要基石，在整个学术研究进程中发挥着多维度的关键作用，具体体现在以下几个方面。

1. 明确研究路径

申报书是项目申报者理清思路的有效工具。在撰写过程中，项目申报者得以系统地梳理研究思路，精准定位研究的核心问题，清晰界定研究目标，细致规划具体研究内容，进而让研究方向更加明确，搭建起完整且严密的研究框架，为后续研究工作的顺利开展奠定坚实基础。

2. 获取资源支撑

它是获取科研资金及其他资源的关键凭借。申报书详细阐述了项目开展的必要性、方案的可行性以及预期可达成的成果，资助机构或相关部门正是基于对申报书的评估，来决定是否给予资金支持以及确定资助金额。同时，凭借申报书，项目团队还有机会争取到实验室设备使用权限、研究场地等其他重要资源，保障项目研究的顺利开展。

3. 衡量价值可行性

申报书为评审专家提供了全面评估项目的关键依据。专家们通过审阅申报书，对项目的科学价值、创新性、实用性以及研究方法的可行性等方面展开深入且全面的考量，从而判断项目是否具备开展的价值与可行性。

4. 保障项目推进：申报书制订了详尽的研究计划和精确的进度安排，清晰明确各个阶段的任务与时间节点，使项目研究能够依照既定计划有条不紊地推进，确保项目按时、高质量完成研究任务。

5. 推动学术交流

一份高质量的申报书往往能够吸引同行的关注，为项目团队与其他科研人员搭建起合作交流的桥梁，创造合作机会，促进学术资源的优化整合与优势互补，进一步拓展研究的广度与深度。

6. 提供验收标准

项目完成后，申报书成为项目验收的重要参照标准。验收过程中，对照申报书中预先设定的研究目标、内容、计划以及预期成果等，逐一核查项目是否达到预期要求，科学评估项目的完成质量。

(三) 分类

学术项目申报可以按照不同的标准进行分类，相应地，学术项目申报书也有多种种类，以下是一些常见的分类方式及对应的申报书种类。

1. 按学科领域分类

自然科学类：如物理学、化学、生物学等学科的项目申报，其申报书侧重于对自然现象、规律的探索和研究方法的科学性。

社会科学类：涵盖经济学、社会学、法学等学科，申报书通常强调对社会现象、问题的分析以及研究成果对社会政策等方面的影响。

人文科学类：包括文学、历史、哲学等学科，申报书可能更注重文化内涵、理论深度以及对人类精神世界的探索。

2. 按项目来源分类

政府资助项目：如国家自然科学基金项目、国家社会科学基金项目等，这类申报书要求严格，需详细阐述项目的研究意义、创新性、可行性等，以符合政府部门的资助政策和评审标准。

企业委托项目：申报书需紧密围绕企业的实际需求，突出项目成果对企业经济效益或技术创新的推动作用。

学校或科研机构内部项目：申报书要依据所在单位的科研发展规划和重点方向，体现与单位整体科研布局的契合度。

3. 按研究性质分类

基础研究项目：申报书着重说明研究的理论价值和对学科发展的基础性贡献，强调研究问题的前沿性和探索性。

应用研究项目：更关注研究成果的实际应用价值和社会效益，申报书中需详细阐述项目如何解决实际问题以及应用前景。

开发研究项目：主要针对技术或产品的开发与改进，申报书要突出技术创新点、开发方案的可行性以及市场前景分析。

二、学术项目申报书的核心结构

(一) 标题与摘要

(1) 标题：简洁明了，突出研究主题。

①主标题：凝练体现项目本质与特色的词（如："蚊所畏闻"）。

②副标题：对主标题加以阐释，用多个定语组成的短句，阐述项目实质。（如："蚊所畏闻"——世界首款艾草驱蚊系列产品）。

（2）项目概述：用一段话简要精练地介绍项目，首先是要做什么，其次是成果或进展如何，最后是目标或规划。

◎ 示例：

本项目融合了竹下种植业、电商运营建设、乡村文旅线设计等方案，是一个连接产品上下游，打通乡村经济发展壁垒，多产业立体式帮扶模式。通过扩大竹下养鸡的规模，配合竹下经济作物的培育，能有效增加竹林的利用率，实现农户的增产增收，为乡村发展助力。项目基于竹资源的利用开发与新文科实训基地打造，打造乡村经济的品牌路线，依托区域经济的发展优势，吸收和打造更多创意帮扶模式。如此，可以促进供求双方市场上的产业闭环，丰富乡村经济产业链条，为乡村振兴提供坚实的基础。团队攻克跑山鸡饲养周期长、生长缓慢等关键问题，通过团队宣传力量，扩大竹下跑山鸡养殖事业影响力。切实解决当地农民增收困难、政府税收增长偏缓的现实痛点问题，以竹下经济的高质量、可持续发展有力推进当地的乡村振兴事业。

（二）研究背景与意义

（1）研究背景：阐述问题的来源及现状，包括相关领域的研究现状、存在的不足以及该问题研究的重要性和紧迫性。

◎ 示例：

2　项目背景

2.1　竹产业极具发展潜力

2.2　我国竹资源运用重要指示

2.3　当地竹产业兴旺发展

3　市场痛点

3.1　竹林生长期间农户收入低

3.2　跑山鸡养殖业发展困难大

3.2.1　跑山鸡增重速度慢

3.2.2　季节性原因成本消耗大

3.2.3　跑山鸡养殖科学化程度低

3.2.3.1　养殖主体问题

3.2.3.2　养殖效益低下问题

3.2.3.3 防疫问题

3.2.3.4 用药不合理和管理问题

（2）研究意义：理论意义与实践价值。

◎ 示例：

全球塑料污染年排放量超 3 亿吨（UNEP，2023），但现有生物降解材料 a 成本高昂。尽管已有聚乳酸（PLA）改性研究，但其力学性能与降解速率的平衡机制尚未明确。本项目拟通过分子结构设计，开发低成本、高性能的 PLA 基复合材料。

（三）项目的目标和内容

1. 研究目标

学术项目书的目标指项目开展的方向与预期成果，通常从研究突破、实际应用、人才培养、学术交流等角度来阐述，有以下几种常见的目标类型：

（1）探索新知识：聚焦前沿领域，填补理论空白，像"量子计算中新型算法的理论研究"，目标是提出至少两种创新性算法，拓展量子计算理论边界。

（2）解决实际问题：针对现实困境给出方案，如"城市老旧小区停车难题的优化策略研究"，旨在制定出能使小区停车位利用率提升 30% 的方案。

（3）技术创新：在技术层面推陈出新，以"新能源汽车电池续航提升技术研发"为例，目标是开发新电池技术，使续航里程增加 100 公里。

（4）成果转化：促进科研成果落地，例如"某抗癌新药从实验室到临床应用转化研究"，致力于完成新药临床试验并获批上市。

（5）培养人才：为学术领域输送专业人才，像"跨学科人工智能人才培养计划"，目标是培养 30 名兼具计算机与医学知识的复合型人才。

（6）促进学术交流：搭建学术沟通桥梁，如举办"国际生物多样性学术论坛"，目标是汇聚全球 200 位专家，促进生物多样性研究成果交流。：明确具体，可量化。

2. 研究内容

针对研究问题展开深入研究，如在"网络环境下大学生心理健康问题及干预策略研究"中，要分析网络环境对大学生心理健康的影响因素，包括网络社交、网络游戏等方面的影响。

（1）相关因素探讨：研究与核心问题相关的其他因素，如大学生的人格特质、家庭环境、学校氛围等对其在网络环境下心理健康的交互作用。

（2）解决方案或策略制定：基于研究分析，提出解决问题的方案或策略，如制定针对网络成瘾大学生的心理干预方案，包括个体咨询、团体辅导等具体措施。

(四) 研究方法与研究设计

1. 研究方法

根据研究问题和目标选择合适的研究方法，如实验研究法、调查研究法、文献研究法、案例分析法等。

2. 研究设计

研究设计包括研究对象的选取、样本量的确定、研究步骤的规划以及数据收集和分析的方法等。例如在实验研究中，要设计实验组和对照组，明确实验的干预措施和观测指标。

◎ **示例：研究步骤的规划**

　　步骤1：通过静电纺丝制备碳纤维骨架；

　　步骤2：采用化学气相沉积（CVD）负载 MoS_2 催化剂；

　　步骤3：通过电化学测试评估析氢反应（HER）性能。

(五) 研究计划与进度安排

研究计划与进度安排展现了研究的规划和时间管理，能让评审者了解项目如何推进，可运用时间表分阶段规划研究任务。

以"校园垃圾分类智能化管理系统的开发与应用研究"为例，参考以下示例：

1. 研究计划

（1）需求调研与现状分析：通过问卷调查、实地访谈，了解校园垃圾分类现状、师生需求与痛点，收集数据并分析，为系统功能设计提供依据。

（2）系统设计与技术选型：确定系统架构，包括前端界面、后端算法、数据库等；筛选合适的硬件设备，如智能垃圾桶、感应装置；选定开发技术和工具。

（3）系统开发与测试：按照设计方案，进行代码编写与功能实现，开展内部测试，修复漏洞和优化性能；邀请部分师生试用，收集反馈并改进。

（4）应用推广与效果评估：在校园全面部署系统，开展宣传活动，提高师生使用积极性；定期收集数据，评估系统对校园垃圾分类效率、准确率等方面的提升效果。

2. 进度安排（见表12.2）

表12.2　　　　　　　　　　　　　　　时　间　表

时间区间	任务内容
第1~2个月	组建调研团队，制订调研计划；设计问卷、访谈提纲；开展问卷调查与访谈；整理分析数据，完成调研报告

时间区间	任 务 内 容
第3~4个月	组织研讨会议,确定系统架构;评估筛选硬件设备和开发技术;完成系统功能设计文档
第5~8个月	开发团队进行代码编写;开展内部测试,记录问题;根据反馈优化系统,完成初步版本
第9~10个月	在校园部分区域试点部署;组织试用活动,收集师生意见;改进完善系统,准备全面推广
第11~12个月	在校园全面推广系统;持续收集数据,分析评估效果;总结项目经验,撰写研究报告

(六) 预期成果与创新点

(1) 预期成果:论文、专利、软件等。

◎ 示例:

学术成果:发表SCI论文2篇,揭示钙钛矿太阳能电池的稳定性机制;

应用价值:开发效率超25%的电池原型,与某新能源企业合作试产。

(2) 创新点:突出研究的独特性和突破性。

◎ 示例:

"创新点1:首创双网络水凝胶结构,解决传统材料机械强度不足的问题;

创新点2:集成AI算法优化污水处理参数,预测精度达90%以上。"

(七) 研究基础与条件

(1) 研究团队:成员背景与分工。

(2) 研究条件:设备、数据、合作资源等。

(八) 经费预算

(1) 预算明细:合理分配经费。

(2) 预算依据:说明各项支出的必要性。

三、学术项目申报书的撰写技巧

（一）语言表达

学术项目申报书的语言表达需兼顾精准性、逻辑性和客观性，既要符合学术规范，又要让评审专家快速抓住核心价值。以下是具体要点及示例：

（1）精准性：要避免模糊表述，用具体数据、术语明确研究内容。

错误示例："研究某种材料对环境的改善作用。"

正确示例："探究纳米二氧化钛（TiO_2）光催化涂层对 PM2.5 颗粒物的降解效率，目标降解率提升至 85%。"

（2）逻辑性：采用"问题—方法—目标"的递进结构，确保段落间逻辑连贯。

◎ 示例：

"当前城市热岛效应加剧（问题），现有绿化技术降温效率不足（研究空白）。本项目拟开发基于相变材料的智能调温路面（方法），目标实现地表温度降低 58℃（目标）。"

（3）客观性：避免主观臆断，用文献和数据支撑观点。

错误示例："我们认为传统方法完全无效。"

正确示例："文献表明，传统吸附法对重金属离子的去除率低于 60%（Zhang et al.,2022），存在效率瓶颈。"

（二）图表运用

1. 图表的作用

图表的运用可以简化复杂逻辑将技术路线、研究框架等抽象内容可视化。同时可增强说服力，通过数据对比、趋势分析展示项目可行性。图表的加入让创新点更为突出，通过对比图或结构图强调与现有研究的差异。

2. 图表设计原则

（1）逻辑清晰：

技术路线图要避免循环箭头，优先使用线性流程。

研究框架图需体现"问题→方法→验证"的逻辑闭环。

（2）简洁为主。每张图聚焦 1 个核心信息（如只展示技术路线或数据对比）。减少装饰性元素（如渐变背景、立体效果）。

（3）信息完整。标注图例、单位、数据来源（如："数据来源：××医院 20202023年病例"）。

图表标题需明确结论（如："多模态融合模型显著提升诊断精度"）。

（4）风格统一：

全文图表配色一致（如用蓝色代表本项目，灰色代表基线方法）；
字体与正文一致（推荐黑体/宋体，避免艺术字）。

◎ 示例（见图 **12.2**）：

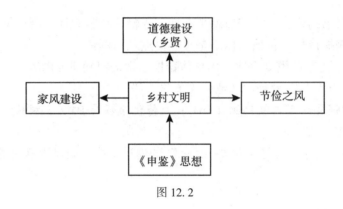

图 12.2

（三）突出创新性

1. 创新性的核心维度

学术项目的创新性通常体现在以下层面：一是理论创新：提出新假设、新模型或修正现有理论。二是方法创新：开发新技术、新算法或改进已有方法。三是应用创新：将已有理论/方法应用于新领域或解决新问题。最后是交叉创新：跨学科融合产生突破性思路。

2. 突出创新性的写作技巧

（1）对比法：明确标注与已有研究的差异。

◎ 示例：

错误写法："本方法比传统方法更好。"

正确写法："传统研究通过增加网络深度提升精度，但导致参数量爆炸；本研究提出轻量化动态剪枝策略，在保持同等精度下减少40%参数量。"

（2）数据量化：用具体数值支撑创新优势。

◎ 示例：

错误写法："本催化剂显著提高了反应效率。"

正确写法："新催化剂使反应活化能从120 kJ/mol 降至85 kJ/mol（文献［10］报道最低为105 kJ/mol）。"

（3）分层表述：区分理论、方法、应用创新。

◎ 示例：

　　理论层面：提出 X 机制，解决 Y 矛盾（vs 已有研究 A 的局限性）；

　　方法层面：开发 Z 技术，实现精度/效率提升（数据对比）；

　　应用层面：首次应用于 P 场景，拓展 Q 领域边界。

3. 常见错误

（1）空泛描述。

错误示例："具有重要创新价值"。

改进建议：明确创新维度（理论/方法/应用）并量化对比

（2）缺乏文献支撑。

错误示例："现有研究尚未解决此问题"。

改进建议：引用 2~3 篇关键文献说明研究空白。

（3）过度夸大

错误示例："彻底颠覆传统范式"。

改进建议：用"改进""拓展""首次结合"等客观表述。

（4）忽略可行性。

错误示例："实现 100% 准确率"。

改进建议：说明创新点的实验/理论基础支撑。

四、成功案例分析

基于深度学习的校园垃圾分类智能识别系统开发

1. 项目背景与意义

背景：随着环保意识的增强，垃圾分类成为社会热点问题，但校园内垃圾分类的准确率较低，亟需智能化解决方案。

理论意义：探索深度学习技术在图像识别领域的应用，推动计算机视觉技术的发展。

实践意义：为校园垃圾分类提供智能化工具，提高分类准确率，促进环保教育。

2. 研究目标

开发一个基于深度学习的校园垃圾分类智能识别系统。

实现垃圾图像的自动分类与识别，准确率达到 90% 以上。

设计一个用户友好的移动端应用，方便学生使用。

3. 研究内容

3.1　数据采集与处理

收集校园内常见的垃圾图像数据，构建垃圾分类数据集。

3.2　模型开发与训练

基于卷积神经网络（CNN）开发垃圾分类模型。

3.3　系统开发与测试

开发移动端应用，并在校园内进行试点测试。

3.4　系统优化与推广

根据测试结果优化系统性能，并推广至其他高校。

4. 研究方法与技术路线

4.1　研究方法

采用实验研究与软件开发相结合的方法。

4.2　技术路线

（1）数据采集与预处理。

（2）模型训练与验证。

（3）系统开发与测试。

（4）结果分析与优化。

5. 研究计划与进度安排

第1阶段（13个月）：数据采集与模型开发。

第2阶段（46个月）：系统开发与测试。

第3阶段（79个月）：系统优化与推广。

6. 预期成果

学术成果：发表12篇相关学术论文。

技术成果：开发一套校园垃圾分类智能识别系统原型。

社会效益：提高校园垃圾分类准确率，增强学生环保意识。

7. 研究基础与条件

研究团队：

项目负责人：某大学计算机专业大四学生，研究方向为深度学习与计算机视觉。

团队成员：包括2名大三学生，分别负责数据处理和移动端开发。

指导老师：某大学计算机学院副教授，研究方向为人工智能与图像处理。

研究条件：

实验室提供高性能GPU服务器，支持模型训练。

与校园后勤部门合作，可获取真实垃圾图像数据。

8. 经费预算

总预算：3万元。

明细：

设备购置：1万元（用于购买移动端测试设备）。

数据采集与处理：0.5万元。

人员费用：1万元。

差旅与会议：0.3万元。

其他费用：0.2万元。

（一）优点分析

1. 研究目标明确且具体

项目目标清晰，既包括技术开发（垃圾分类识别系统），也包括实际应用（移动端应用），且设定了具体的准确率指标（90%以上）。

2. 研究内容合理且可行

研究内容涵盖数据采集、模型开发、系统测试与优化，逻辑清晰，步骤完整，符合大学生团队的能力范围。

3. 技术路线科学且详细

技术路线明确，从数据采集到系统优化，每一步都有具体说明，展现了项目的可操作性。

4. 团队结构合理且具备研究基础

团队成员分工明确，负责人具备深度学习研究经验，且有指导老师的支持，研究条件（如 GPU 服务器）也得到了保障。

5. 预算合理且透明

预算分配详细，各项支出均有具体说明，且总额适中，符合大学生项目的实际情况。

6. 预期成果切实可行

预期成果包括学术论文、技术原型和社会效益，目标设定合理，符合项目的实际能力。

7. 社会需求强烈

项目紧扣社会热点问题（垃圾分类与环保），具有较高的应用价值和社会意义，容易获得评审专家的认可。

（二）案例总结

该申报书成功获批的关键在于：研究目标明确，内容具体且可行。技术路线清晰，研究方法科学。团队结构合理，研究基础扎实。预算合理，预期成果切实可行。项目紧扣社会需求，具有较高的应用价值。

五、失败案例反思

基于区块链技术的校园二手交易平台开发

1. 项目背景与意义

背景：随着共享经济的发展，校园二手交易需求日益增长，但现有平台存在信任问题。

意义：利用区块链技术解决交易中的信任问题；为大学生提供一个安全、便捷的二手交易平台。

2. 研究目标

开发一个基于区块链的校园二手交易平台；实现交易数。

3. 研究内容

3.1 平台功能设计

用户注册、商品发布、交易撮合、支付结算等。

3.2 区块链技术应用

使用以太坊智能合约实现交易逻辑。

3.3 系统测试与优化

在校园内进行试点测试。

4. 研究方法与技术路线

4.1 研究方法

采用软件开发与实验研究相结合的方法。

4.2 技术路线

（1）需求分析与功能设计。

（2）区块链技术选型与开发。

（3）平台开发与测试。

（4）试点运行与优化。

5. 研究计划与进度安排

第 1 阶段（13 个月）：需求分析与技术选型。

第 2 阶段（46 个月）：平台开发与测试。

第 3 阶段（79 个月）：试点运行与优化。

6. 预期成果

开发一个校园二手交易平台原型。

发表 12 篇相关论文。

7. 研究基础与条件

研究团队：

项目负责人：某大学计算机专业大三学生，具备一定的编程能力。

团队成员：2 名同班同学，分别负责前端开发和测试。

研究条件：

使用个人电脑进行开发，无专用服务器资源。

8. 经费预算

总预算：5 万元。

明细：

设备购置：2 万元。

人员费用：2 万元。

其他费用：1 万元。

（一）失败原因分析

1. 研究目标不明确

项目虽然提出了利用区块链技术解决信任问题，但未具体说明如何实现这一目标，缺乏详细的技术方案和可行性分析。

2. 技术难度过高

区块链技术复杂度较高，团队成员缺乏相关开发经验，难以在短时间内掌握并完成项目。

3. 研究基础薄弱

团队成员的编程能力有限，且无区块链开发经验，研究条件不足（仅依赖个人电脑）。

4. 预算不合理

预算分配过于笼统，未详细说明设备购置的具体用途，且人员费用占比过高，缺乏说服力。

5. 预期成果不切实际

在短时间内开发一个完整的区块链平台并发表论文，目标过于理想化。

（二）经验教训总结

1. 明确研究目标与技术路线

申报书中应详细说明研究目标、技术方案及可行性分析，避免空泛的描述。

2. 合理评估团队能力

团队成员应具备与项目相关的技术背景和经验，避免选择技术难度过高的课题。

3. 加强研究基础与条件

在申报书中应展示团队的研究基础和技术条件，必要时寻求导师或实验室的支持。

4. 科学规划预算

预算应详细、合理，并说明各项支出的具体用途，避免笼统或过高的费用分配。

5. 设定切实可行的预期成果

预期成果应符合项目的实际能力和时间安排，避免过于理想化。

（三）改进建议

调整研究目标：将项目范围缩小，例如先开发一个简单的二手交易平台，再逐步引入区块链技术。加强团队建设：邀请有区块链开发经验的同学或导师加入团队。优化预算分配：详细列出设备购置清单，并适当降低人员费用占比。分阶段实施：将项目分为多个阶段，逐步实现目标，降低风险。

六、优秀申报书展示

◎ 案例一：

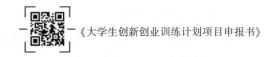《大学生创新创业训练计划项目申报书》

◎ 案例二：

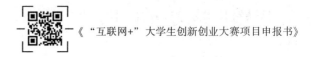《"互联网+"大学生创新创业大赛项目申报书》

◎ 案例三：

四川师范大学 2021 年"挑战杯"大学生课外学术科技作品竞赛申报书

七、练习与实践

（1）申报书中的创新点如何体现？
（2）如何合理规划研究经费？
（3）撰写一份小型学术项目申报书。

八、扩展阅读与参考文献

《科研项目申报与论文写作》
《学术研究方法论》

第三节 毕 业 论 文

一、毕业论文的基本概念

（一）定义

毕业论文是高等学校毕业生在毕业前必须完成的、具有一定学术价值和研究意义的学术性文章。它是学生在导师的指导下，围绕某一特定的学术问题或实际应用问题，运用科

学的研究方法进行深入探讨和分析，最终形成有独特见解和一定结论的学术性书面成果。毕业论文是学术训练的核心环节，旨在培养独立思考、文献分析、研究设计与学术写作能力。

（二）重要性

1. 毕业论文是学业成果的综合体现

毕业论文是对学生在整个学习阶段所学知识的综合运用及其研究能力、创新能力的集中检验，涵盖知识掌握、研究能力、创新思维和文字表达等多方面。只有完成论文的撰写并通过评审，才能顺利毕业，获取毕业证书。

2. 毕业论文是对学术能力的锻炼提升

在毕业论文撰写过程中，学生能亲身体验从选题、查阅资料、研究设计到撰写成文的完整学术研究流程。是对文献检索、数据分析、逻辑推理和批判性思维等能力的锻炼，为未来学术研究或职业发展奠定基础。

3. 毕业论文是就业竞争力的有力加持

优质毕业论文能在求职时展现学生的专业能力和综合素质，让用人单位更全面了解学生，在就业竞争中增加优势。尤其对于科研、教育等对学术能力要求高的岗位，高质量论文更是重要的敲门砖。

4. 毕业论文促进知识创新与学术传承

研究中的新发现、新观点或新方法，可以丰富和推动相关领域知识发展，为后续研究者提供参考和借鉴，促进学术传承和创新。

二、毕业论文的分类

（一）按学科属性分类

（1）人文社会科学类：含文学、历史、哲学、经济学、管理学、法学等学科，研究文学现象、历史规律、经济行为等内容。

（2）自然科学类：有数学、物理学、化学、生物学、地理学等学科，探究数学理论应用、物质结构规律等。

（3）工程技术类：包括机械工程、电气工程、计算机科学与技术、土木工程、化学工程等学科，聚焦机械设计制造、电力系统等研究。

（4）医学类：涵盖基础医学、临床医学、口腔医学、公共卫生与预防医学、药学等学科，研究人体基础理论、疾病诊疗等。

（二）按学科研究方法和内容特点分类

按学科研究方法和内容特点分类，见表 12.3。

表12.3

典型结构	示 例
文献综述+理论框架+质性分析	《后现代语境下的网络文学研究》
假设提出+实验方法+数据处理	《纳米材料光催化性能优化研究》
需求分析+设计方案+测试报告	《智能仓储机器人路径规划算法设计》
创作报告+作品解析+文化批评	《水墨动画（山河）的数字化呈现》

（三）按研究性质分类

1. 理论研究型

构建新模型或修正既有理论，通过思辨分析、比较研究提出新的理解或见解。如：《基于演化博弈论的供应链协调机制重构》。

2. 应用研究型

以解决具体领域实际问题为目的，通过案例研究、实证分析对问题进行研究，得出结论。如：《区块链技术在冷链物流溯源中的应用》。

3. 综合研究型

将理论建构与实践验证结合，进行混合式研究设计，进行分析论证。如：《乡村振兴视角下文旅融合模式研究——以××古镇为例》。

（四）按呈现形式分类

按呈现形式分类，见表12.4。

表12.4

形式	特殊要求	适用领域
传统学术论文	严格遵循 IMRAD 结构	理科、人文社科
设计报告	需包含设计图纸/模型/测试数据	工程、建筑、工业设计
案例分析	要求深度田野调查与企业原始数据	MBA、公共管理
实验记录	详细记载实验过程与失败迭代	化学、生物、材料科学

（五）按应用导向分类

（1）政策研究类：侧重对策建议（如：《碳中和目标下能源政策调整路径》）。

（2）技术开发类：需提供专利或原型（如：《基于深度学习的眼底病变筛查系统》）。

（3）商业策划类：包含可行性分析与财务模型（如：《新能源汽车共享平台商业计划》）。

三、毕业论文撰写的前期准备

（一）选题

选题环节在大学毕业论文的创作过程中起着奠基性作用，直接关系到论文的价值与质量，需注意以下几个关键要素：

（1）创新性：寻找具有新颖视角、方法或结论的研究课题。例如，在人工智能领域，研究新型算法以提高图像识别准确率，而不是重复已广泛探讨的基础算法。

（2）可行性：确保研究在时间、资源和技术能力范围内可行。比如，计划研究某珍稀物种的生态习性，若该物种数量稀少且栖息地难以进入，就不适合作为本科阶段的研究课题。

（3）相关性：选题应与所在学科领域紧密相关，并对该领域有一定贡献。如在经济学中，研究特定地区新兴共享经济模式对传统产业的影响，就具有很强的学科相关性。

（二）文献综述

文献综述是对相关领域已有研究成果的系统梳理与综合分析，是论文写作过程中不可或缺的环节，其主要步骤如下：

（1）全面收集文献：利用学术数据库（如 Web of Science、中国知网等），通过关键词、主题词等进行检索。例如，研究"社交媒体对青少年心理健康的影响"，需检索包含"社交媒体""青少年""心理健康"等相关词汇的文献。

（2）文献筛选与阅读：根据相关性、权威性和时效性筛选文献。优先阅读高影响力期刊上的论文和经典研究著作。对筛选出的文献进行精读，提炼核心观点、研究方法和结论。

（3）文献综合分析：梳理已有研究的脉络，分析研究的热点、空白和争议点。例如，在梳理社交媒体与青少年心理健康的文献时，发现多数研究集中在负面影响，而对积极影响探讨不足，这就为新研究指明方向。

（三）研究设计（以实证研究为例）

研究设计是实证研究的蓝图，它决定了研究的路径和方法，主要包括以下几个方面：

（1）确定研究方法：

①实验法：设置实验组和对照组，控制变量以验证因果关系。如研究某种新教学方法对学生成绩的影响，将学生随机分为两组：一组采用新教学法，另一组采用传统教学法，对比两组成绩。

②调查法：通过问卷调查、访谈等方式收集数据。例如，研究消费者对某品牌产品的满意度，设计问卷向消费者发放，收集其反馈信息。

③案例分析法：深入剖析一个或多个具体案例。如研究某企业的成功转型，详细分析

该企业转型过程中的策略、面临问题及解决方法。

（2）制定研究步骤：明确研究的各个阶段和时间节点。如采用实验法，需确定实验准备、实施、数据收集与分析等各阶段的起止时间。

（3）样本选择与数据收集：根据研究方法确定合适的样本。若采用问卷调查，要明确调查对象的范围和抽样方法（如随机抽样、分层抽样），确保样本具有代表性。然后按照设计好的数据收集工具（问卷、访谈提纲等）进行数据收集。

四、毕业论文的写作要求

（一）标题

标题堪称论文的"眼睛"，高度凝练地展现作者写作意图与文章主旨核心，精准揭示课题实质。就毕业论文而言，标题一般不超过20字，应规避宽泛、生僻词汇。

标题形式主要有两种。

（1）论点式标题直接呈现中心论点，明确性高，使读者迅速把握关键，如《大数据技术推动金融风险管理创新》。

（2）范围限定式标题明确研究范畴，虽不直接体现观点，但能引发关注，促进学术交流，例如《跨文化交际中语言与非语言因素对比分析》。部分论文会添加副标题，用于补充、解说总标题，细化研究内容，增强信息传达的完整性与准确性。

（二）摘要

摘要作为论文内容的精华浓缩，以不超500字篇幅涵盖主要论点、研究成果与框架结构，具备独立性和自含性，可单独检索引用。它位于论文开篇，作用是让读者在未读全文时，快速掌握核心要点、研究目的、方法、主要结果与结论，初步判断论文价值与阅读必要性。高质量摘要需简洁明了、重点突出，精准传达核心内容。

（三）关键词

关键词是标示文献关键主题内容的关键元素，从论文中精心提取，能准确反映主题、核心内容与关键概念，以单词或术语形式呈现。通过选取关键词，方便文献数据库分类检索，有利于读者搜索相关文献。一篇论文通常选取3-5个，紧密围绕核心内容，具备代表性与通用性。

（四）目录

目录是论文的"导航地图"，置于正文前，助力读者初步了解内容架构与逻辑层次。为切实发挥导读作用，目录需与全文纲目保持一致。制作时，应标注每行目录内容在正文中的对应页码，以便读者快速定位。同时，目录应具备完整性，论文中的章节标题、各级小标题、重要图表、附录等均需清晰呈现，无一遗漏，为读者提供全方位的内容指引。

(五)引言

引言主要阐述研究背景、目的、意义,全面客观综述相关领域研究现状,指出当前研究的问题或空白,从而引出研究内容。写作时需展现研究的必要性与创新性。如在研究新能源电池材料的论文中,引言应介绍电池材料领域发展历程、现有材料性能局限,进而阐明研究新型材料的意义与目标。

(六)正文

正文是论文的核心主体。需提供客观真实的事实根据,如作者实地考察获取的案例、数据等一手资料,必要时注明出处。涉及前人论述,包括考察方法、过程及结论等,进行理论分析时,务必明确区分他人与自己观点,无论直接或间接引用,均需注明出处。

正文写作要求逻辑清晰、论证严谨、数据可靠、方法科学。实验研究需详述实验材料、设备、步骤与数据处理方法;理论研究则要充分推理论证。例如医学实验论文,需详细说明实验对象、实验条件控制、样本采集与分析方法,展示结果并深入分析。

(七)结论

结论部分总结论文的主要研究成果,回答引言中提出的研究问题,强调研究的重要性和贡献,也可对未来研究方向提出建议。结论要简洁明了,准确客观,与正文内容紧密呼应。例如,在完成对某种药物疗效的研究后,结论部分要明确说明药物的疗效如何,是否达到预期目标,以及在临床应用等方面的潜在前景和后续研究方向。

(八)参考文献

从研究依据层面来看,参考文献如实映射出论文研究的科学根基,展现出作者审慎严谨、一丝不苟的治学态度,所有于论文中引用的文献,诸如书籍、期刊论文、研究报告、网页资讯等,均需一一罗列。

在毕业论文撰写过程中,作者必须恪守严谨、求实的科学准则。但凡引用他人成果之处,均需依据在论文中出现的先后次序,依次纳入参考文献。并且,参考文献列表应包含在正文中以脚注形式引用或参考的著作与论文,且按照正文中的出现顺序列出直接引用的主要参考文献,以此确保参考文献的精确性与规范性,构建严密、可靠的学术论证体系。

不同学科领域对参考文献格式有不同要求,常见的有 GB/T 7714(中国国家标准)、MLA(现代语言协会格式,常用于人文社科领域)、APA(美国心理学会格式,常用于心理学、教育学等领域)等。作者务必严格遵循所在学科的相应学术规范,准确著录参考文献。

◎ 示例：

参考文献：

①著作。

［序号］作者．书名［M］．译者．版本．出版地：出版社，出版时间：起止页码．

②期刊。

［序号］作者、文章题目［J］．期刊名，年份，卷号（期数）：起止页码．

③学位论文。

［序号］作者．题名［D］．保存地点：保存单位，年份．

④报纸。

［序号］作者．题名［N］．报纸名称，出版年份-月-日（版数）．

⑤电子文献。

［序号］主要责任者．电子文献题名［电子文献类型标识/载体类型标识］．（更新或修改日期）［引用日期］．电子文献的出处或可获得地址．

此外，有些学术论文可能还包括致谢、附录等部分。致谢部分用于感谢在研究和写作过程中给予帮助和支持的个人或机构；附录部分则包含一些与正文相关但不适合放在正文中的补充材料，如详细的数据表格、程序代码、调查问卷等。

五、毕业论文的格式

（一）前置部分

（1）封面：需展示论文题目、作者姓名、专业、学号、指导教师姓名、提交日期等，学校一般提供统一模板，各项目的字体、字号、位置都有严格要求。

（2）摘要：概括论文核心内容，包括研究目的、方法、主要成果和结论等，字数在200~500字，中文摘要下方通常附上英文摘要，内容需与中文对应。

（3）关键词：选取3~5个反映论文主题概念的词汇，中英文关键词需一一对应，置于摘要下方。

（4）目录：列出论文各章节标题及对应页码，一般含二级或三级标题，使读者快速了解论文结构和内容编排，页码标注要准确。

（二）主体部分

（1）引言：阐述研究背景、目的、意义，介绍相关领域研究现状，说明研究的必要性和创新性。

（2）正文：是核心，包含论点、论据、论证过程，不同学科内容不同，要求逻辑清晰、内容完整、论证充分、数据可靠，各级标题需突出层次。

（3）结论：总结研究成果，强调创新点和贡献，指出研究局限和未来研究方向。

（三）后置部分

（1）参考文献：列出引用文献，按在文中出现顺序编号，文献类型不同格式有别，常见有期刊［J］、专著［M］、学位论文［D］等，需严格按学校规定格式著录。

（2）致谢：表达对指导教师、同学、家人等的感谢。

（3）附录：可含问卷、图表、原始数据等辅助材料，不是必备项。

各学校和专业会有细微差异，撰写前务必仔细研读学校发布的论文写作规范和要求。

六、毕业论文的修改与完善

（一）内容审查

在论文内容审查环节，需着重考量其逻辑性、连贯性与准确性。论文整体应构建起严谨的逻辑架构，各部分内容需紧密相连，层层递进。论点的提出需有充分且恰当的论据支撑，这些论据应真实可靠、来源权威，确保论证过程无懈可击。例如在结果与讨论部分，结果的分析务必基于精确、有效的数据，数据的采集、处理与解读均需遵循科学规范。同时，讨论部分要紧密围绕结果展开，深入剖析结果背后的原因、意义与影响，做到分析合理且全面，避免出现逻辑断层或论证不充分的情况。

（二）语言润色

语言表达在学术论文中至关重要，应追求清晰、简洁与学术化。要坚决摒弃口语化词汇和随意的表述方式，使用规范、专业的学术语言来传达观点。对语法错误和拼写错误需进行细致排查与纠正，哪怕是细微的语言瑕疵都可能影响论文的专业性与可信度。对于英文论文，建议寻求英语为母语的专业人士或经验丰富的专业语言润色机构的帮助，他们能够从语言习惯、表达逻辑等方面对论文进行优化，使论文的语言更加地道、流畅，符合国际学术交流的标准。

（三）格式调整

格式规范是论文呈现的重要组成部分，需严格依照目标期刊或学校所规定的格式要求进行细致调整。从字体、字号的选择，到行距、页边距的设置，再到图表格式的规范以及参考文献格式的统一，每一个细节都不容忽视。规范、整齐的格式不仅能提升论文的视觉效果，更有助于读者快速、准确地获取信息，体现作者严谨的学术态度和对学术规范的尊重。

七、毕业论文 AIGC 检测

当下，以 ChatGPT、文心一言、Deepseek 等为典型代表的生成式语言模型，作为 AI

写作技术的前沿力量，正经历着飞速的发展进程，这一技术革新的浪潮已然对学术领域产生了全方位且意义深远的影响。在 AI 写作技术广泛应用于学术创作与研究辅助的过程中，诸多与学术道德相关的问题逐渐浮出水面，引发了学界热烈的讨论，诸如学术成果造假风险增加、抄袭界定标准模糊等状况。这些问题亟待学界高度重视，并通过深入研究，制定出科学合理的应对方案与规范准则，从而为学术领域的稳健发展筑牢根基。学术论文的 AIGC 检测已成为学术界应对生成式 AI 技术挑战的重要手段。

（一）主流 AIGC 检测工具及特点

1. 知网 AIGC 检测

集成在学术不端检测系统中的 AI 识别模块，检测标准严格参照教育部学术规范，特别适合学位论文终稿检测。但单篇检测费用较高，建议作为最终复核工具使用。

2. 万方 AIGC 检测

万方 AIGC 检测：基于知识图谱技术的检测系统，对专业术语的异常组合具有敏锐识别力。其可视化检测报告能清晰展示 AI 改写痕迹，适合需要深度分析文本特征的研究者。

3. Turnitin AIGC 检测

国际知名查重系统推出的 AI 检测模块，依托海量学术数据库构建检测模型，特别擅长识别跨语种混合内容。但检测报告需通过机构账号获取，个人用户使用存在门槛，且费用较高。

4. 其他特色工具

（1）Claude AIGC 检测：此工具专注于短篇内容的 AI 识别工作，在该领域具有较高的专业性与精准度。

（2）豆包 AIGC 检测：主要优势在于支持对大段落文本进行 AI 痕迹排查，能够高效处理篇幅较长的文本检测需求。

（二）AI 检测的技术原理

1. 文本特征分析

AI 检测工具运行时，聚焦词汇选用、语法结构等文本关键特征，通过构建精准特征数据库，对比待检文本与 AI 文本特征。人类文本词汇丰富、语法灵活，AI 文本则词汇局限、语法模式化，借此差异可初步判断文本生成源。

2. 语义与逻辑判断

利用自然语言处理（NLP）技术，检测工具识别文本逻辑连贯性与语义深度。AI 生成文本看似流畅，实则常现逻辑断裂、语义空洞，论述缺乏深度的问题。检测工具通过梳理语义关系与逻辑链条，甄别此类 AI 文本特征。

3. 模式识别与机器学习应用

为提升检测效能，技术人员运用模式识别与机器学习方法。收集大量已知来源文本训练检测模型，使其学习 AI 文本典型模式，如句式重复、用词单一。随着训练优化，模型能快速、精准判断未知文本是否为 AI 生成。

4. 困惑度与爆发度评估

困惑度和爆发度是衡量文本复杂度变化的量化指标。AI 生成内容因生成机制，文本复杂度相似性高。检测工具计算这两个指标，量化复杂度变化，当数值呈现特定规律，契合 AI 文本特征时，可推测文本由 AI 生成，为检测提供数据支撑。

（三）降低论文 AI 率的实用策略

1. 对内容进行深度重构

为降低论文的 AI 率，应坚决摒弃直接照搬 AI 生成文本的做法。研究者需深入理解 AI 生成内容所表达的核心观点，然后结合自身的知识储备、研究经验以及独特见解，以全新的方式对这些核心观点进行重新阐释与表达。这种深度重构，使论文内容更具原创性和个人风格。

2. 采用多样化的表达方式

在写作过程中，要注重丰富语言的表达形式。一方面，可以灵活调整句式结构，例如将主动句转换为被动句，或者运用不同类型的句式（如反问句、感叹句等）来增加句子的多样性。另一方面，为增强论述的说服力和丰富性，应适当增加具体的实例、数据或案例进行支持，避免逻辑结构过于单一和单调，使论文内容更加充实且富有层次感。

3. 进行人工润色与严格审核

人工对论文进行润色和审核是降低 AI 率的关键环节。在审核过程中，要重点关注那些可能暴露出 AI 痕迹的地方，比如频繁出现的固定连接词，以及表述过于流畅、缺乏自然语言中细微变化和独特风格的段落，通过人工润色，对这些部分进行针对性修改，强化个性化表达，使论文更符合人类的写作习惯和思维方式。

（四）挑战与未来趋势

1. 技术短板凸显

当下，AI 检测工具在实际应用中暴露出明显的局限性，难以实现对 AI 生成内容的百分百精准甄别。一些经过精心优化处理的 AI 文本，能够巧妙规避检测系统的筛查，导致检测结果出现偏差，这一技术瓶颈不仅对学术成果的真实性审核构成挑战，也给学术诚信的维护带来了严峻考验。

2. 学术评价体系亟待革新

传统的学术评价体系在 AI 广泛应用的背景下，亟需进行深刻变革。其中，重新定义"原创性"概念成为关键一环。未来的学术评价应更加注重研究者独特的思想贡献，而非仅仅聚焦于文本产出的形式与数量，只有这样，才能激励科研人员开展具有深度和创新性的研究工作，推动学术领域的持续进步。

3. 法律与伦理共识的构建需求

在全球学术交流日益频繁的今天，国际学术界迫切需要就 AI 生成内容相关的法律与伦理问题达成广泛共识。特别是在版权归属和署名规范方面，亟待明确统一的标准。例如，是否认可 AI 作为学术研究的"合作者"并赋予其相应署名权，这一问题引发了学界的广泛讨论，需要通过国际间的协作与对话，制定出符合学术发展规律和伦理道德要求的规范准则。

学术论文的 AI 检测，不仅涉及技术层面的考量，更关乎伦理维度的审视。对于研究者而言，在合理合规的界限内运用 AI 技术，可显著提升学术工作效率，诸如借助 AI 进行文献的系统整理，或是优化论文语言表达等。然而，无论 AI 技术带来多大便利，研究者都必须始终坚守学术诚信的底线，坚决避免过度依赖 AI，从而让其取代自身在核心创新工作中的关键作用。

在实际操作中，像知网等专业工具，能够为检测论文是否存在 AI 生成痕迹以及优化论文质量提供有力支持。它们可对论文进行初步筛查与分析，给出相应的参考建议。但需要明确的是，这些工具并不能完全替代人工审核，人工审核在确保论文具备原创性与彰显学术价值方面，具有不可替代的重要性。只有通过严谨细致的人工审核，才能精准把控论文的质量，确保其在学术领域的创新性与可靠性

八、AI 写作与学术道德规范

AI 写作技术本身是一种不带价值倾向的工具，其是否引发道德风险完全由使用者的目的及使用方式决定。对研究者来说，AI 应扮演"科研辅助者"的角色，而绝非"学术替代者"。在学术领域，一方面要积极接纳 AI 写作技术带来的便利，另一方面，也绝不能舍弃诚信、透明与原创性这些核心原则。

（一）学术道德的核心争议

1. 原创性与学术诚信

在学术研究环境中，AI 生成内容原创性的界定引发了激烈的讨论。AI 系统依据复杂算法和庞大数据库进行内容生成，其过程迥异于人类凭借长期知识沉淀、独特思考视角以及灵感瞬间激发所开展的创作活动。基于此，学界主流看法是：若科研人员直接将 AI 生成的关键论点纳入学术成果，这种行为严重践踏学术诚信底线，属于典型的学术不端行径。

此外，在利用 AI 辅助学术工作的过程中，是否需要明确向公众披露这一情况，成为另一核心争议焦点。当下，诸如 *Nature*，*Science* 等全球知名的顶尖学术期刊，已前瞻性地认识到这一问题的重要性，并出台相应规定，强制要求作者在提交稿件时，务必详尽且准确地说明在研究及写作流程中 AI 的使用详情。这一规定的目的在于全方位提升学术研究的透明度，让同行评议专家以及广大读者能够清晰分辨在整个研究过程中，人类研究者的智慧贡献与 AI 技术辅助作用的边界，从而有力保障学术成果的真实性、可靠性以及全过程的可追溯性。

2. 知识归属问题

AI 所生成的内容存在潜在隐患，其内部可能隐匿着未明确标注出处的来源信息。在 AI 运行过程中，通过对大量既有数据和多元观点的学习整合来输出结果，这一机制使得

它极有可能在不经意间模仿或吸纳了他人的观点,甚至在数据引用环节出现未规范标注的情况。这种现象极易引发无意识抄袭问题,即创作者在使用 AI 生成内容时,可能因 AI 自身机制缺陷,在毫不知情的状态下,将他人受知识产权保护的知识成果融入自己的作品中,进而造成知识归属的混淆与错判,严重扰乱学术研究和知识创作领域的正常秩序,对原创者的权益构成侵害,也给学术评价和知识传播带来极大的不确定性。

3. 学术能力弱化风险

过度依赖 AI 技术开展学术活动,极有可能给研究者的学术能力带来负面效应,尤其体现在批判性思维、写作技能以及学术独立性等关键维度。当研究者长期依赖 AI 进行文献检索、观点提炼与内容创作时,会逐渐降低自身主动思考、深入剖析问题的频率,导致批判性思维的敏锐度与深度不断下降。在写作方面,由于 AI 能够快速生成语法正确、逻辑连贯的文本,研究者将减少对遣词造句、文章结构搭建等基本功的锤炼,使得写作能力难以得到有效提升甚至出现退化。从学术独立性视角来看,过度依赖 AI 易使研究者丧失独立探索知识、自主构建研究体系的动力与能力,在研究选题、方法设计、结果解读等环节过度依赖 AI 给出的建议,长此以往,将严重损害学术研究的自主性与创新性,阻碍学术事业的健康发展。

(二) 使用 AI 的学术道德原则

1. 透明性准则

为确保学术研究的公开与公正,研究者应在论文的"方法"章节或"致谢"部分,清晰且明确地阐述所使用 AI 工具的具体应用范围以及使用目的。这有助于同行及读者全面了解 AI 在研究中所扮演的角色,从而对研究过程和结果进行客观评估。同时,必须严格遵循所属学术机构或目标期刊制定的特定规定。比如,部分期刊基于对学术署名规范的严格要求,明确禁止将 AI 列为"作者"。研究者需密切关注此类规定,以保证自身的学术行为符合规范。

2. 责任归属准则

在运用 AI 进行学术研究的过程中,研究者肩负着对 AI 生成内容的准确性、伦理性和逻辑性进行把关的重要责任。即便内容由 AI 生成,研究者也不能以此为借口来推卸自身应承担的责任。对于 AI 生成的任何观点、数据或结论,研究者都应进行严谨的审核和验证,确保其符合学术标准和道德规范。一旦发现内容存在问题,研究者必须积极采取措施予以纠正和完善。

3. 有限辅助准则

AI 在学术研究中应被合理定位为一种辅助工具,主要用于协助研究者开展研究设计、优化语言表达等工作环节。它可以为研究者提供数据处理、文献分析等方面的支持,提高研究效率。然而,AI 绝不能替代研究者完成诸如提出创新性研究问题、构建理论框架、进行深入的学术分析和得出原创性结论等核心学术工作。研究者应始终保持自身在学术研究中的主导地位,充分发挥主观能动性和专业素养。

4. 引用规范准则

当研究者直接引用 AI 生成的文本时，必须严格按照学术引用规范进行标注，建议在引用时详细注明所使用的 AI 模型名称、版本号以及访问时间等关键信息。这样不仅可以明确知识来源，避免抄袭和侵权问题，还有助于其他研究者对引用内容进行追溯和验证，促进学术交流和知识共享。

（三）学术界的应对措施与伦理规范

1. 政策的拟定与推行

高校及各类学术期刊积极发挥引领与规范作用，着力制定针对性政策。明确要求研究者在学术成果创作过程中，必须清晰声明 AI 的使用范畴。举例而言，仅允许将 AI 应用于语言润色环节，助力提升文本语言的流畅性与准确性；或是用于数据分析工作，借助其高效的数据处理能力挖掘数据背后的潜在价值。与此同时，严格禁止利用 AI 生成论文的核心论点，以此维护学术研究基于实证与深度思考的本质特性，确保学术成果具备应有的原创性与可靠性。

2. 技术检测体系的优化升级

为有效应对 AI 在学术领域广泛应用带来的挑战，学术界致力于开发更为精准的 AI 文本识别工具。然而，在技术研发过程中，需谨慎权衡以规避误判风险。例如，当 AI 生成内容经过人类精心润色后，可能在一定程度上避开现有检测工具的识别。故而，在追求检测精准度的同时，要确保技术的稳健性与科学性，构建完善的检测机制，最大程度减少误判情况的发生，为学术诚信保驾护航。

3. 教育引导工作的强化推进

教育层面肩负着培养学生正确使用 AI 技术素养的重任。一方面，通过开设专门课程、举办学术讲座等多元形式，教导学生如何合理借助 AI 辅助学术研究，如利用 AI 进行文献检索、研究思路启发等，充分发挥 AI 技术的优势。另一方面，明确向学生划定学术禁区，着重强调严禁利用 AI 代写实验结论等关键学术内容。通过持续且深入的教育引导，在学生心中筑牢学术诚信防线，培育出具有正确学术价值观与道德观的新一代科研人才。

 事关毕业论文用 AI，这所 985 高校最新明确！违者或受处分

九、例文展示

◎ 例文一：

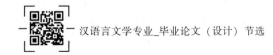 汉语言文学专业_毕业论文（设计）节选

◎ 例文二：

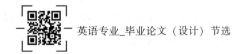 英语专业_毕业论文（设计）节选

◎ 例文三：

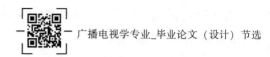 广播电视学专业_毕业论文（设计）节选

◎ 例文四：

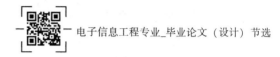 电子信息工程专业_毕业论文（设计）节选

◎ 附录

（一）论文格式国家标准

1.《GB/T 7713. 2-2022 学术论文编写规则》

适用范围：适用于印刷版、电子版等多种形式的学术论文，包括学位论文、期刊论文等。

核心内容：明确论文组成部分，包括前置部分（题名、摘要、关键词等）、正文部分、附录部分。

规范编排格式，如编号体系、量和单位、图表、数学式等。

强调题名应简明（一般不超过 25 字），摘要需体现研究成果（中文摘要 400 字左右，外文摘要可适当扩展）。

2.《GB/T 7714-2015 信息与文献 参考文献著录规则》

适用范围：规定了学术论文中参考文献的著录格式和方法。

核心内容：统一文献类型标识（如专著［M］、期刊［J］、学位论文［D］等）。

规范不同文献类型的著录格式，包括作者、题名、出版信息等。

要求参考文献按正文中出现顺序编号，并在文后按标准格式列出。

3.《GB/T 1.1-2020 标准化工作导则 第 1 部分：标准化文件的结构和起草规则》

适用范围：适用于各类标准化文件的编写，包括学术论文的结构规范。

核心内容：规定章、条、款、项的编号体系（如 1, 1.1, 1.1.1）。

强调逻辑层次清晰，语言准确简明。

4.《GB/T 3179-2009 期刊编排格式》

适用范围：适用于学术期刊的编排，对论文排版有参考作用。

核心内容：规定期刊及论文的页面布局、字体字号、图表编号等格式要求。

5.《GB/T 6447-1986 文摘编写规则》

适用范围：规范学术论文摘要的编写。

核心内容：明确摘要类型（报道性、指示性）及字数要求（中文摘要一般不超过 400 字）。

强调摘要应独立自明，避免主观评价。

使用建议：

结合学校细则：各高校可能在国家标准基础上制定具体要求（如格式模板、字数限制），需以学校发布的规范为准。

关注更新版本：国家标准可能修订，建议通过全国标准信息公共服务平台查询最新版。

工具辅助：使用文献管理软件（如 EndNote、Zotero）可自动生成符合 GB/T 7714-2015 的参考文献格式。

（二）四川师范大学博士、硕士学位论文撰写打印要求及格式范本

第十三章　求职类文书

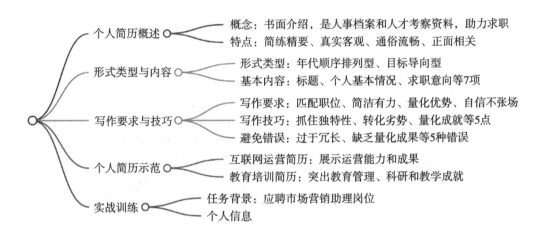

个人简历概述 ○——— 概念：书面介绍，是人事档案和人才考察资料，助力求职
　　　　　　　　　特点：简练精要、真实客观、通俗流畅、正面相关

形式类型与内容 ○——— 形式类型：年代顺序排列型、目标导向型
　　　　　　　　　基本内容：标题、个人基本情况、求职意向等7项

写作要求与技巧 ○——— 写作要求：匹配职位、简洁有力、量化优势、自信不张扬
　　　　　　　　　写作技巧：抓住独特性、转化劣势、量化成就等5点
　　　　　　　　　避免错误：过于冗长、缺乏量化成果等5种错误

个人简历示范 ○——— 互联网运营简历：展示运营能力和成果
　　　　　　　　　教育培训简历：突出教育管理、科研和教学成就

实战训练 ○——— 任务背景：应聘市场营销助理岗位
　　　　　　　个人信息

一、个人简历概述

（一）概念

个人简历，作为对个人学历、经历、特长等情况进行的简明扼要的书面介绍，是生活经历的精华浓缩。它不仅是现代社会人事档案的关键构成部分，更是人才考察任用必不可少的资料。其核心作用在于助力求职者吸引招聘者的关注，从而获取面试机会，最终实现就业目标。

（二）个人简历的特点

1. 简练精要

简历篇幅应严格控制，一般以一两页 A4 纸为宜，确保招聘者能在短短几分钟内快速浏览完毕。在介绍工作内容时，摒弃冗长的段落形式，多采用简洁有力的动作性短语，使语言表达干净利落，信息传递高效直接。

2. 真实客观

撰写简历时，务必秉持客观理性的态度总结个人经历。做到实事求是，绝无夸大其词或编造虚假信息的情况。同时，表述要精准无误，避免出现拼写错误和打印瑕疵，在自我展示中把握好分寸，既不自我吹嘘，也不过分谦虚。

3. 通俗流畅

语言运用要通俗易懂，避免使用生僻字词或晦涩语句，确保阅读过程顺畅无阻，让招聘者能轻松理解简历所传达的信息。

4. 正面相关

内容应以正面材料为主，紧密契合招聘者对于理想应聘者的期待与要求。通过展示自身对事业认真负责的态度，呈现与目标职位相关的信息，坚决排除无关内容，以免干扰招聘者的判断。

二、个人简历的形式类型与基本内容

（一）个人简历的形式类型

1. 年代顺序排列型

按照时间先后顺序依次排列个人经历和取得的成就，尤其着重突出近几年的情况。这种形式直观明了，易于理解，是最为常见且广泛应用的简历形式。

年代顺序排列型案例

2. 目标导向型

该形式更具针对性与灵活性。可以根据不同的实践活动对个人成就进行分类，将与目标职位关联紧密的重要成就置于显眼位置，具体日期作为辅助信息。首先明确求职目标，以"能力"为标题，详细列举五至八项自己能够出色完成的事情，其中可包含尚未实际操作但自认为能够胜任目标职位相关的事项；接着以"成绩与才能"为标题，从过往的非职业性成就中挑选出与"能力"项相呼应的具体事例，以此向未来的上司充分展示自己在目标职位上所具备的潜力。这种形式特别适合就业经历相对不足，或者想要突出特定能力以匹配目标岗位的求职者。

目标导向型案例

（二）个人简历的基本内容

1. 标题

通常直接以"个人简历"作为标题，简洁明了。若有特定求职方向，也可采用"目标职位+个人简历"的形式，突出针对性。

2. 个人基本情况

涵盖姓名、性别、联系方式（电话、邮箱）、年龄、籍贯等基础信息，方便招聘者联系。

3. 求职意向

明确清晰地阐述自己期望应聘的职位，让招聘者一眼了解你的求职方向，避免模糊不清。

4. 学习经历

按照时间倒序，依次列出就读院校、专业、入学与毕业时间，如有相关学位也一并注明。可适当提及在校期间取得的优异成绩、相关课程学习情况等。

5. 工作经历

详细描述过往工作单位、职位、工作时间，重点阐述工作职责与业绩成果，运用具体数据和事例支撑。

6. 奖励证书

列举与求职目标相关的重要奖励、证书，如专业技能证书、竞赛获奖证书等，增强说服力。电子投递时常作为附件提交。

7. 自我评价

用简洁精练的语言总结个人优势、性格特点、职业素养等，突出与目标职位的契合度。

软件工程相关岗位个人求职简历

三、写作要求与技巧

（一）写作要求

1. 匹配职位

深入研究用人单位发布的招聘要求，有针对性地在简历中强调自身与目标职位相关的技能、成就以及所获得的证书。通过精准提炼，突出自身能够满足招聘需求的独特优势，让招聘者在第一时间就能清晰看到你与岗位的高度契合度。

2. 简洁有力

仔细筛选出能够证明自身技能和经验优势的关键信息，聚焦核心亮点，使简历简洁有力，重点突出。摒弃繁杂冗余的内容，去除一切不必要的信息，确保每个字词都能精准传达关键内容，避免冗余繁杂。

3. 量化优势

着重展示个人与众不同的优势和成就，运用确凿的事实和具体的数据来支撑，增强说服力，使招聘者能够切实感受到你的价值。

4. 自信但不张扬

在自我展示过程中，保持自信的态度，但要把握好分寸，避免过度自夸，给人留下不踏实的印象。

（二）写作技巧

1. 抓住独特性

突出个人能力、成就及经验，使简历脱颖而出。深入挖掘自身独特经历，例如参与过的小众但有价值的项目，或者在常规任务中取得的突破性成果，将这些亮点融入简历，让招聘者看到一个与众不同的你。

2. 转化劣势

巧妙处理如缺乏工作经验等劣势。对于应届毕业生缺乏全职工作经验的情况，可以着重描述实习、兼职、校园项目经历，强调在这些经历中所锻炼出的可迁移技能，如团队协作、问题解决、快速学习能力等，将劣势转化为展示潜力的机会。

3. 量化成就

用具体事例说明成就及带来的益处，如节约成本、时间或创新成果等。摒弃模糊表述，不要只陈述"工作表现出色"，而是举例"通过优化工作流程，将项目执行时间缩短了 20%，为公司节省了［×］元成本"，用确切数据支撑成就，让招聘者能直观感受到你的价值，大大增强简历的说服力。

4. 抓住关键词

深入剖析目标企业的文化、业务方向、近期动态以及招聘岗位所需的核心职业技能与职业修养。根据职位描述巧妙使用相关关键词，以便顺利通过 ATS（Applicant Tracking System，求职申请跟踪系统）筛选，提高简历被 HR 查看的概率。在简历中紧密围绕这些要点呈现个人经历与见解，着重突出与目标职位相关的经验和技能。例如企业近期在拓展新市场且招聘市场推广岗位，可详细阐述在类似领域开展市场调研、制定推广策略的成功经验，表明能快速适应并为企业贡献力量。

5. 彰显专业素养

运用专业语言，体现专业特色和素养。根据目标岗位所属行业，使用行业内通用的专业术语和缩写，展现你对该领域的熟悉程度。例如在金融领域，恰当使用"资产负债表""风险对冲"等专业词汇，而非用模糊的日常用语替代。此外，仔细校对简历，杜绝拼写、语法等错误，以专业、严谨的形象呈现在招聘者面前，给对方留下良好印象。

（三）避免常见错误

1. 过于冗长

许多求职者倾向于在简历中堆砌大量信息，认为越多越能展示自己的能力。但实际上，冗长的简历会让招聘者在短时间内难以捕捉关键信息，极易产生阅读疲劳。

2. 缺乏量化成果

没有量化数据支撑的成就描述往往显得空洞乏力。比如只说"负责提升了产品性能"，招聘者无法直观感受到提升的程度和效果。而"通过优化产品架构以及代码层面的精细打磨，成功推动用户数在两年内实现了 50% 的显著增长""引入前沿技术框架，成功将系统性能提升 20%"，这些具体的数据让工作成果一目了然，大大增强了说服力。

3. 忽略关键词

如今，许多企业会利用 ATS（Applicant Tracking System，求职申请跟踪系统）筛选简历，若简历中没有包含职位描述中的关键技能、专业术语等关键词，很可能在第一轮筛选中就被系统淘汰。例如，某公司招聘 Java 开发工程师，职位描述中多次提及"Java 高级编程""Spring Boot 框架""数据库优化"等关键词，如果求职者的简历中完全没有这些词汇，即便实际具备相关能力，也难以进入后续面试环节。

4. 格式混乱

格式混乱的简历会让招聘者认为求职者态度不认真、缺乏职业素养，常见问题有字体、字号、颜色使用繁杂，排版杂乱，页边距不合理等。比如有的简历标题用夸张的艺术字体，正文字体选择过小且不易阅读的类型，随意使用多种颜色标注都会导致阅读的障碍。应尽力确保页面简洁、布局合理、板块清晰，方便快速阅读。

5. 不重视附件

对附件不够重视可能导致招聘者无法全面评估求职者的专业能力，从而降低其竞争力，甚至直接导致申请被忽略。例如，应聘软件开发岗位时，若仅提交一份简单的个人简历，而未附上项目经验文档、GitHub 代码库链接或相关技术认证证书，招聘者难以评估其实际编程能力；又如，应聘市场营销岗位时，若未提供过往成功案例或数据分析报告，招聘者无法了解其策划和执行能力。这些疏漏都会降低求职者的竞争力。

若附件与岗位关联性不足或格式不规范，也会影响招聘者的评价。例如，应聘设计师岗位时，若提交的作品集为不常见的压缩格式（如 RAR），且未注明解压方式，招聘者可能因无法打开文件而忽略其申请；又如，附件文件过大（如超过 10MB），导致下载缓慢或失败，也会给招聘者留下不专业的印象。

四、个人简历示范

（一）资深互联网运营简历示例

资深互联网运营简历示例

点评：这份简历结构清晰，重点突出，通过具体数据和成果有效展示了求职者在用户运营、活动策划和团队管理方面的核心能力。语言简洁明了，内容详实，尤其是对运营全模块的精通和数据分析能力的描述，充分体现了求职者的专业素养。整体上，简历与高级运营经理岗位的匹配度较高，具有较强的说服力和竞争力。

（二）教育培训个人简历示例

教育培训个人简历示例

点评：这份简历结构清晰，内容详实，突出了求职者在教育管理、科研和教学方面的多重成就，尤其是"0 到 1"项目建设和科研成果的量化展示，增强了说服力。语言简洁明了，重点突出，能够有效展现求职者的专业能力和经验优势。整体上，简历与教育主管岗位的匹配度较高，具有较强的竞争力。

五、实战训练

任务背景：假设你是一名即将毕业的大学生，正在寻找与专业相关的工作。你看到一家知名企业发布了招聘信息，岗位是"**市场营销助理**"。该岗位要求应聘者具备良好的沟通能力、团队合作精神、数据分析基础以及一定的**市场调研经验**。请你根据以下提供的个人信息，撰写一份针对该岗位的简历。

个人基本信息

姓名：李明，电话：138-1234-5678 邮箱：liming@ example. com

地址：四川省成都市锦江区××路××号。求职意向：市场营销助理

学历：市场营销专业本科。

主修课程：市场调研、消费者行为学、数字营销、品牌管理。

荣誉：校级优秀学生奖学金；

创新创业项目：校园内生活用品电商平台的搭建与运营。

实习经历：企业策划助理实习；

技能与自我评价：略。

综合复习题 1

综合复习题 2

综合复习题 3

综合复习题 4

参 考 文 献

[1] 金开诚等校注:《屈原集校注》,中华书局 1996 年版。

[2] (汉) 王守仁撰,吴光等编校:《王阳明全集》,上海古籍出版社 2011 年版。

[3] 余华:《我们生活在巨大的差距里》,北京十月文艺出版社 2015 年版。

[4] [美] 约翰·杜威著,王承绪译:《民主主义与教育》,人民教育出版社 1990 年版。

[5] [美] 约翰·杜威著,姜文闵译:《我们怎样思维·经验与教育》,人民教育出版社 2004 年版。

[6] 中共中央马克思恩格斯列宁斯大林著作编译局编译:《马克思恩格斯全集》第 1 卷,人民出版社 1956 年版。

[7] 中共中央马克思恩格斯列宁斯大林著作编译局编译:《马克思恩格斯文集》第五卷,人民出版社 2009 年版。

[8] [古希腊] 柏拉图著,郭斌和、张竹明译:《理想国》,商务印书馆 2017 年版。

[9] [美] 阿尔伯特·爱因斯坦、[波兰] 利奥波德·英费尔德著,周肇威译:《物理学的进化》,中信出版社 2019 年版。

[10] [英] J.K. 罗琳著,马爱农、马爱新译:《哈利·波特与"混血王子"》,人民文学出版社 2005 年版。

[11] [美] 理查德·保罗、[美] 琳达·埃尔德著,侯玉波等译:《批判性思维工具》,机械工业出版社 2013 年版。

[12] [美] 布鲁克·诺埃尔·摩尔、[美] 理查德·帕克著,朱素梅译:《批判性思维:带你走出思维的误区》,机械工业出版社 2012 年版。

[13] [美] 尼尔·布朗、[美] 斯图尔特·基利著,吴礼敬译:《学会提问》,机械工业出版社 2013 年版。

[14] [英] 约翰·亨利著,高师宁等译:《大学的理念》,贵州教育出版社 2003 年版。

[15] 李培根:《批判性思维与我们——在华中科技大学"创新教育与批判性思维研究中心"成立大会上的讲话》,载《高等工程教育研究》2018 年第 1 期。

[16] [美] 罗伯特·恩尼斯著,[加] 仲海霞译:《批判性思维:反思与展望》,载《工业和信息化教育》2014 年第 3 期。

[17] 王金虎:《学位法草案提交审议:用人工智能代写论文等学术不端或被撤销学位》,载《光明日报》2023 年 8 月 29 日,第四版。

[18] 约瑟夫·熊彼得,何畏,等译:《经济发展理论》,商务印书馆 1990 年版。

[19] 周苏、王硕苹:《创新思维与方法》,中国铁道出版社 2016 年版。

[20] 周耀烈：《思维创新与创造力开发》，浙江大学出版社 2008 年版。

[21] 赵敏、张武城、王冠珠：《TRIZ 进阶与实践》，机械工业出版社 2017 年版。

[22] 王浩程、冯志友：《创新思维及方法概论》，中国纺织出版社 2018 年版。

[23] 时东兵、时迪芬、陈忠强：《创新思维与方法训练》，同济大学出版社 2018 年版。

[24] 汪馥郁、孔昭林、李兴国、高萍：《企业发展与创新思维》，中国和平出版社 1996 年版。

[25] 刘怡、乔岳：《创新创业新思维》，山东教育出版社 2022 年版。

[26] 熊振华：《创新思维学》，团结出版社 2003 年版。

[27] 姜淑凤、王世刚、樊锐、刘秀林、黄丽敏：《创新创业理论与实践》，华中科技大学出版社 2022 年版。

[28] 马歇尔·卢森堡：《非暴力沟通》，华夏出版社 2009 年版。

[29] 罗纳德·B·阿德勒、拉塞尔·F·普罗科特：《沟通的艺术》，人民邮电出版社 2017 年版。

[30] 科里·帕特森、约瑟夫·格雷尼、罗恩·麦克米兰、艾尔·史威茨勒：《关键对话》，机械工业出版社 2017 年版。

[31] 拉里·A·萨默瓦、理查德·E·波特：《跨文化沟通》，中国人民大学出版社 2015 年版。

[32] 弗德曼·舒茨·冯·图恩：《沟通的力量》，天津人民出版社 2018 年版。

[33] 马克·郭士顿：《倾听的力量》，中信出版社 2016 年版。

[34] 道格拉斯·斯通、布鲁斯·佩顿、希拉·汉：《高难度对话》，中信出版社 2015 年版。

[35] 亚伦·皮斯、芭芭拉·皮斯：《身体语言密码》，中国城市出版社 2007 年版。

[36] 约书亚·D·阿克曼：《冲突的力量》，浙江人民出版社 2020 年版。

[37] 凯尔西·克罗、埃米莉·麦克道尔：《恰到好处的安慰》，机械工业出版社 2021 年版。

[38] 李普曼：《舆论》，北京大学出版社 2006 年版。

[39] 詹金斯：《融合文化：新媒体与旧媒体的碰撞》，复旦大学出版社 2012 年版。

[40] 桑斯坦：《信息乌托邦：众人如何生产知识》，中国人民大学出版社 2008 年版。

[41] 博伊德：《复杂：网络化青少年的社交生活》，浙江大学出版社 2015 年版。

[42] 特克尔：《重拾对话：数字时代谈话的力量》，中信出版社 2017 年版。

[43] 莱因戈尔德：《网络智慧：如何在网络中茁壮成长》，机械工业出版社 2013 年版。

[44] 塔夫特：《量化信息的视觉展示》，电子工业出版社 2005 年版。

[45] 戈尔曼：《社交智能：人际关系的新科学》，中信出版社 2007 年版。

[46] 马克斯·巴泽曼：《管理决策中的判断》，中国人民大学出版社 2013 年版。

[47] 戴博拉·约翰逊：《网络伦理》，北京大学出版社 2015 年版。

[48] 迈克尔·J·奎因：《数字伦理：互联网时代的道德和法律》，上海交通大学出版社 2018 年版。

［49］ 王利明：《网络时代的民法学》，中国人民大学出版社 2020 年版。

［50］ 李斌：《网络谣言传播机制研究》，载《新闻与传播研究》2020 年第 27 期。

［51］ 张新宝：《网络时代的隐私保护》，载《中国法学》2019 年第 3 期。

［52］ 赵汀阳：《人工智能时代的伦理问题》，载《哲学研究》2021 年第 7 期。

［53］ 案例编写组：《网络暴力典型案例评析》，法律出版社 2022 年版。

［54］ 张颂：《朗读学》（第四版），中国传媒大学出版社 2022 年版。

［55］ 胡先锋：《中国当代朗诵史》，中国传媒大学出版社 2013 年版。

［56］ 宋欣桥：《普通话语音训练教程》（第三版），商务印书馆 2017 年版。

［57］ 王水照：《苏轼研究》，中华书局 2019 年版。

［58］ 袁行霈：《中国文学史》（第三卷），高等教育出版社 2014 年版。

［59］ 李之亮：《范仲淹传》，人民文学出版社 2020 年版。

［60］ 钱穆：《国史大纲》（修订本），商务印书馆 2010 年版。

［61］ ［美］Stephen E. Lucas 著：《演讲的艺术（第十版）》（中国版），外语教学与研究出版社 2010 年版。

［62］ 王非、霍维佳主编：《大学生口才与演讲训练》，清华大学出版社 2010 年版。

［63］ 岳海翔：《公文写作模板大全》，中国文史出版社 2011 年版。

［64］ 李永新：《笔杆子是怎样炼成的》，清华大学出版社 2021 年版。

［65］ 史英新编著：《应用文写作项目化教程》，哈尔滨工业大学出版社 2018 年版。

［66］ 李娟梅、钱惠梅主编：《应用文写作项目化教程》，东北大学出版社 2015 年版。

［67］ 张丽芬、王宏民、张楚楚：《沟通与写作》，湖南师范大学出版社 2024 年版。